Alfred Knopfhart **Dressur von A–S**

W0204074

Alfred Knopfhart

Dressur von A–S

4., überarbeitete Auflage 1994. Mit 80 Abbildungen von Marianne Merz

Müller Rüschlikon Verlags AG • CH-6330 Cham

In der Reihe
Reiter- und Fahrerbibliothek sind bisher erschienen:

H. v. Heydebreck
Die Deutsche Dressurprüfung. Eine Anleitung für Reiter, Richter und Zuschauer. 4. Auflage

J. Kastner – U. Zechner-Trummer
Selbstgeführtes Bewegungstraining für den Reiter

A. Knopfhart
Dressur von A-S. 4. Auflage

H. Schusdziarra / V. Schusdziarra
Reitergespräche – Der Weg zum unabhängigen Sitz.
2. Auflage

W. Storl
Die Ausbildung des jungen Pferdes.
2. Auflage

W. Storl
Musik zum Reiten – Für Einzelkür, Pas de deux und Quadrillen. 2. Auflage

Anschrift des Verfassers:
Prof. Dipl.-Kfm. Alfred Knopfhart,
Jägergasse 2, A-2361 Laxenburg
Austria

CIP-Titelaufnahme der Deutschen Bibliothek

Knopfhart, Alfred:
Dressur von A-S / Alfred Knopfhart. Mit 80 Abb. von Marianne Merz. – 4., überarbeitete Auflage. – Berlin;
Hamburg: Parey, 1990
(Pareys Reiter- u. Fahrerbibliothek)

ISBN 3-275-01124-3

Umschlag: Atelier Buchholz/Hinsch/Hensinger, D-2000 Hamburg 73
© 1990 Verlag Paul Parey Berlin / Hamburg.
Anschriften: Lindenstr. 44-47, D-1000 Berlin 61; Spitalerstr. 12, D-2000 Hamburg 1

ISBN 3-489-52732-1, Printed in Germany

4. überarbeitete Auflage 1994
Copyright Müller Rüschlikon Verlags AG, Gewerbestrasse 10, CH-6330 Cham
Sämtliche Rechte der Speicherung, Vervielfältigung und Verbreitung sind vorbehalten.
Satz: Service-Center Schwabenverlag AG, D-73760 Ostfildern
Druck:Stückle, Druck und Verlag, D-77955 Ettenheim
Bindung:Benziger AG, CH-8840 Einsiedeln
Printed in Germany

Vorwort zur vierten Auflage

Der Verlag PAUL PAREY hat vor kurzem sein Verlagsgebiet »Reiten und Pferde« der renommierten Müller Rüschlikon Verlags AG übertragen, die nun die vorliegende, vierte Auflage »Dressur von A–S« herausgebracht hat, da die dritte Auflage seit einiger Zeit vergriffen ist.

Für die mehr als 25jährige, vorzügliche Betreuung meiner Fachbücher möchte ich bei dieser Gelegenheit der damaligen Geschäftsleitung des Parey-Verlages und allen seinen Mitarbeitern sehr herzlich danken. Es war eine stets angenehme und sehr ersprießliche Zusammenarbeit.

Mein Dank gilt aber ebenso dem jetzigen Herausgeber und dessen Mitarbeitern, bei denen meine Bücher in den besten Händen sind und die durch großen, persönlichen Einsatz das Erscheinen dieser Neuauflage in kurzer Zeit ermöglichten.

Da die Regeln der klassischen Reitkunst für erfolgreiches Ausbilden und Reiten von Dressurpferden nach wie vor unverändert gelten, waren kaum Änderungen nötig. Das Kapitel »Travers und Renvers« wurde den jetzigen Definitionen der FEI angeglichen und durch neue Abbildungen von Frau Marianne Merz in bewährter Weise bereichert.

Somit wünsche ich der vierten Auflage eine ebenso freundliche Aufnahme in Fachkreisen, wie sie den drei vorangegangenen Ausgaben zuteil wurde und freue mich besonders über das rege Interesse auch aus den USA, wo das Dressurreiten inzwischen einen beachtlichen Aufschwung genommen hat.

Laxenburg, im Juli 1994 — Alfred Knopfhart

Inhaltsverzeichnis

Die Rittigkeit

Was wird nicht alles unter diesem oft beiläufig hingeworfenen Ausdruck verstanden! Tatsächlich ist er sehr umfassend und schließt so ziemlich alles ein, was ein Pferd unter dem Sattel angenehm und leistungsbereit macht. Dabei kommt es jedoch auf die Kombination beider Begriffe an. Gängig oder schwungvoll muß noch lange nicht rittig heißen. Die Umkehrung stimmt schon eher.

Deshalb finden wir im Beurteilungsbogen der internationalen Dressurprüfungen drei Gesamtnoten für die Leistung des Pferdes. Die ersten beiden betreffen hauptsächlich die Art und Qualität der Gangarten. Mit der dritten, im engen Zusammenhang mit den beiden vorigen stehend und etwas antiquiert als »Gehorsam« bezeichnet, ist eigentlich die Rittigkeit gemeint. Dies geht eindeutig aus den in Klammer beigefügten Zusätzen hervor: »Aufmerksamkeit und Vertrauen, Harmonie, Losgelassenheit und Durchlässigkeit, Maultätigkeit, Anlehnung und natürliche Aufrichtung.«

Als »gehorsam« – sehr leicht im Sinne eines abgerichteten Pudels verstanden – kann sich auch ein steifes, durch und durch unrittiges Pferd erweisen (Urteil eines Fachmannes über ein »weit gefördertes« Pferd: »Es macht zwar alles – aber rittig ist es nicht!«).

Ein nach den gültigen Grundsätzen sorgfältig ausgebildetes, gründlich gymnastiziertes Pferd bewegt sich unter dem Sattel natürlich, losgelassen und schwungvoll, daher angenehm für den Reiter; in Wendungen und auf gebogenen Linien vermittelt es das Gefühl von Weichheit und Geschmeidigkeit. Bei den Übergängen und Paraden folgt es durchlässig und daher sogleich allen Einwirkungen. Es ist leicht und bequem zu reiten, mit einem Wort: rittig.

Woran erkennt man die Rittigkeit? Vorweg: Nicht unbedingt an den Lektionen. Einige sind bestenfalls Indikatoren, manche überhaupt kein Prüfstein der Rittigkeit.

Ein Pferd, das seine Lektionen noch so sicher abspult, kann trotzdem ein ganz schlechtes Reitgefühl geben. Vielleicht wurde es in eine ihm unangemessene Form gepreßt, zu einzelnen Übungen forciert, zu viel oder ungeschickt belastet und als Folge von Tag zu Tag steifer, härter, widerstrebender, innerlich lustlos, bis es zuletzt zwar alles konnte, nur eines nicht: Richtig gehen und den Reiter elastisch tragen.

Der Ausbilder solcher Pferde hat das Gegenteil von dem erreicht, was wir unter Zweck und Ziel der Dressur verstehen und darf sich nicht wundern, wenn seine Arbeit im Dressurviereck entsprechend bewertet wird.

Diese falsch verstandene Dressur begegnet uns immer wieder, am häufigsten in sogenannten, allerdings unterklassigen Dressurställen, wo Pferde zu einzelnen Lektionen buchstäblich gedrillt werden, aber weder eine ehrliche Grundlage noch eine zusammenhängende Schulung besitzen, daher auch nie auf Turnieren erscheinen, wo sie sich einer vergleichenden Beurteilung stellen müßten. In diesen Ställen trifft man Pferde, die zum Beispiel zwar fliegende, aber keine einfachen Galoppwechsel oder Außengalopp beherrschen, passagieren, aber nicht versammelt traben können; Reiter, die stolz auf einem hierfür eigens abgerichteten Pferd piaffieren (was an sich keine besondere Schwierigkeit darstellt), von einer ordentlichen Hinterhandwendung oder einem Rückwärtstreten keine Ahnung haben, sich vor jedem Bodenrick fürchten und bei einer Trabverstärkung (wenn sie sich auf ein solches Abenteuer überhaupt einlassen) beinahe vom Pferd fallen.

Daß das keine Übertreibungen sind, weiß jeder, der »die Szene« auch von innen kennt. Fürs Geschäft mag es ganz gut und für die Reiter auch erhebend sein, mit Dressurreiten nach heutiger Auffassung, dessen Grundsätzen und Methodik hat es aber nichts zu tun.

Zurück zur Rittigkeit *(Abb. 1)*: Wenn es stimmt, daß ein rittiges Pferd infolge seiner Losgelassenheit und seines gesicherten Gleichgewichtes den Reiter in allen Gangarten und Gangmaßen weich und angenehm sitzen lassen muß (vorausgesetzt, daß er sitzen gelernt

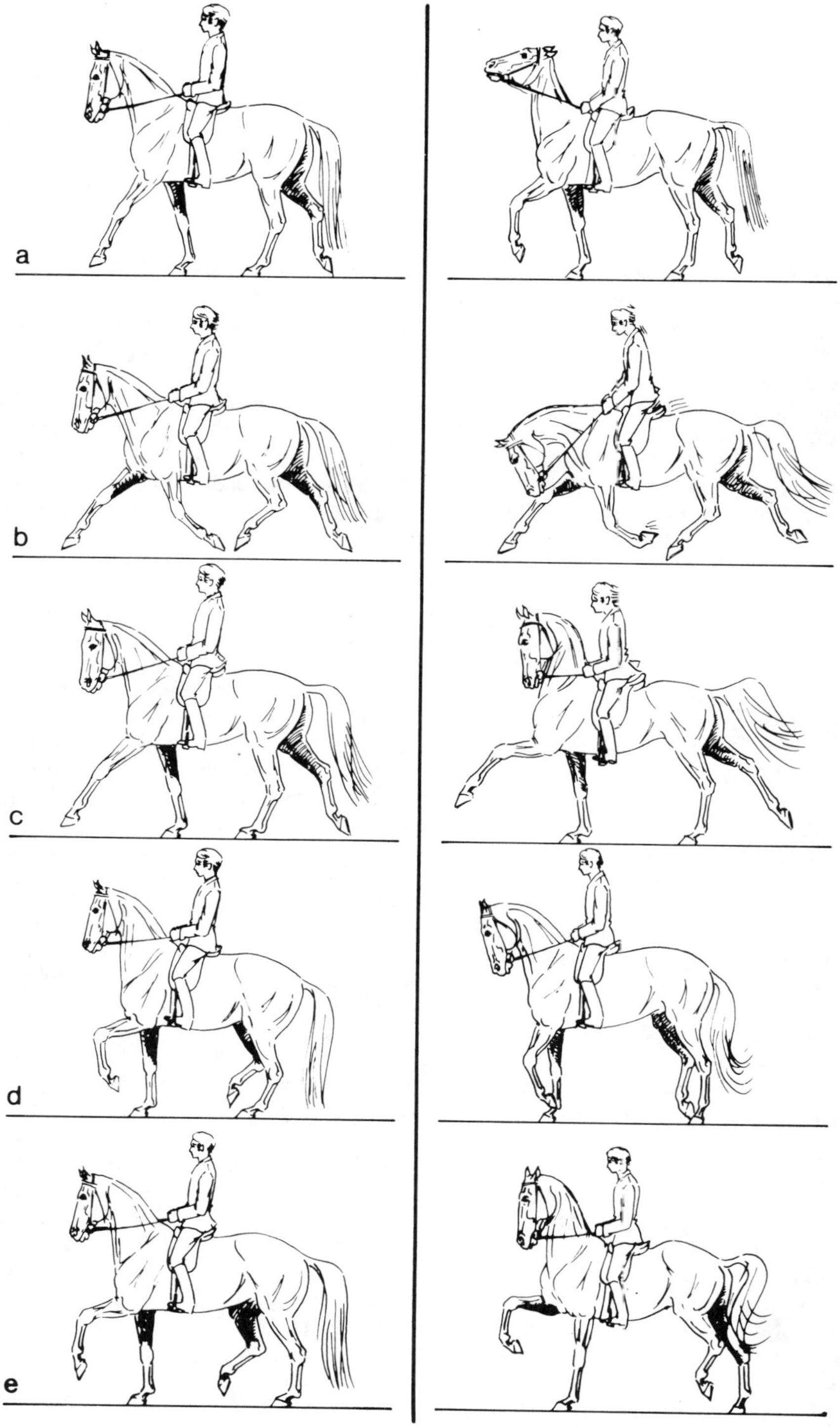

Abb. 1: Links = Kennzeichen der Rittigkeit. *Rechts* = Beispiele mangelnder Rittigkeit. a = im Schritt; *b* = im Trab; *c* = im Galopp; *d* = in der Piaffe; *e* = in der Passage

hat), dann kann man die Rittigkeit in erster Linie am geschmeidigen und korrekten Sitz des Reiters erkennen.

Pferde, die ihren Reiter zum Beispiel im effektvollen Mitteltrab bei jedem Tritt in die Luft schleudern oder etwa bei Paraden die Hinterbeine derart dagegenstemmen, daß der Reiter nach vorn fällt, können demnach nicht als rittig gelten.

Kennzeichen der Rittigkeit ist ferner die während einiger Jahre in täglichen Übungen erlangte Biegsamkeit. In allen Wendungen, auf gebogenen Linien und in den Seitengängen biegt sich das Pferd widerstandslos, fast von selbst und vor allem auf beiden Händen gleichmäßig; es läßt sich mühelos umstellen oder auch in Außenstellung reiten, bleibt dabei im gleichen Tempo und in gleicher Haltung.

Das rittige Pferd ist ferner nach allen Seiten hin gleich durchlässig, das heißt es befolgt nicht nur die halben und ganzen Paraden augenblicklich und ohne Opposition, sondern reagiert ebenso spontan auf die vortreibenden als auch auf die seitwärtstreibenden Hilfen, wodurch es selbst schwierige Übungen mit dem Anschein der Mühelosigkeit ausführt.

Selbstverständlich kommt die Rittigkeit ganz besonders in der Art der Bewegungen zum Ausdruck. Rittige Pferde bewegen sich elegant, fast lautlos, dabei schwungvoll, mit Leichtigkeit und Anmut. Sie scheinen ihre Arbeit nicht nur aus freien Stücken, sondern sogar gern zu verrichten. Ihrem Ausbildungsstand entsprechend können sie ohne große Schwierigkeiten versammelt werden. Die Hinterbeine beugen sich willig unter dem Mehrgewicht und federn danach energisch ab. Diese »weiche Federung« läßt den Reiter angenehm sitzen, und damit sind wir am Ausgangspunkt unserer Betrachtungen angelangt.

Lösen und Versammeln

Die Praxis des Dressurreitens kennt zwei Hauptabschnitte: Lösen und Versammeln. Alle Maßnahmen dienen zunächst dem Lösen, denn nur das gänzlich losgelassene Pferd kann richtig versammelt werden.

Je weiter ein Pferd in seiner Ausbildung fortgeschritten ist, desto schneller sollte es sich loslassen; oft ist leider das Gegenteil der Fall, weil mit zunehmender Arbeit Spannungen auftreten, die, wenn man sie nicht sogleich fühlt und beseitigt, zur Gewohnheit werden können. Um dieser Gefahr zu begegnen, sollte man die Technik des Lösens beherrschen und sein Pferd in jeder Arbeitsstunde auf alle Merkmale der Losgelassenheit überprüfen.

Der Begriff »Losgelassenheit« im weitesten Sinn besagt, daß das Pferd

- ❑ gleichmäßig und schwungvoll tritt,
- ❑ im Rücken schwingt,
- ❑ das Genick locker läßt,
- ❑ beiden Zügeln weich nachgibt und kaut,
- ❑ auf beiden Händen gleich leicht zu biegen ist,
- ❑ geschmeidig von einer Biegung in die andere übergeht,
- ❑ den Mähnenkamm nach innen kippt,
- ❑ die Zügel richtig aus der Hand kaut,
- ❑ sich am hingegebenen Zügel treiben läßt,
- ❑ gelegentlich schnaubt.

Fehlt einer dieser Punkte, so kann das Pferd nicht völlig losgelassen sein. Zu diesem Thema einige Ausschnitte aus der Fachliteratur:

Müseler, »Reitlehre«:
»Alle Pferde, vor allem solche, die Schmerzen im Rücken haben oder sich an irgendeiner Stelle verkrampfen, lassen sich schneller los, wenn sie nicht geradeaus, sondern in Stellung geritten werden. Der Reiter stellt sein Pferd nach innen, indem er den inneren Zügel vorsichtig wirken läßt und mit dem äußeren Zügel gleichzeitig nachgibt. Fast jedes Pferd wird sich sehr bald nach innen stellen lassen.

Auf welcher Hand das Pferd hierzu gefügiger ist, muß der Reiter feststellen, indem er aus dem Zirkel beziehungsweise der Volte auf die andere Hand wechselt (richtige Hufschlagfigur). Glückt es auf der einen Hand nicht bald, so versucht man es auf der anderen, glückt es auf dem Zirkel nicht, dann glückt es auf der Volte. Auch der Wechsel von links nach rechts und umgekehrt hilft weiter – nur darf man nicht durch Gegenhalten mit dem äußeren Zügel in diesem Stadium das Nachgeben erschweren.

Ist dies erreicht, so hat der innere Zügel nur noch die eine Aufgabe, dafür zu sorgen, daß die Stellung nach innen nicht wieder verlorengeht. Geht sie dennoch – und wenn auch nur für einen Augenblick – verloren, so ist die Arbeit sofort zu unterbrechen und die Weichheit beziehungsweise Stellung nach innen wieder herzustellen.

Bietet der Reiter dem Pferd durch fortdauerndes Vorgehen der äußeren Faust das Langmachen des Halses, das ›sich in die Zügel strecken‹ an, so geht das Pferd mit der Zeit auf den Wunsch des Reiters ein.

Wenn dieser nur nicht ungeduldig wird, wird sich das Pferd allmählich in die Zügel hineinstrecken. Das Strecken des Halses ist demnach die Vorbedingung, conditio sine qua non für das Finden, Annehmen des Zügels durch das Pferd. Dabei bleibt es das Wichtigste, das Treiben nicht zu vergessen, das Pferd immer wieder an die Zügel heranzudrücken. Alle bis dahin vorhandenen Steifheiten und Verkrampfungen in Kinnladen, Ganaschen, Hals,

Rücken und Gliedmaßen sind und werden weiterhin durch den gleichmäßigen, aber doch energischen, etwas über dem Tempo des Pferdes liegenden Arbeitstrab herausgetrieben. Das Pferd läßt sich immer vollkommener los, steht schließlich am Schenkel, Zügel und Kreuz und geht im Gleichgewicht.

Es fehlt nur noch die Sicherstellung des Erreichten. Immer wieder muß das Pferd zum Ausstrecken des Halses gebracht werden, damit sich diese zwanglose Art zu gehen, die es nicht anders als angenehm empfinden kann, befestigt. Dadurch beruhigen sich die Tritte immer mehr, die gleichzeitig durch energisches Treiben immer raumgreifender werden. Der Rücken kommt zum Schwingen, wölbt sich bei jedem Tritt auf und ab, alle Muskeln spielen nicht mehr verkrampft. Auf leichtes Gegenhalten wird das Pferd nun auch, wenn es vermehrt an den Zügel herangetrieben wird, nicht nur am Zügel kauen, sondern darüber hinaus dem Druck des Zügels auch nachgeben, sich ohne Widerstand aufnehmen, das heißt mehr Gewicht der Hinterhand zuschieben und parieren. Diese Arbeit ist bereits der Übergang zu der Arbeit des Versammelns.«

Verfasser unbekannt, »Die Bearbeitung junger Pferde auf Trense«:
»Auf dem Zirkel ist das Pferd gezwungen, den inneren Hinterfuß stützend unter die Last zu setzen, um sein Gleichgewicht herzustellen. Es muß also den Äußeren abschwingend gebrauchen. Der innere Vorderfuß muß, um die runde Linie gehen zu können, der Vorgreifende sein. Am deutlichsten sieht man dies beim rohen Pferd, das noch nicht die Kraft hat, den Oberkörper auf den belasteten Teilen zu tragen, sondern demselben folgt und deswegen den Zirkel fortwährend verengt.

Um dieses Verengen zu verhindern, muß die erste Einwirkung des Reiters erweiternd sein. Setzt das Pferd dem einseitigen, inneren Zügel keinen Widerstand mehr entgegen, findet es beim Nachgeben eine Grenze am äußeren Zügel; denn Nachgiebigkeit auf die inneren bringt das Pferd an die äußeren Hilfen heran.

Deshalb wirken vorherrschend die inneren Hilfen so lange, bis das Pferd auf die Zirkellinie wieder hinausgedrängt ist. Dort trifft es auf die verwahrenden äußeren Hilfen. Diese verhindern, daß es zur geraden Linie zurückkehrt. Sobald das Pferd seine Last auf der Kreislinie tragen kann, erfolgt ein für das Auge fast unmerklicher, fortgesetzter Wechsel zwischen Schulterherein- und Kruppehereinhilfen.

Hierbei tritt sehr bald der Moment ein, in welchem das Pferd seinen Hals am äußeren Zügel formt. Dieser übernimmt damit die Führung. Dabei kaut das Pferd am äußeren Zügel bei völliger Weichheit gegen den Inneren *(Abb. 2)*.«

Steinbrecht, »Gymnasium des Pferdes«:
»Namentlich wird es sich den Hauptagenten der Biegung, den inneren Hinterfuß, freizuhalten versuchen, um auf diesen gestützt diejenigen Teile steifen zu können, deren Biegung ihm von Natur aus am schwersten fällt. Der Reiter richte daher auf diesen sein Hauptaugenmerk und nötige ihn durch die Tätigkeit des inneren Schenkels resp. Sporns nicht nur zum Vortreten, sondern zum Treten gegen den äußeren Hinterfuß. Hierdurch wird er richtig unter die Gewichtsmasse geschoben und gebogen. Die Regel, so einfach sie scheint, ist die Grundregel der ganzen Dressur bis zu ihrer höchsten Vollkommenheit. Sie bildet den richtigen Anfang des so hoch gerühmten ›Schulterherein‹ oder ist vielmehr das Grundprinzip desselben. Ohne sie ist weder der Gang noch die Biegung des Pferdes vollkommen auszubilden, durch sie ist jedes Hindernis zu beseitigen, was beiden entgegenwirkt. Die Wichtigkeit dieser Regel ist so groß, daß sich nicht nur alle Fehler in den Gangarten, sondern auch alle Widersetzlichkeiten des Pferdes ohne Ausnahme auf die Nichtbeachtung derselben zurückführen lassen.

Manche Pferde sind sehr geschickt, durch scheinbare Nachgiebigkeit auf die biegenden Hilfen zu täuschen und trotz der teilweisen Biegung der Wirbelsäule den inneren Hinterfuß durch sein Seitwärtstreten nach innen unbelastet zu erhalten. Reiter mit richtigem Gefühl erkennen dies leicht, teils an der fehlerhaften Anlehnung und dem unreinen oder ausdruckslosen Gang, hauptsächlich aber an der mangelnden Senkung der inneren Hüfte, wodurch man gezwungen wird, seinen eigenen Schwerpunkt künstlich nach innen zu verlegen, während dies die natürliche Folge der richtigen Biegung des inneren Hinterfußes sein soll. Kräftige vor- und seitwärtstreibende Hilfen mit innerem Sporn und Peitsche in flinken

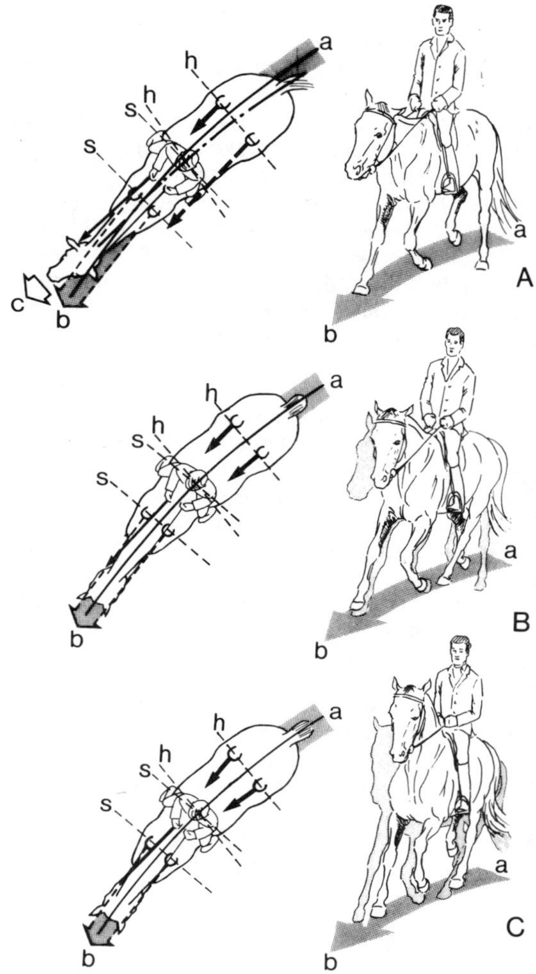

Abb. 2: Vom Lösen zum Versammeln auf gebogener Linie. *A* = steifes, ungebogenes Pferd; *B* = gelöst und gebogen; *C* = beginnende Versammlung. *h* = Hüften des Pferdes, Hüften des Reiters; *s* = Schultern des Pferdes, Schultern des Reiters; *a–b* = Längsachse

Gangarten auf entsprechenden Zirkellinien sind allein geeignet, solchen Widerstand zu beheben und den Gehorsam auf den Schenkel zu begründen.

Sind in der Seitenbiegung beide Zügel in gleichmäßiger Anlehnung, so hat das Pferd der Verkürzung des inneren durch Biegung richtig entsprochen, und ein Anzug beider Zügel wird sich bis in die Hinterbeine fortpflanzen. Ist ferner die gleichmäßige Wirkung beider Zügel der Richtung des Halses entsprechend, das heißt, wird sie in demselben Maß in der Aufrichtung leichter, als sie in der tieferen und gestreckteren fester werden muß, so ist dies der Beweis, daß der Hals nicht nur gerade und stet arbeitet, sondern auch seine Aufrichtung durch eine sichere Stütze auf der Hinterhand wohlbegründet ist.«

Bürkner, »Ein Reiterleben«:

»... gipfelte das System N.'s in der Erkenntnis, das Pferd auf jeder Hand an den äußeren Zügel heranzubringen. Dazu ließ er die Abteilung auf zwei Zirkeln – den einen rechte, den anderen linke Hand arbeiten. Die nach innen gestellten Pferde wurden im energischen Vorwärtstreiben und Galoppieren durch den stark treibenden inneren Schenkel vom inneren Zügel abgelöst und unter Beibehaltung der Stellung an den passiven äußeren Zügel herangeritten. War dies auf der einen Hand erreicht so wurde selbstständig die Hand gewechselt. Hierbei mußte natürlich die schwierigere Seite immer länger drankommen. Nach etwa einer halben Stunde ließ N. die Abteilung bilden und auf ganzer Bahn als Probe auf das Exempel der Vorbereitung mit genauen Abständen den Mitteltrab entwickeln, bei dem die Pferde an beiden Zügeln gleichmäßige Anlehnung und schwungvolle Tritte zeigen mußten. Er erkannte jede noch so geringe Verstellung oder ungleichmäßige Anlehnung und ließ dann sofort wieder die Arbeit auf zwei Zirkeln beziehungsweise der steiferen Seite aufnehmen. Diese individuelle Schaffung der richtigen Grundlage unter ständiger Kontrolle des Sitzes und der Einwirkung jedes einzelnen Reiters erzielte in der Ausbildung große Erfolge.«

Der Vorgang des Lösens ist in diesen kurzen, ziemlich genau übereinstimmenden Abhandlungen sehr deutlich beschrieben. Er kann unterstützt werden durch spezielle lösende Übungen, wie zum Beispiel Wendung auf der Vorhand, Schenkelweichen, mehrfache Übergänge Arbeitstrab – Arbeitsgalopp, häufiger Handwechsel, Verwendung von Bodenricks usw.

Es bleibt aber immer das Wesentliche, die Pferde über die Nachgiebigkeit der inneren Seite (»los vom inneren Zügel!«) an den äußeren Schenkel und Zügel heranzuarbeiten. Dieser übernimmt damit die Führung, während der innere die Stellung erhält, bestimmt im Verein mit dem äußeren Schenkel den Grad der Längsbiegung und somit den Radius der Wendungen und Kreislinien. Er richtet die Vorhand genauer auf die Hinterhand aus, wodurch die Schubkraft direkt in die Richtung des Schwerpunktes wirkt. Die Kraft des Abschwunges wird dadurch voll genützt, die Längsbiegung ein wenig vermindert, die Aufrichtung aber erhöht. Man kann nun beginnen, unter Beibehaltung der bisher erarbeiteten Losgelassenheit und Weichheit das Pferd seinem Alter, Gebäude und Ausbildungsstand entsprechend zu versammeln.

Wendungen im Gang

Darunter versteht man in der Reitlehre generell alle Richtungswechsel und das Reiten auf gebogenen Linien, im besonderen eine Richtungsänderung auf Linien, die in rechten Winkeln zueinander stehen, wie es bei den Ecken der Reitbahn der Fall ist. Deshalb werden die Wendungen im Gang und das Durchreiten der Ecken meist in einem behandelt. Es ergeben sich jedoch gewisse Unterschiede, auf die wir noch zurückkommen werden.

Überhaupt sollte man meinen, das Kapitel »Wendungen im Gang« sei derart simpel, daß es darüber nicht viel zu sagen gibt. Da täuscht man sich aber sehr! Gerade in den scheinbar einfachen Übungen stecken oft unvermutete und bedeutende Schwierigkeiten, die den gesamten weiteren Fortschritt in Frage stellen können. Das gilt sowohl für das Pferd als auch für den Reiter, und wer's nicht glaubt, der setze sich bei Dressurprüfungen einmal ans Viereck, und zwar möglichst so, daß er die Wendungen bei C recht genau sehen kann; er wird seine Meinung alsbald revidieren.

Da ein Pferd seinen Körper nicht rechtwinklig abknicken kann, um von einer Richtung in die andere zu gelangen, bleibt nichts anderes übrig, als den rechten Winkel durch einen Viertelkreisbogen abzurunden. Soll das Pferd diese gebogene Linie präzise einhalten, so muß es sich in seinem Körper der Länge nach so viel biegen, wie es der Krümmung des Viertelkreises entspricht. Je kleiner man den Durchmesser dieses Kreises bemißt, desto stärker muß das Pferd seinen Körper biegen und desto schwieriger wird die Ausführung der Wendung. Sie wird aber auch um so kleiner, je näher man dabei dem Winkel kommt, und das Pferd um so geschmeidiger, »wendiger«, auf je kleinerem Raum es korrekt wenden lernt. Was eigentlich unter »korrekt« zu verstehen ist, werden wir noch eingehend erörtern.

Aus diesen einleitenden Bemerkungen ergibt sich schon, daß auch das Reiten von Wendungen wie die meisten Übungen der niederen Schule einen doppelten Zweck hat: Den praktischen der Richtungsänderung und den schulmäßigen der Biegsamkeit. Gegenstand unserer Betrachtungen sollen ausschließlich die Wendungen als Dressurmittel sein, die, richtig ausgeführt, einen hohen Grad von Geschmeidigkeit ergeben.

Jede gute Reitlehre erklärt mit wenigen, knappen Sätzen, wie und mit welchen Einwirkungen Wendungen im Gang zu reiten sind. Dies braucht hier nicht wiedergegeben zu werden, weil der »Gesetzestext« jederzeit leicht nachgelesen werden kann. Aber auch die Gesetze der klassischen Reitkunst bedürfen (wie die anderen) in vielen Fällen eines Kommentars. Zunächst hieß es früher, daß der Radius des Viertelkreises drei Schritt betragen soll; jetzt ist man auf drei Meter übergegangen.

Der aus den drei Schritt resultierende Durchmesser von 4,80 m ergab einen wesentlich stärker gekrümmten Kreisbogen als der mit sechs Meter Durchmesser. Aber auch dieser bedeutet schon eine Biegung dritten Grades. Geht man nun von der zweifellos richtigen Annahme aus, daß ein junges Pferd zu Beginn seiner Ausbildung höchstens eine Biegung ersten Grades leisten kann (wie es dem Durchmesser des großen Zirkels mit 20 m entspricht), von fertigen A- und L-Pferden Volten und diesen entsprechende Wendungen von 10 m bis 7 m zu verlangen sind, so folgt daraus, daß die Biegung dritten Grades, wie sie dem Kreisbogen mit einem Durchmesser von früher 4,80 m, jetzt 6 m entspricht, frühestens dem L/M-Pferd zugemutet werden kann *(Abb. 3)*.

Der in der Reitlehre allgemein geforderte Wendungsbogen entspricht somit schon dem Ausbildungsstand eines weit geförderten Pferdes. Dieses Ergebnis will jedoch erarbeitet sein.

Jeder, der junge Pferde angeritten hat, weiß aus Erfahrung, daß das ungewohnte, wenn auch noch so leichte Gewicht des Reiters dem Pferde anfänglich schon auf gerader Linie entlang der Bande fühlbare Balanceschwierigkeiten bereitet, die sich in den Wendungen an

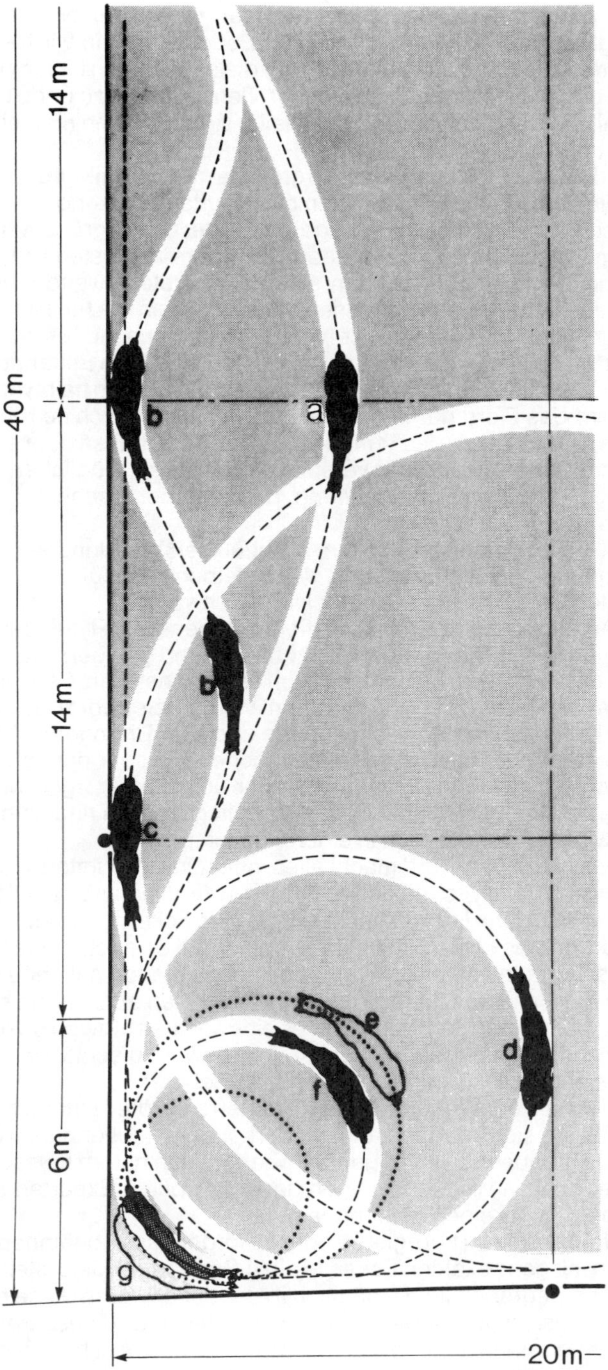

Abb. 3: Stadien der Biegung in Wendungen und einigen Hufschlagfiguren (Dressurviereck 20 x 40 m). *a* = einfache Schlangenlinie; *b* = doppelte Schlangenlinie; *c* = auf dem Zirkel; *d* = auf der Volte 10 m; *e* = auf der Volte 7 m; *f* = auf der Volte 6 m; *g* = auf der Volte 5 m (früher: 6 Schritt à circa 80 cm)

den kurzen Seiten deutlich verstärken. Nun kann man zwar in den ersten Arbeitsstunden so ziemlich alles weglassen, was später einmal von Bedeutung sein wird – Hufschlagfiguren, Tempounterschiede, Lektionen usw., und sich auf die einfachsten Linien beschränken. Aber sehr bald ist auch die längste lange Seite einer großen Reitbahn zu Ende und man muß wenden, auch in der allerersten Stunde; und das gleich viermal, wenn man einmal um die Bahn kommen will.

Trotzdem man diese ersten Wendungen so groß wie möglich anlegt und sie natürlich an der Bande ausführt, die dem jungen Pferd einen nicht zu unterschätzenden Halt bietet, wird man spüren, wie ungeschickt sich selbst das willige und an der Longe gründlich vorbereitete Pferd dabei anstellt. Ist man schon froh und zufrieden, wenn man wenigstens an der Bande einigermaßen die Linie und das Tempo halten kann, so wird das erste Abwenden von der langen Seite zu einem Abenteuer mit höchst ungewissem Ausgang. Man wird sich klugerweise erst darauf einlassen, wenn das Pferd durch die vorausgegangene Arbeit im Trab schon etwas Anlehnung gefunden, beim Wenden an den kurzen Seiten schon Bekanntschaft mit den elementaren Zügel- und Schenkelhilfen gemacht hat und das Tempo halbwegs halten kann.

Selbst dann wird das Pferd nur in den seltensten Fällen gleich so reagieren, wie es der Reiter wünscht. Es wird vielleicht das Tempo ändern, sich verhalten oder eiliger werden, oder die Linie, die ihm der Reiter anzudeuten versucht, nicht finden. Möglicherweise wird es kaum von der Bande wegzubringen sein und wenn, dann mit der Nachhand selbstverständlich noch stark ausfallen.

Welch' weiter Weg zu den abgezirkelten, leichtfüßigen Wendungen des gerittenen Pferdes! In Tempo, Haltung und Biegung stets gleichbleibend, vollführt es diese mühelos und doch präzise in allen Gangarten mit Ausdruck und Schwung.

In der irrigen Annahme, zu viel Zeit zu verlieren, sehen viele Reiter davon ab, ihre Pferde zu solcher Perfektion in den Wendungen auszubilden, und glauben, diese Ergebnisse würden sich im Laufe der weiteren Dressurarbeit von selbst einstellen. Das tun sie aber nicht. Im Gegenteil: Die Genauigkeit der Biegung auf einem Viertelkreis ist die Basis für das Reiten längerer, gebogener Linien, später der Seitengänge und aller Übungen in Längsbiegung. Wer darauf keinen Wert legt oder alles gleichzeitig machen will oder gar von oben herunter arbeitet, der darf sich nicht wundern, wenn er früher oder später irgendwo »steckenbleibt«. Dann heißt es den versäumten Ausbildungsabschnitt gründlich nachzuholen, und der vermeintliche Zeitgewinn verwandelt sich in einen Rückstand.

»Ich versteh' das nicht: Das Pferd macht alles, nur keine Pirouetten.« Haben Sie das oder so etwas ähnliches nicht auch schon gehört? Ja, das Pferd macht zwar alles, aber wie! Wenn man genauer hinschaut, dann kann es nicht einmal eine Ecke im versammelten Galopp richtig passieren, und wenn es keine Ecken kann, dann geht es auch keine Volten, denn diese sind immerhin das Vierfache einer Ecke und noch dazu manchmal ohne Unterstützung der Bande im Inneren der Bahn auszuführen, wie die Pirouetten auch. Kann es aber keine richtige Volte auf einfachem Hufschlag, dann wird es eine solche auf zwei Hufschlägen schon gar nicht beherrschen, und eine Pirouette ist ein Kreis auf zwei Hufschlägen, dessen Radius der Länge des Pferdes entspricht (Definition der FEI, Artikel 412).

Wer somit die Technik der Wendungen nicht beherrscht, die für manche Reiter so einfach zu sein scheint, daß sie sich zutrauen, diese überspringen zu können, wird bei allen nachgelagerten, darauf aufbauenden Übungen Schwierigkeiten haben müssen, und das Auftreten dieser Schwierigkeiten veranlaßte einen unserer größten Experten stets zu dem Ausspruch: »Sie können eben keine Wendungen reiten.«

Bei fremden Pferden, die zu korrigieren oder zu fördern sind, beginnen wir nach dem Lösen die Arbeit gern mit ganz exakten Ecken in allen Gangarten. Meist stellt sich dabei schon heraus, wo der Hund begraben liegt – nämlich in der Ecke. Wären diese nicht seit Jahrhunderten ein vorzügliches, sogar unersetzliches Hilfsmittel für die Dressurarbeit, so hätte man den Reitbahnen ja auch einen anderen, für Pferd und Reiter sicher bequemeren Grundriß geben können – etwa den einer Ellipse, deren Form der äußere Hufschlag in vielen Reitbahnen tatsächlich aufweist. Deshalb bieten schmälere Bahnen trotz etlicher Nachteile wenigstens den Vorteil, daß die Ecken rascher aufeinander folgen, was durch die Hufschlaglinie der halben Bahn noch begünstigt werden kann. Unter 12 m sollte man aber wegen der zwischen den Ecken nötigen Geradeausstrecke nicht gehen.

Wenn Sie einmal an ein Pferd oder an einen Reiter kommen, die, sagen wir, irgendwo im

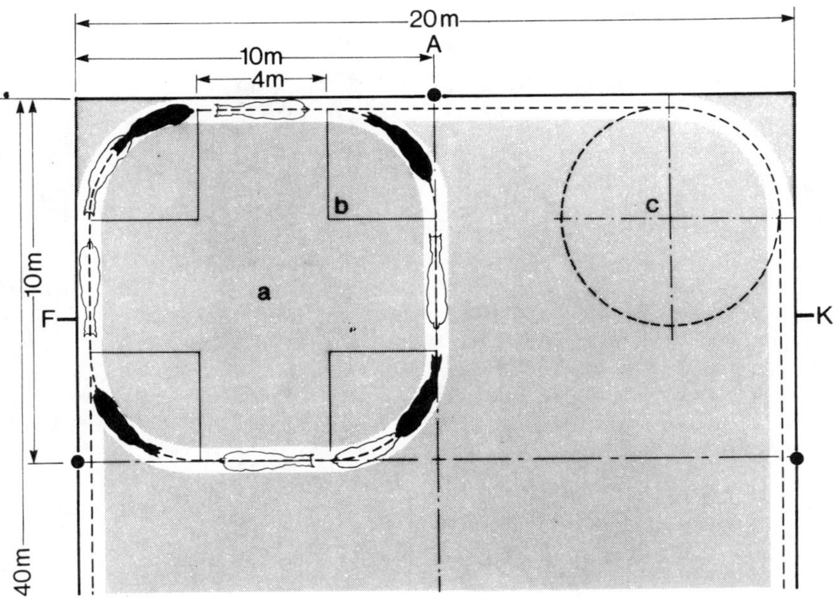

Abb. 4: a = Quadratvolte (10 m); *b* = Viertelkreisbogen beim Durchreiten der Ecken; *c* = Volte (6 m)

mittleren oder am Beginn des oberen Ausbildungsabschnittes steckengeblieben sind, so lassen Sie nach genügendem Lösen versuchsweise ein 10 m-Quadrat anlegen, das möglichst an zwei Seiten durch die Bande begrenzt ist. Auf dieser Figur sind nun die Linien und Ecken so genau zu reiten, daß zwischen diesen jedesmal eine Strecke von vier Metern liegt, auf der das Pferd wirklich geradegestellt sein muß, während alle vier Ecken in richtiger Längsbiegung zu passieren sind *(Abb. 4)*.

Haben Sie das in allen drei Gangarten, zunächst im Mittelschritt, dann im versammelten Trab und schließlich im versammelten Galopp probiert, selbstverständlich auf beiden Händen, wobei Tempo und Haltung ganz unverändert bleiben müssen, so werden Sie wunderbare Aufschlüsse darüber erhalten, warum es mit Pferd oder Reiter bisher nicht weiterging. Es nehmen allerdings diejenigen Reiter immer mehr zu, die gar keinen Wert darauf legen, sich oder ihr Pferd in solchen oder ähnlichen Übungen gründlich zu schulen. Da ist natürlich nichts zu machen, denn wo der Wille fehlt, kann keine Leistung entstehen.

Solange sich Menschen zu Pferd in Gottes freier Natur halbwegs gesittet bewegen, wäre dagegen nicht viel zu sagen, denn draußen fällt es nicht weiter auf, wenn man eine Fläche Von 50 m^2 für jede Wendung braucht. Was aber, wenn Schlechtwetter zur Benützung der gedeckten Reitbahn zwingt (falls man es nicht vorzieht, die Pferde ein bis zwei Tage überhaupt stehen zu lassen)? Dann wird es kritisch, denn unwendsame Pferde machen selbst die größte Reitbahn immer noch zu klein, und es ist mehr als verständlich, wenn man in solchen Fällen lieber ganz auf das zweifelhafte Vergnügen verzichtet, sich mit unrittigen Pferden auf engerem Raum abzumühen. Ganz zu schweigen von den sonstigen Unannehmlichkeiten des Bahnreitens, denn dort gibt es zwar einen zweiten Hufschlag (wo sollte man denn sonst sein Plauderstündchen halten), aber ein »zweiter Weg« existiert dort nicht.

Da nun, wie gezeigt, den Wendungen tatsächlich eine fundamentale Bedeutung für die Rittigkeit des Pferdes und dessen Fortschritte sowie zur Verbesserung der reiterlichen Einwirkung zukommt – es ist interessant, einmal festzustellen, wieviele Wendungen im Verhältnis zu anderen Anforderungen im Laufe einer Dressurprüfung vom Pferd verlangt werden einige Worte über die richtige Ausführung.

Wie aus der Reitlehre hervorgeht, hat jeder Schenkel, Zügel und Sitzknochen seine ganz bestimmte Aufgabe. Das Zurücklegen des äußeren Knies und Unterschenkels um eine Hand

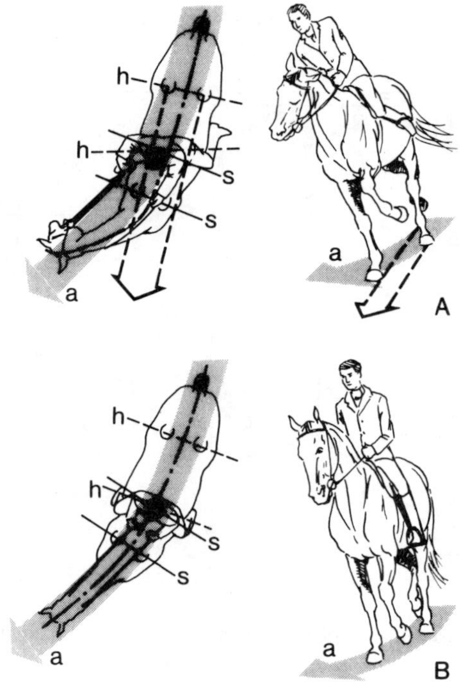

Abb. 5: Der »biegende« oder »Drehsitz«. *A* = übertrieben; *B* = richtig. *a* = Längsachse; *h* = Hüften des Pferdes, Hüften des Reiters; *s* = Schultern des Pferdes, Schultern des Reiters

breite hinter seine normale Position, das Vorschieben der inneren Hüfte, das Mitnehmen der äußeren Schulter in die Richtung der Wendung stellen an den Sitz des Reiters hohe Anforderungen. Dieser »biegende Sitz« (so genannt, weil er eben die richtige Biegung erzeugt) oder »Drehsitz« oder wie immer die manchmal örtlich verschiedenen Bezeichnungen dafür lauten mögen, setzt eine gründliche Schulung, viel Geschmeidigkeit, Balance und Unabhängigkeit voraus. Mit klammernden Schenkeln und Festhalten an den Zügeln geht es natürlich nicht, es will erlernt sein und kostet einigen Schweiß *(Abb. 5)*.

Dieser Sitz, bei dem man vor allem die Oberschenkel ordentlich auseinandernehmen muß, ist anfänglich nicht sehr bequem, wird aber, wenn man ihn einmal erworben hat, zu einer großen Annehmlichkeit und garantiert maximale Einwirkungen bei allen Lektionen mit Längsbiegung des Pferdes.

Da die Mehrzahl der heutigen Reiter sich aber so hinsetzt, wie es für sie am bequemsten und nicht wie es zur Bearbeitung des Pferdes erforderlich ist, kommt dieser Sitz, der für den Dressurreiter eine conditio sine qua non darstellt, anscheinend langsam aus der Mode. Das gelegentliche, fast waagrechte Zurücklegen des Unterschenkels (zum Beispiel beim Angaloppieren), wodurch äußerer Oberschenkel und gleichseitiges Knie fast noch weiter vorkommen, hat mit biegendem Sitz überhaupt nichts zu tun und stellt lediglich die sinnlose Übertreibung einer Einzelhilfe dar. Hat man aber diesen Sitz, der besonders für den Ausbilder gänzlich unentbehrlich ist und den man nur von einem wirklichen Reitlehrer lernen kann, zu seiner Verfügung, dann kann man im Laufe der Zeit auch seine Pferde formen und biegen, sie richtige Wendungen und alle darauf aufbauenden Lektionen lehren. Andernfalls wird das Pferd nach seinem Belieben den Reiter formen, das heißt den ihm anfangs unangenehmen äußeren Schenkel einfach nach vorn schieben, den inneren Hinterfuß zu wenig biegen, die innere Hüfte nicht senken und den Reiter daher nicht weich auf dem inneren Gesäßknochen sitzen lassen. Es geht entweder in sich gerade oder sogar verkehrt gebogen durch die Wendungen, ganz wie es ihm paßt.

Tatsächlich sitzen gar nicht wenige Reiter in den Wendungen, sogar auf Zirkeln und Volten, die ein fortlaufendes Wenden bedingen, verkehrt am Pferd, das heißt mit dem äußeren Schenkel weiter vorn als mit dem inneren.

Die Ursachen dieser Erscheinung zu ergründen ist nicht Gegenstand unserer Betrachtungen. Es genügt die Tatsache, daß unter solchen Umständen von korrektem Wenden und Reiten auf gebogenen Linien keine Rede sein kann, und sie erscheint durch das bisher Gesagte ausreichend begründet. Zeigen sich diese Mängel im Verlauf von Dressurprüfungen, so darf man sich nicht wundern, wenn fachlich geschulte Richter die entsprechenden Wertnoten erteilen.

Die heutigen geborenen Reitpferde, die die Züchter in immer größerer Zahl anbieten, und die von Natur aus viel Gang, richtiges Tempo, sicheres Gleichgewicht, viel Losgelassenheit und Arbeitswilligkeit mitbringen, könnten nach kurzer Gewöhnung an den Reiter und Erlernen der Reaktion auf die einfachen Hilfen schon nach einigen Wochen in den untersten Dressurprüfungen gestartet werden, wenn – ja, wenn die Wendungen nicht wären, und das Reiten auf gebogenen Linien. Denn ein Pferd, das sich von Natur aus sogleich auf beiden Händen willig und richtig bis zum verlangten Grad biegt, hat es sicherlich bisher noch nicht gegeben. Das dauert eben seine Zeit. Ein dafür veranlagtes Pferd im Mitteltrab ein bißchen treten zu lassen, dazu gehört nicht viel und kommt auch mehr vom Lieben Gott als vom Reiter; aber eine saubere Wendung oder gar Volte zu reiten ist schon etwas anderes und sagt jedenfalls mehr über die Rittigkeit das Pferdes und die Fertigkeit des Reiters als ein paar – wenn auch noch so imposante – verlängerte Tritte.

Um das Pferd in richtigen Wendungen zu schulen, hat man die Reitbahnen rechtwinkelig angelegt. Die Bande erleichtert sehr das Geraderichten und Geradehalten des Pferdes vor und nach den Wendungen. Auch kann man die Punkte des Abwendens und Ankommens markieren, so daß man seine Aufmerksamkeit voll auf die Ausführung des Viertelkreises konzentrieren kann. Die Schwierigkeiten der Wendung, vor allem die stärkere Belastung des inneren Hinterfußes und die vermehrte Rippenbiegung veranlassen das Pferd, sich durch allerlei Ausweichmanöver die Arbeit zu erleichtern. Ausfallen mit der Kruppe (um sich der Rippenbiegung zu entziehen), Seitwärtstreten des inneren Hinterfußes oder Ausfallen der äußeren Schulter (um der stärkeren Belastung des inneren Hinterfußes auszuweichen), »Abschneiden« der Ecke, Verbiegungen des Halses, Verhalten im Tempo oder Eiligerwerden, vor der Ecke nach außen ausweichen, um sich einen größeren Bogen zu verschaffen usw. kommen hier in Betracht und müssen sorgfältig korrigiert werden.

Wenn alle diese Fehler trotz Unterstützung durch die Bande auftreten, kann man sich denken, um wieviel schwieriger eine saubere Wendung ohne »Leitlinie« im Inneren der Bahn zu reiten ist, wo die Pferde naturgemäß leichter ausfallen können. Ohne optische Anhaltspunkte wird die Sache auch deshalb schwierig, weil schon das Schätzen der drei Meter vor und nach dem Scheitelpunkt in schnellerer Gangart viel Übung und Augenmaß verlangt.

Es empfiehlt sich daher, während der Ausbildung dem Pferd keine Ecke zu schenken, und wenn es darin auf beiden Händen in allen drei Gangarten absolut sicher geworden ist, sollte man sich bemühen, in den versammelten Tempi auch bei allen anderen in der Reitbahn vorkommenden Richtungsänderungen ebensolche Wendungen zu reiten.

Wenn dabei die völlige Geraderichtung mit der genau abgemessenen Biegung richtig abwechselt, Tempo und Haltung unverändert bleiben und der Radius stimmt, so erfordern diese Wendungen ein gründlich gymnastiziertes, ehrlich gerittenes Pferd und dessen äußersten Gehorsam auf Schenkel-, Gewichts- und Zügelhilfen.

Gewiß ein lohnendes Ziel für einen strebsamen Reiter.

Der Zirkel und die Volte

Beide bilden die Fortsetzung des Kapitels »Wendungen im Gang«, denn das Reiten gebogener Linien erfordert ein fortgesetztes Wenden. Alle in dem erwähnten Beitrag erläuterten Grundsätze behalten ihre volle Gültigkeit und finden hier weitere, praktische Anwendung. Die Besonderheiten, die sich beim Reiten geschlossener Kreislinien gegenüber den Viertelkreisen bei einfachen Wendungen ergeben, sollen nun genauer untersucht werden.

Auch zwischen Zirkel und Volte bestehen in der praktischen Ausführung gewisse Unterschiede, obwohl beide Figuren Kreise (wenn auch mit verschiedenen Durchmessern) darstellen und daher die gleichen Prinzipien zugrundeliegen. Der Übersicht halber wollen wir zuerst den Zirkel und im Anschluß daran die Volte unter Berücksichtigung ihrer Kriterien besprechen.

Zunächst die Definitionen: In den »Besonderen Bestimmungen« der FEI für das Dressurreiten, Art. 410, heißt es: »Die Volte ist ein Kreis von sechs Meter Durchmesser. Bei einem Durchmesser von mehr als sechs Meter verwendet man den Ausdruck Zirkel mit Angabe des Durchmessers.«

Das mag für internationale Zwecke ausreichen; bei uns sind jedoch Einteilungen gebräuchlich, die diese Richtschnur noch ein wenig ergänzen. In den meisten Reitvorschriften wird die Größe des Zirkels nicht angegeben, weil man üblicherweise darunter den größten Kreis versteht, der sich in der Reitbahn anlegen läßt. Sein Durchmesser wird demnach von der Breite der Bahn bestimmt, die aus bekannten Gründen zwanzig Meter nicht über- und zwölf Meter nicht unterschreiten soll.

Hingegen finden sich fast in jeder Reitlehre präzise Angaben über die Abmessungen der Volte. Zum Beispiel in den »Richtlinien für Reiten und Fahren«: »Die Volte von sechs Meter (früher sechs Schritt) Durchmesser stellt das Höchstmaß an Längsbiegung dar, die das Pferd ohne Beeinträchtigung des Ganges annehmen kann. Der Rittigkeit des Pferdes ist daher am Anfang durch Vergrößerung der Volte Rechnung zu tragen.«

Dieser Nachsatz bestätigt, daß 6 m Volten erst nach stufenweiser Vorarbeit auf größeren Kreisen (8 m und 7 m Durchmesser) zu verlangen sind. Die Hufschlagfigur »Acht an der kurzen Seite« wird durch Verbindung zweier zehn Meter-Volten gebildet. Hier kann man gerade noch von Volten sprechen, während bei größeren Kreisen diese Bezeichnung nicht mehr üblich ist.

Eine Ausnahme in bezug auf Festlegung der Voltengröße machte die altösterreichische Reitvorschrift (Exercier-Reglement für die k. u. k. Cavallerie 1898): Die Volte – dort »Kleine Tour« genannt – »wird auf einem kleinen Kreis geritten, dessen Durchmesser sich nach der Geschicklichkeit von Reiter und Pferd richtet«. Eine sicherlich praktische und reiterlich ansprechende Regel (bemerkenswert die Übereinstimmung mit dem Nachsatz der auf der H. Dv. 12 beruhenden »Richtlinien«). Allerdings muß es heute für gewisse Zwecke, vor allem zur Vergleichsmöglichkeit bei Dressurprüfungen, im Interesse gleicher Anforderungen gewisse Normen geben.

Wie bereits im Kapitel »Wendungen im Gang« betont, ist ein korrektes Reiten gebogener Linien ohne den entsprechenden Sitz des Reiters nicht möglich. Dieser Sitz stellt einerseits das Mittel dar, dem Pferd die unbedingt nötige Längsbiegung abzuverlangen, und ist andererseits erforderlich, um sich sowohl dem gebogenen Pferd als auch der einzuhaltenden Richtung anpassen zu können.

Es dürfte sich erübrigen, näher auf die Hauptpunkte des »biegenden Sitzes« oder »Drehsitzes« einzugehen, weil jeder gelernte Reiter weiß (oder zumindest wissen müßte), was damit gemeint ist. Wenn nicht, gibt jede klassische Reitlehre, gleichgültig, aus welcher Feder sie stammt, darüber Auskunft. Hier dazu nur so viel: Diesen Sitz so sicher zu erwerben, daß er dem Reiter bei voller Losgelassenheit und Schmiegsamkeit als formendes Instrument zur Biegung seines Pferdes in beliebigem Grad und in allen Gangarten zur Verfügung steht, ist Sache vieler mühevoller Jahre. Darin liegt der Grund, warum alle Reiter, die zu früh in der Öffentlichkeit auftreten, selbst wenn sie auf geraden Linien schon ganz nett hingesetzt erscheinen, auf Zirkeln und speziell Volten einen so jammervollen, beinahe hilflosen Eindruck hinterlassen.

Darin liegt ferner der Grund, warum trotz noch so ausgiebigen Zirkelreitens sehr häufig der erwartete Erfolg ausbleibt. Ein Reiter, der nicht biegend sitzen und in diesem Sitz nicht nachdrücklich auf sein Pferd einwirken kann, wenn es nötig sein sollte, wird auch nach monatelanger, sogenannter »Zirkelarbeit« kein gebogenes Pferd zustande bringen, während einem anderen diese Resultate vielleicht schon nach recht kurzer Zeit zufallen. Auch hier kommt es eben wie überall in der Reiterei nicht darauf an, »daß«, sondern »wie« auf gebogenen Linien geritten wird.

Einen eigentlichen praktischen Zweck, wie etwa die Richtungsänderung bei einer Kurzkehrtwendung, haben Zirkel und Volte nicht aufzuweisen (früher spielte die Volte eine wesentliche Rolle im Einzelgefecht zu Pferd). Heute sind sie Hilfsmittel der Dressur, als solche aber unentbehrlich, wenn sie auch Ausbildern und passionierten Dressurreitern oft mißbilligende Seitenblicke von »Reitern des zweiten Weges« eintragen (»ist ja wirklich stumpfsinnig, dieses ewige im Kreis herumlaufen«). Nun, wenn man von einer Sache nichts versteht, dann sollte man eine Gelegenheit zu schweigen nie vorübergehen lassen, und wer bewußt jeder ernsten Arbeit aus dem Wege geht, dem steht ein Urteil gar nicht zu. Wie glücklich würde mancher Reiter leben, wenn er sich um die Pferde der anderen so wenig kümmerte wie um seine eigenen.

Ganz abgesehen davon wird der gebildete Reiter sehr wohl nicht nur Tempo und Gangart rechtzeitig wechseln, sondern auch die gebogenen und geraden Linien im richtigen Verhältnis zueinander benützen, indem er den Zirkel verläßt, sobald er seinen Zweck erreicht hat, um die Ergebnisse auf geraden Linien beziehungsweise in den folgenden Übungen zu verwerten.

Er weiß auch, daß das Reiten auf dem Zirkel einen mehrfachen Zweck hat:

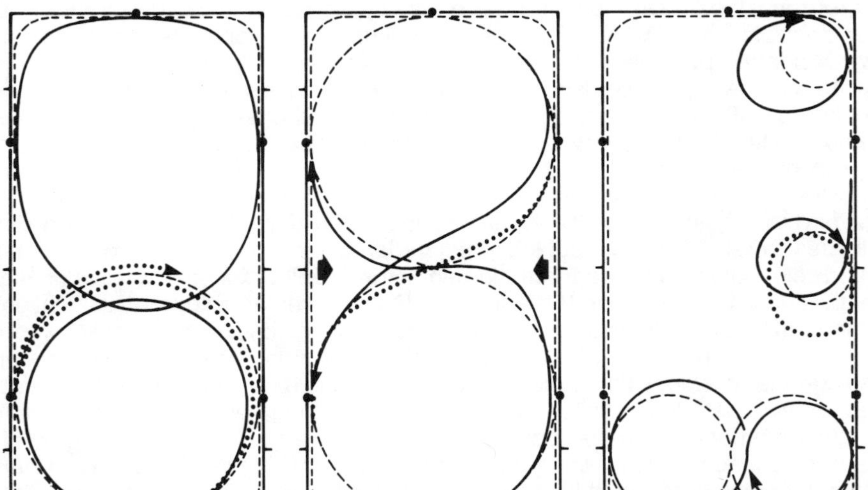

Abb. 6: Die Genauigkeit der Linien. --- = Hufschlag (bzw. richtige Ausführung); — = fehlerhaft (ungenau); ... = fehlerhaft (ungenau); → = geeigneter Platz des Reitlehrers. *a* = der Zirkel; *b* = aus dem Zirkel wechseln; *c* = Volten und 8 an der kurzen Seite

- es bringt die Pferde schneller zur Losgelassenheit;
- die Biegung ersten Grades wird erzielt und dadurch der jeweilige innere Hinterfuß vermehrt belastet und gebeugt (Vorbereitung der Hankenbiegung);
- die so wichtige Geschmeidigkeit wird gefördert;
- die hohle und die steife Seite des Pferdes lassen sich besser als beim Geradeausreiten berücksichtigen und ausgleichen;
- auf heftige Pferde übt das kontinuierliche Wenden einen beruhigenden Einfluß aus;
- last not least dient es der Schulung des Reiters *(Abb. 6)*.

Die erwünschte Wirkung wird jedoch nur dann eintreten, wenn das Pferd auf dem Zirkel so genau wie möglich gearbeitet wird – und damit beginnen die Probleme, denn von wirklicher Gründlichkeit und Genauigkeit wollen viele der heutigen Reiter nichts wissen. Alles muß schnell und vor allem leicht gehen, sonst fängt man erst gar nicht an oder verliert sehr rasch die Freude an der Sache. Da ist zunächst einmal die Linie: Wie wir alle in der Schule gelernt haben, ist ein Kreis eben rund. Was aber häufig als Zirkel geritten wird, hat mit einer runden Linie nichts gemein. Das wäre noch nicht so arg (und passiert jedem Reiter hin und wieder auf weniger geschulten Pferden), könnte man wenigstens den Versuch einer Korrektur wahrnehmen. Diesen sieht man aber nicht, und wenn die Pferde meterweit an der Bande entlang oder in die Ecken hineinlaufen, daß man seine Freude hätte, wenn nicht ein Zirkel verlangt wäre, so scheint dies den größeren Teil der Reiter nicht im mindesten zu stören. Sie gleichen einem Musiker, der falsch spielt, ohne es zu merken, oder, was noch weit schlimmer ist, ohne daß es ihn unangenehm berührt.

Warum der Reitlehrer nichts sagt? Ganz einfach: Weil keiner da ist. Man zieht es heute in zunehmendem Maße vor, sich nach eigenem Gutdünken ohne Lehrer mit dem Pferd zu beschäftigen, und das tun gerade diejenigen am eifrigsten, die einen solchen am nötigsten hätten.

Wahrscheinlich werden deshalb mehr Pferde am Zirkel verbogen als in richtige Biegung gebracht, weil sie sich ohne die ständige Aufmerksamkeit des Reiters die Arbeit sehr schnell zu erleichtern wissen. Das ist eher ein Zeichen von Intelligenz als von Böswilligkeit und erinnert an menschliche Verhaltensweisen.

Auf dem großen Viereck 20 x 60 m läßt sich manchmal beobachten, daß die Reiter während der Arbeitsstunden die Linie der Zwischenbuchstaben R–S beziehungsweise P–V als Begrenzung des Zirkels ansehen. Das entspricht aber nicht ganz dem geforderten Durchmesser, denn diese Linie ist nur 18 Meter von der kurzen Seite entfernt und müßte demnach um zwei Meter überritten werden, wenn die Kreisform stimmen soll *(Abb. 7)*.

Man kann sagen, das seien Kleinigkeiten. Aber etliche Dressurreiter mit langjähriger Turniererfahrung wußten auf Befragen nicht, wie weit die Zwischenpunkte von den Ecken entfernt sind und konnten sie daher auch nicht bewußt als optische Anhaltspunkte benützen. Kleinigkeiten?

Selbstverständlich läßt sich eine genaue Zirkellinie nur mit einem entsprechend gebogenen Pferd reiten; eines bedingt naturgemäß das andere. Ein ungebogenes Pferd kann sich anstelle des Zirkels höchstens auf kurzen, geraden Linien bewegen, die in ganz stumpfen Winkeln zueinanderstehen, wodurch die geometrische Figur eines Polygons (= Vielecks) entsteht. Manche Pferde, besonders solche mit Gebäudefehlern, biegen sich nicht gern, vor allem nicht längere Zeit hindurch. Will man keine direkte Opposition heraufbeschwören, muß man sie allmählich daran gewöhnen. Danach bietet aber gerade das Reiten in stärkeren Längsbiegungen die Möglichkeit, diese Pferde stufenweise zu fördern. Dabei bleibt es durchaus verständlich, daß sie speziell am Beginn ihrer Ausbildung viele Wege finden, sich den unbequemen Anforderungen ganz oder teilweise zu entziehen. Da man in der Reiterei nicht alles gleichzeitig machen kann, wird es sich empfehlen, zunächst den inneren Hinterfuß unter Kontrolle zu bringen und durch fleißige Tätigkeit des inneren Schenkels die Zirkellinie groß genug zu halten. Damit wird gleichzeitig das Pferd vom inneren Zügel gelöst und die innere Seite nachgiebig gemacht. Bei allen Wendungen und erst recht beim fortlaufenden (besser gesagt: fortgesetzten) Wenden hat der innere Hinterfuß schließlich die Hauptarbeit zu leisten, und fast alle Pferde werden daher versuchen, ihn nach innen wegzusetzen, wodurch er weniger belastet wird, als wenn er auf der Linie des inneren Vorderfußes rückhaltslos unter die Last träte. Diesem Ausweichen nach innen beugen die erweiternden Einwirkungen

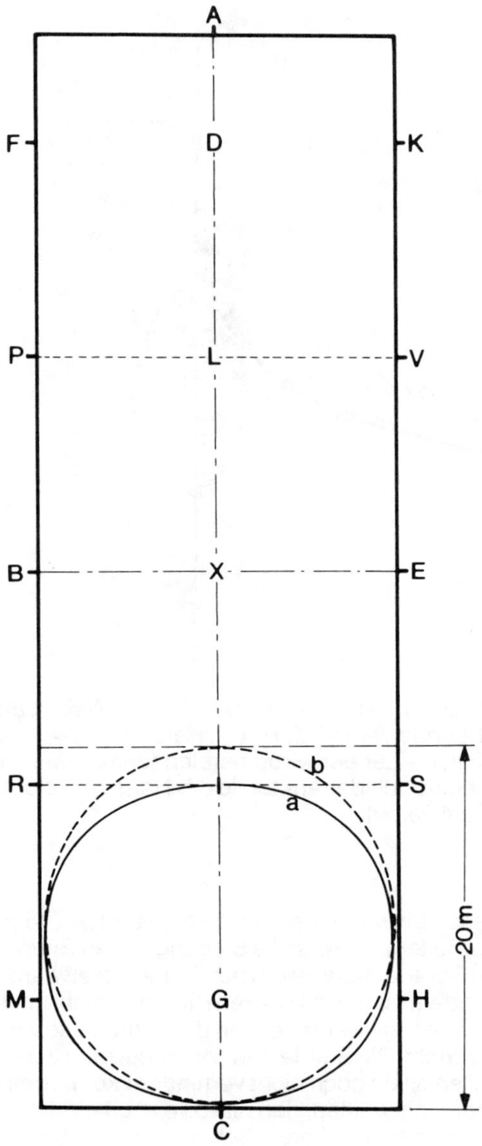

Abb. 7. Genaue Ausführung des Zirkels (20 m Ø) am 20 x 60 m Dressurviereck. *a* = fehlerhaft (zu klein); *b* = richtig

des Reiters rechtzeitig vor.

Sobald man die innere Seite sicher hat – das läßt man am besten vom Boden aus kontrollieren – und die Außenseite mit Zügel und Schenkel deutlich fühlt (denn Nachgiebigkeit auf die inneren Hilfen bringt das Pferd an die äußeren heran), muß man sie, bevor sie ausfällt, auffangen, das heißt verwahren. Das besorgen der auch im Leichttraben weit genug zurückgelegte äußere Schenkel und der nun etwas bestimmter einwirkende äußere Zügel. Ist die Neigung zum Ausfallen groß, kann es nötig sein, die Vorhand mit dem äußeren Zügel ständig leicht nach außen, vor den äußeren Hinterfuß zu führen und dadurch die Tätigkeit des äußeren Schenkels zu unterstützen.

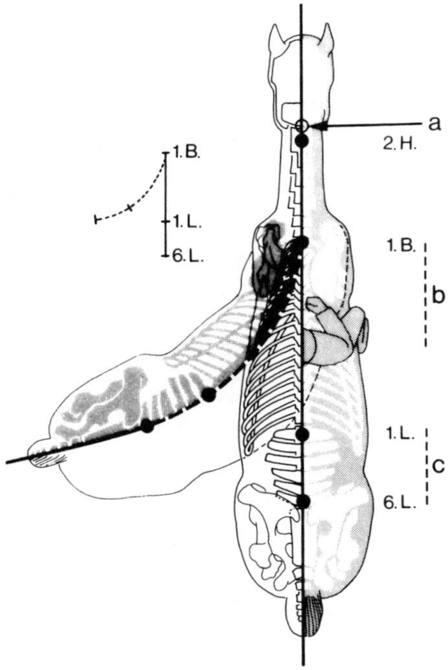

Abb. 8: Seitliche Biegsamkeit des Pferdes im Bereich der Wirbelsäule. *1. B.* = 1. Brustwirbel; *1. L.* und *6. L.* = 1. und 6. Lendenwirbel; *2. H.* = 2. Halswirbel. *a* = Drehgelenk des 2. Halswirbels; *b* = Widerristbereich; *c* – Lendenwirbelbereich (entnommen aus: Nickel, R., A. Schummer & E. Seiferle, 1984: Lehrbuch der Anatomie der Haustiere. Bd. 1: Bewegungsapparat. 5. Aufl. Berlin, Hamburg: Paul Parey)

Leistet das Pferd diesen Einwirkungen willig Folge und befinden sich innere und äußere Seite unter Kontrolle des Reiters, dann ist die Biegung ersten Grades als erreicht anzusehen. Diese kann aber auch im Geradeausreiten an der Bande erzielt werden (was bei starkem Ausfallen sogar ratsam ist), indem man den äußeren Hinterfuß dicht an der Begrenzung führt und dadurch dem Ausfallen vorbeugt, während man die Vorhand so viel hereinnimmt, wie es der verlangten Biegung entspricht. Die Bande gewährt dabei dem äußeren Schenkel, der in diesem Stadium das Ausfallen allein noch nicht verhindern könnte, eine äußerst wirksame Unterstützung. Das soll aber nicht heißen, daß man die »Außenarbeit« nur der Bande überlassen dürfte. Sie soll vielmehr den äußeren Schenkel aktivieren hellen, damit dieser beim Fehlen der Wand zum Beispiel in den Ecken, beim Abwenden zur gegenüberliegenden langen Seite oder am Zirkel seine Aufgabe erfüllen kann, wobei nun anstelle der Bande der äußere Zügel deutlich in Erscheinung tritt. Zusammenfassend:

Sind die inneren und äußeren Hilfen »durchgekommen«, nimmt das Pferd eine gleichmäßige Anlehnung an beide Zügel, treten die Hinterbeine trotz ungleicher Belastung regelmäßig und in die Spuren der Vorderbeine, ist der Mähnenkamm nach innen übergekippt und kann man vorübergehend den inneren Zügel loslassen, ohne daß das Pferd dabei die gewonnene Innenstellung aufgibt, dann ist es präzise auf die Kreislinie eingestellt und vom Genick bis zum Schweif richtig gebogen.

Man erwarte aber nicht, daß es diese Biegung nun von sich aus ständig beibehält. Das Einhalten der Kreislinie erfordert die stete Wachsamkeit des Reiters, einen pausenlosen, kaum merklichen Wechsel zwischen schulterherein- und traversartigen Einwirkungen, der ganz davon abhängt, nach weicher Seite das Pferd von der verlangten Richtung abweichen will *(Abb. 8)*.

Zum Glück kann es das aus skelettmechanischen Gründen nur an drei Stellen seines Körpers: Im Drehgelenk des zweiten Halswirbels, am Widerrist und in den Lendenwirbeln. Ist die Halsbiegung zu stark, fällt das Pferd mit der äußeren Schulter aus oder verwirft es sich im Genick, müssen die Zügel den Aufbau der Vorhand ordnen. Die Schenkel des Reiters überwachen die Tätigkeit und die Linie der Hinterbeine, wobei das Seitwärtstreten nach innen deshalb gefährlicher ist, weil es eine willige Biegung vortäuscht. Das Ausfallen ist leichter zu fühlen und sollte immer durch äußeren Zügel und Schenkel, nie durch eine Hilfe allein verhindert werden. In krassen Fällen kann man natürlich die Außenstellung zu Hilfe nehmen; dabei ist aber zu beachten, daß der Hals am Widerrist festgestellt bleibt und nicht etwa nach außen gezogen wird. Lediglich die Kopfstellung des Pferdes ist nach außen zu richten und auch das nicht länger, als es zur Erreichung des beabsichtigten Zweckes unbedingt nötig ist.

An dieser Stelle sei bemerkt, daß ziemlich häufig versucht wird, die Innen- oder Außenstellung durch Hinüberdrücken der Faust auf die entgegengesetzte Seite des Widerristes zu erzielen. Es würde zu weit führen, hier alle Nachteile dieser grundfalschen Zügeleinwirkung erklären zu wollen. Jedenfalls wird der gleichseitige Hinterfuß, der durch die Stellung beherrscht werden soll, dadurch erst recht frei. Die Reitkunst sagt daher ganz unmißverständlich: Die Hand ist nicht an ihren Platz, *aber stets an ihre Seite* gebunden. Es ist auch absolut unlogisch, eine Kopfstellung nach rechts durch eine Zügelbewegung nach links und umgekehrt erreichen zu wollen. Das wäre aber nicht das erste Mal, daß gewisse Reiter, die zwar alles besser wissen, aber nichts besser können, sich lieber an ihr credo quia absurdum est (= ich glaube es, weil es widersinnig ist) als an die jahrhundertelang bewährten, klassischen Regeln halten und deshalb auch nicht weiterkommen.

Der richtige Platz für den Reitlehrer befindet sich außerhalb des Zirkels, weil er von dort aus Sitz und Einwirkungen des Reiters von allen Seiten beobachten und das Spuren des Pferdes besser beurteilen kann. Er hat auch dafür zu sorgen, daß die Zirkelarbeit auf beiden Händen zu den gleichen angestrebten Ergebnissen führt. Danach muß er prüfen, ob es dem Pferd leicht fällt, geschmeidig aus einer Biegung in die andere überzugehen. Dazu eignen sich am besten die Hufschlagfiguren »Aus dem Zirkel wechseln«, »Acht an der kurzen Seite«, sowie alle Schlangenlinien.

Auf einem Zirkel sind zwar alle Punkte gleich weit vom Mittelpunkt entfernt, es ist aber trotzdem nicht einerlei, an welcher Stelle man eine Übung ausführen läßt, denn der Zirkel in der Reitbahn hat eine offene und eine geschlossene Seite (wenn man vom Mittelzirkel des 20 x 60 m Vierecks absieht). Der Anfänger erwischt mit unfehlbarer Sicherheit sowohl den unpassendsten Punkt als auch den ungünstigsten Moment. Sein Lehrer hat daher die Aufgabe, ihn auch in dieser Beziehung verständnisvoll anzuleiten und den Zirkel richtig benützen zu lehren. Werden zum Beispiel die ersten Übungen des Angaloppierens am Paradepunkt zur geschlossenen Seite hin unternommen, so bieten Bande und kurze Seite eine Begrenzung, die junge Reiter und Pferde recht gut gebrauchen können.

Wenn es nicht und nicht gelingen will, die Kreislinie einzuhalten, weil der Reiter immer wieder nach außen weggetragen wird (beim Drängen nach innen wird ein Hinweis auf die Hufschlaglinie genügen), hat der Lehrer die Möglichkeit, den Zirkel als Quadrat reiten zu lassen, das an der kurzen Seite auf seiner Spitze steht. Die Vorstellung dieser Figur genügt meist, um dem Schüler einen Begriff von den auf dem Zirkel erforderlichen Einwirkungen zu vermitteln. Nach mäßigem Abrunden der Ecken dieses Quadrats bleibt meist ein ziemlich genauer Zirkel übrig.

Zum Abschluß des Themas Zirkel noch ein Hinweis für den fortgeschrittenen Reiter: Die Ausführung der Seitengänge auf dem Zirkel erweist sich im späteren Ausbildungsabschnitt bei manchen Pferden zur Verbesserung der Biegung und des Fleißes als recht nützlich. Entlang einer geraden Linie ohne Abgrenzung ist es ziemlich gleich, ob man zum Beispiel Travers rechts oder Renvers rechts reitet; es kommt nur darauf an, wo man sich den Hufschlag denkt, und an der Bewegung des Pferdes ändert sich nichts. In Wendungen und besonders auf Kreislinien treten die prinzipiellen Unterschiede jedoch sehr deutlich hervor. Auf diesen wirken Konterschulterherein und Travers stärker versammelnd als Schulterherein, weil die Nachhand den kürzeren Weg beschreitet und ihr daher mehr Gewicht zugeschoben wird, während es im Renvers schwierig ist, die Hinterhand auf ihrem längeren Weg genügend belastet und damit das Pferd im gewünschten Versammlungsgrad zu erhalten *(Abb. 9)*.

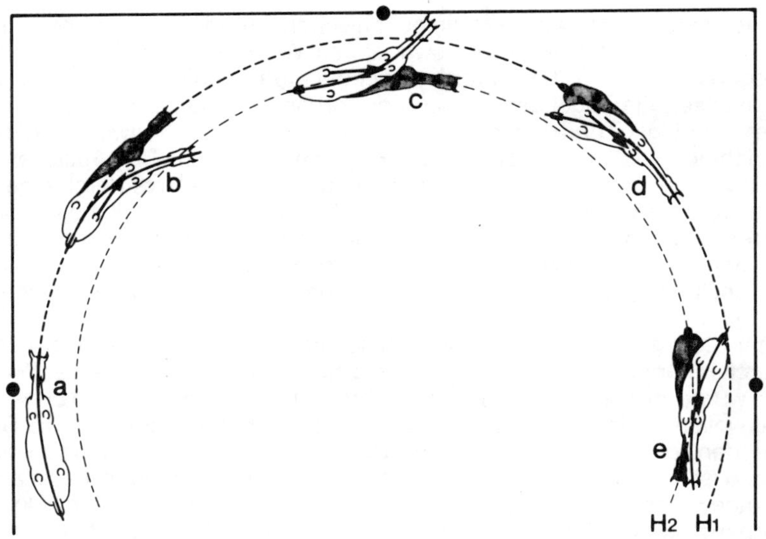

Abb. 9: Seitengänge auf dem Zirkel. *H 1* = Hufschlag; *H 2* = zweiter Hufschlag. *a* = auf einem Hufschlag; *b* = Schulter herein; *c* = Konterschulterherein; *d* = Travers; *e* = Renvers

Alles bis hierher Gesagte gilt uneingeschränkt auch für die Volte. Es kommen jedoch noch einige spezielle Faktoren hinzu. So ist zum Beispiel die Volte im Gegensatz zum Zirkel zwar meist, aber durchaus nicht immer kreisrund. Zur Zeit de La Guérinières war die Volte in Frankreich ausschließlich quadratisch und wurde zur Schulung des Travers- und Renversgaloppes sowie der Pirouette immer auf zwei Hufschlägen geritten. Die Bezeichnung »Volte« stammt aus dem Italienischen (volta – Kreis) und wurde dort auch so geritten, während man die französische Volte in Italien »redoppio« nannte.

Die Quadratvolte auf einem Hufschlag ist auch bei uns bekannt, geriet aber zu Unrecht etwas aus der Mode. Diese Hufschlagfigur bietet jedoch so viele Vorteile, daß wir uns kurz mit ihr beschäftigen wollen. Man bildet sie durch viermaliges, rechtwinkeliges Wenden, Seitenlänge des Quadrates anfangs circa acht Meter, die Ecken auf einem Viertelkreis mit Radius drei Meter genau abgerundet. Damit bleibt auf jeder Seite eine knappe Pferdelänge zum Geradeausstellen übrig, und die Figur muß mit außerordentlicher Präzision geritten werden (näheres siehe Wendungen im Gang«).

Hat der Reiter die Quadratvolte reiten gelernt, so wird er die runde Volte viel exakter als ohne diese Ergänzungsübung anlegen. Die Gründe hierfür sind für jeden Reiter durchaus einleuchtend. Werden die Ecken der Quadratvolte etwas mehr abgerundet, so entsteht die eigentliche Volte ganz von selbst. Begünstigt wird dies noch dadurch, daß es den meisten Reitern viel zu schwer fällt, auf einer so kleinen Fläche ihr Pferd abwechselnd auf geraden Linien und Kreisabschnitten zu stellen und zu führen.

Welche speziellen Zwecke hat nun die Volte gegenüber dem Zirkel? Stärkere Längsbiegung (zweiten oder dritten Grades je nach Durchmesser), damit gesteigerte Belastung und Beugung des inneren Hinterbeines in den Hankengelenken, dadurch weitere Verbesserung der Geschmeidigkeit, Wendigkeit und Durchlässigkeit.

Da diese Zwecke nur bei schulmäßig-korrekter Ausführung erreicht werden, empfiehlt es sich, die ersten Übungen sowohl der Quadrat- als auch der runden Volte in den Ecken vorzunehmen, wo man wenigstens eine zweiseitige Begrenzung vorfindet. Das in einfachen Wendungen und Ecken gründlich vorbereitete Pferd wird auf der Volte in der Ecke voraussichtlich keine besonderen Schwierigkeiten bieten. Eine Steigerung der Anforderung stellt bereits die Volte an den langen oder Mitte der kurzen Seiten ohne beiderseitige Abgrenzung dar. In dem geringeren oder stärkeren Grad des Abwendens liegt der Ansatz zum gewünschten Durchmesser. Dabei ist zu beachten, daß beide Hälften gleich groß sein sollen, die zweite von den Pferden jedoch entweder abgeflacht oder vergrößert wird, wenn der Reiter nicht entsprechende Gegenmaßnahmen ergreift.

Die Perfektion im Reiten von Volten prüft man durch Ausführung einer 6 m Volte nach der einen und gleich anschließend nach der anderen Seite. Diese Übung (in einer früheren Intermediaire enthalten) stellt eine nicht zu unterschätzende Klippe dar. Das Pferd hat nicht nur das richtige Tempo des versammelten Trabes, seine Haltung und Biegung auf beiden Volten und während des Umstellens unverändert beizubehalten, es muß dabei noch so geschmeidig sein, daß es sich von einer Biegung in die andere förmlich windet. Beide Volten selbstverständlich gleich groß, vollkommen rund und das alles in der Mitte der Bahn.

Das kann nur ein ganz sorgfältig gymnastiziertes Pferd, und selbst dieses mußte einigermaßen geritten werden, wenn man eine höhere Bewertung herausholen wollte. In der Praxis schaffte ein Großteil der Starter diese Lektion selten über die Note sechs, noch dazu bei den Seitenrichtern, die gerade hier sehr gute Vergleichsmöglichkeiten besaßen.

Wegen ihrer Wichtigkeit für die Gesamtausbildung gehören die Volten in ihren entsprechenden Biegungsgraden in das tägliche Pensum des Dressurpferdes, vor allem in Kombination mit den verschiedenen Seitengängen. Aber auch aus dem Arbeitsprogramm aller anderen Reitpferde ist diese Rittigkeitsübung nicht wegzudenken. Dessen ungeachtet kommen viele Reiter wochen-, ja monatelang ohne sie aus, und wenn sie sich schon einmal zu einer Volte aufgerafft haben, so wird diese, auch wenn sie ziemlich danebengegangen ist, kaum wiederholt. Es scheint, als wäre man heilfroh, endlich wieder die geliebte gerade Linie, die gar nicht lang genug sein kann, erreicht zu haben. Dabei stellt sich die erwartete Wirkung sehr oft erst nach einigen Volten an der gleichen oder anderen Stellen ein. Die »Richtlinien« heben dies sehr deutlich und wie folgt hervor: »Das Reiten von Volten ist besonders geeignet, die Geschmeidigkeit und Durchlässigkeit des Pferdes zu verbessern. Daher empfiehlt es sich, bisweilen an der gleichen Stelle mehrere Volten hintereinander zu reiten.«

Noch ein Blick auf die Volte im Galopp: Sie erfordert ein ständiges, schnelleres Wenden und geschicktes Führen der Vorhand bei gut anliegenden, kontrollierenden Schenkeln. Bis Reiter und Pferd eine genügende Übung und Sicherheit in dieser Lektion besitzen, wird sie in den meisten Fällen eher oval ausfallen. Auch hier kann das Reiten von Quadratvolten , wobei man am besten mit der zehn Meter Abmessung beginnt, entscheidende Abhilfe und Verbesserung schaffen.

Fragen Sie einmal ganz beiläufig einige Reiter, von denen Sie annehmen, daß sie es eigentlich wissen müßten, wieviele Sprünge in einem mäßig versammelten Galopp ein Pferd auf einer acht Meter-Volte wohl machen muß. Sie werden über die Verschiedenheit der Antworten erstaunt sein. Von vier über sechs bis acht Sprüngen reichen normalerweise die Mutmaßungen. Da hat man aber die Ausdehnung der Kreislinie weit unterschätzt und auch die Länge der Sprünge im versammelten Galopp nicht richtig taxiert. Nach der Formel für den Kreisumfang ($2r\pi$) ergibt sich bei einem Durchmesser von 8 m eine Länge von 25,13 m! Mißt der Sprung im versammelten Galopp durchschnittlich circa 2,00 m, so bedeutet das zwölf Sprünge, bei einem Galoppsprung von 1,75 m bereits 14 und bei einem Sprung von 1,50 m gar 16 Sprünge – natürlich immer davon ausgehend, daß der Durchmesser auch wirklich eingehalten wird. Um unsere Betrachtungen endgültig »abzurunden«, eine kleine Begebenheit:

Während seiner Italienreise im Jahre 1505 war Albrecht Dürer zusammen mit anderen Künstlern am Hof eines italienischen Fürsten geladen. Nach dem Festmahl bat er die Gäste um eine Probe ihrer Kunst. Jeder brachte etwas zu Papier (Leonardo da Vinci malte zum Beispiel die sich in seinem Weinglas spiegelnde Tafel als Miniatur), nur Dürer bedauerte, mit solchen prompten Kunstbeweisen leider nicht dienen zu können. Auf wiederholtes Drängen ergriff er zuletzt ein Stück Kreide, schlug das Tafeltuch zurück, zog auf der Tischplatte einen großen Kreis und setzte einen Punkt hinein. Da man mit diesem Werk zunächst nichts anzufangen wußte, ließ Dürer einen Zirkel bringen – und siehe, der Kreis war vollkommen rund und der Punkt saß genau in der Mitte!

Eine Volte ohne optische Hilfsmittel, zum Beispiel auf einer großen Wiese reiten zu wollen, stellt an das Augenmaß und die Geschicklichkeit des Reiters ganz ähnliche Anforderungen, und es könnte einem bei dieser Gelegenheit sehr leicht die Dürer-Anekdote in den Sinn kommen.

Schenkelweichen und Vorhandwendung

»Das Schenkelweichen« (so steht es in einem sehr ernstzunehmendem Fachbuch) »darf nicht als Seitengang bezeichnet werden, weil dabei dem Pferd das Ausweichen auf den äußeren Schenkel beigebracht wird (*Abb. 10)*. Hier werden Kopf und Hals nach außen gezogen, der innere Schenkel wirkt meist überhaupt nicht und das Pferd wird in dieser falschen Stellung oft gewaltsam gegen die Bande gedrückt. Der Takt der Bewegung geht verloren und das Pferd kommt aus dem Gleichgewicht. Richtige Seitengänge bestehen aus einem Vorwärts-Seitwärtstreten, das Schenkelweichen kann nur ein Seitwärtstorkeln erzielen, wobei dem Pferd das Treten nach vorn schon durch die Bande unmöglich gemacht wird. Das Pferd wischt dann meist mit der Nase an der Bande entlang und tritt mit den Vorderbeinen dagegen, so daß auch die Hinterbeine zwangsläufig aus dem Takt kommen müssen. Bei der Dressur des Schulpferdes ist daher das Schenkelweichen als Lektion zu streichen.«

Diese Ansicht stellt durchaus keinen Einzelfall dar. Wie beurteilt nun unsere oberste reiterliche Instanz, die FEI, diese Übung? In den »Besonderen Bestimmungen« für die Dressur, Artikel 411, Ziffer 7 heißt es:

»Schenkelweichen ist die wichtigste Grundlage aller Seitengänge. Mit dem Schenkelweichen sollte in der Ausbildung eines Pferdes begonnen werden, bevor es den Ausbildungsgrad, der für die versammelten Gangarten erforderlich ist, erreicht hat. Denn zusammen mit dem Schulterherein bei einem höheren Ausbildungsgrad ist es das beste Mittel, um ein Pferd geschmeidig, frei und losgelassen werden zu lassen, damit die Gänge frei, elastisch und regelmäßig und die Bewegungen harmonisch, leicht und ungezwungen werden.«

Eine gegensätzlichere Auffassung, wie sie in den beiden Darstellungen vertreten wird, läßt sich kaum denken; und doch scheint eine Annäherung beider Standpunkte möglich, was im Verlauf der Abhandlung auch versucht werden soll.

Zunächst fällt in der FEI-Erläuterung auf, daß das Schenkelweichen zu den Seitengängen gezählt wird (Ziff. 7: Die Seitengänge umfassen Schenkelweichen, Schulter herein, Travers [Kopf zur Wand], Renvers [Kruppe zur Wand] und Traversalen).

Diese Einordnung wird sicher nicht überall und uneingeschränkt Zustimmung finden. Nach den in Mitteleuropa vorherrschenden, klassischen Lehrmeinungen ist das Schenkelweichen kein eigentlicher Seitengang, denn die Kennzeichen eines solchen bilden stets Biegung und Versammlung, zu deren Festigung und Verfeinerung er dient. Das Schenkelweichen hat mit den Seitengängen lediglich das Erscheinungsbild des vorwärts-seitswärtsgehenden Pferdes gemein, wobei eine genügende Längsbiegung und insbesonders Versammlung vollständig fehlen. Man sollte daher das Schenkelweichen als eine Bewegung des Pferdes auf zwei Hufschlägen, nicht aber als Seitengang im Sinne der klassischen Reitkunst bezeichnen. Dies liegt völlig im Sinne SEEGERscher-STEINBRECHTscher Grundsätze. SEIDLER hat in seinem »Leitfaden zur systematischen Bearbeitung des Kampagnepferdes- (Berlin 1837) das Schenkelweichen ausführlich behandelt. Im »System der Reitkunst, (SEEGER, 1844) und im »Gymnasium des Pferdes« (STEINBRECHT, 1884) wird es hingegen nicht erwähnt. Trotzdem hat das Schenkelweichen in maßgebenden Reitlehren seinen festen Platz, wird aber immer vor den Seitengängen und getrennt von diesen behandelt, und zwar als lösende Übung, während die Seitengänge durchwegs als versammelnd gelten. Damit ist der grundverschiedene Zweck beider Lektionen ausreichend charakterisiert.

Wenn die Dressurexperten der FEI dieser Übung eine solche Bedeutung beimessen, so wird dies gute Gründe haben und sollte jedem ernsthaften Reiter Veranlassung bieten, sich damit ausführlich auseinanderzusetzen.

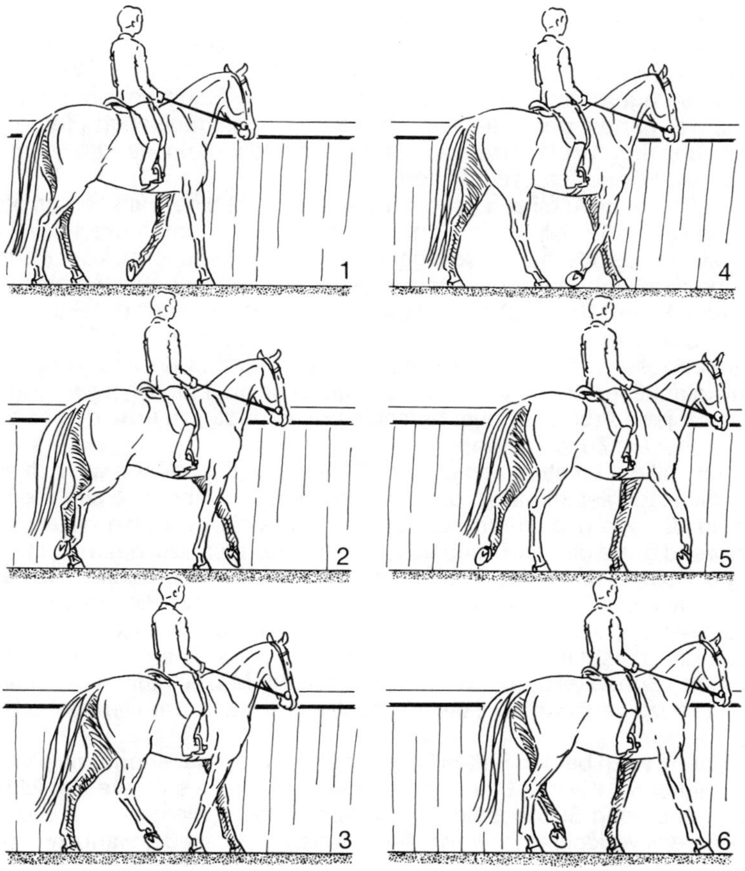

Abb. 10: Auf der rechten Hand dem linken (der Bande zugekehrten) Schenkel weichen lassen. Bewegungsablauf im Schritt

Das Schenkelweichen hat sich als Lockerungsmittel seit langer Zeit in der Praxis bestens bewährt, stellt an das Können des Reiters und Pferdes keine allzu hohen Anforderungen und führt meist ziemlich bald zum Ziel. Worin liegen nun die Gründe für die in der Einleitung enthaltene negative Einstellung? Wahrscheinlich darin, daß die erklärten Gegner der Übung diese meist oder immer in einer ganz miserablen Ausführung zu Gesicht bekommen haben. Ist das der Fall, dann wäre die Abneigung dagegen nicht weiter verwunderlich. Man müßte diese dann aber konsequenterweise auf alle stark fehlerhaft praktizierten Lektionen der Reitkunst übertragen, denn es ist nun einmal so, daß selbst die beste und heilsamste Medizin in ungeschickter Hand verderblich wirken kann.

Werden Zweck und Ziel einer Übung nicht klar erkannt, und hält man sich aus Unkenntnis oder Unvermögen nicht an die Richtlinien der Reitlehre, dann ist der Schaden immer größer als der Nutzen. Ebenso, wenn Pferde ohne jede Vorbereitung einfach »abgefertigt« werden, was uns die Akkordarbeiter demonstrieren, die in einer Stunde vier Pferde reiten und sich allen Ernstes einbilden, sie fachgerecht und gründlich gearbeitet zu haben. Oder die Schnelldresseure, die kaum angerittene, gutmütige Remonten sogleich in diese Lektionen zwingen; selbstverständlich mit Schlaufzügel, denn zur Erzielung einer korrekten Haltung mit reiterlichen Mitteln fehlt die Zeit – und das Können.

Welches halbwegs empfindliche, wenn auch ungerittene Pferd läuft nicht vorwärts-seitwärts weg, wenn man den Kopf festbindet, es mit diesem zur Wand stellt und auf einer Seite oft und stark genug draufhaut? Es ist schließlich ein Fluchttier. Natürlich kann man mit solchen Mitteln in ein veranlagtes Pferd ziemlich früh alles Mögliche hineinzwingen, aber als Begleiterscheinung werden sich Furcht und Verkrampfung anstelle von Vertrauen und Losgelassenheit ausprägen. Ohne die beiden letztgenannten Faktoren wird man es später jedoch sehr schwer haben, denn die verängstigten und mißtrauischen Pferde werden ihre Gemütsverfassung durch viele Anzeichen unmißverständlich zum Ausdruck bringen, und jeder Fachmann weiß diese richtig zu deuten.

Ruhiges Stehen beim Aufsitzen gelingt nicht einmal mit einer Hilfsperson; kaum hat der linke Fuß den Bügel berührt, läuft das Pferd mit weggedrücktem Rücken davon. Am hingegebenen Zügel kann es überhaupt nicht gehen, die Lektion »Zügel aus der Hand kauen lassen« ist ihm erst recht unbekannt und wäre in diesem Zustand auch gar nicht möglich. Alles, was es scheinbar kann, führt es gespannt und verkrampft aus. Fehlt der Schlaufzügel, bleibt von der trügerischen Herrlichkeit überhaupt nichts mehr übrig, und das Pferd, schon als »weit gefördert« angepriesen, kann ohne künstliche Fixierung des Kopfes nicht einmal an der Wand entlang in richtiger Haftung traben. Solange diese aber nicht einwandfrei gefestigt erscheint, ist es für jede Arbeit auf zwei Hufschlägen eindeutig zu früh, denn dabei muß das Pferd bereits sicher am Zügel gehen.

Was will man mit der umstrittenen Übung »Schenkelweichen« nun wirklich erreichen?

Es sollen die Nachgiebigkeit auf die Einwirkungen des inneren Schenkels und Zügels verbessert und das Pferd dadurch vermehrt an die äußeren Hilfen herangebracht werden. Die Notwendigkeit dieses Ergebnisses ist sicher nicht zu bezweifeln. Die Wirkung des Schenkelweichens (immer vorausgesetzt, daß es wirklich ordentlich gemacht wird) ist somit lockernd, lösend. Das Vor- und Übertreten des inneren Hinterfußes verhindert ein Steifhalten desselben, schiebt ihn mehr unter die Gewichtsmasse, wodurch er stärker gebogen wird, und macht ihn dadurch elastischer. Das Befolgen des Seitwärtsschiebens durch den inneren Schenkel bedingt ein Abspannen der Muskulatur an der inneren Rippengegend, und die dazu gehörige Kopfstellung nach innen macht das Genick nach dieser Seite locker.

Läuft die Übung nach beiden Seiten flüssig, auf der vorgesehenen Linie gleichmäßig und in richtiger Stellung ab, hat das Pferd bei lockerem Hals eine saubere Genickbiegung und läßt es sich nach beiden Seiten gleich leicht verschieben (wie dies zum Beispiel die Hufschlagfigur »Viereck verkleinern – vergrößern« verlangt), so ist der Hauptzweck als erreicht anzusehen.

Mit dieser Beschreibung haben wir der richtigen Ausführung (*Abb. 10* und *11 C*) zum Teil schon vorgegriffen:

Die Kopfstellung des Pferdes wird nach der Seite des seitwärtstreibenden Schenkels genommen, der damit zum inneren wird. Schon bei diesem ersten Punkt zeigt sich häufig eine gewisse Oberflächlichkeit. Es genügt keineswegs, einfach den Kopf mehr oder weniger zur Seite zu nehmen *(Abb. 11A + B)*. Vielmehr kommt es darauf an, den inneren Ganaschenrand genügend in den Hals hineinzubringen, was nur bei entsprechender Genickbiegung möglich ist, und zu trachten, daß das Pferd den inneren Zügel auch wirklich losläßt. Als Folge der Nachgiebigkeit wird es lebhaft kauen.

Der innere Schenkel wirkt am Gurt ein. Seine Position soll sich dort befinden, wo er auch *(Abb. 11C, b)* beim Reiten gebogener Linien zu liegen hat, wenn man »biegend« sitzt. Er wird häufig zu weit zurückgenommen, meist umso weiter, je weniger das Pferd seiner Aufforderung zum Seitwärts-vorwärtstreten folgt, in der irrigen Annahme, seine Wirkung würde immer stärker, je weiter hinten er liegt. Das Gegenteil ist richtig. Am Gurt (= hinterer Gurtenrand schneidet mit vorderem Stiefelrand ab) gewährleistet er die maximale Einwirkung, die gegebenenfalls von Sporen und Gerte unterstützt werden kann. Um dem inneren Schenkel die richtige Lage zu ermöglichen und seinem leichten Druck sofort Folge leisten zu können, muß das Pferd die Muskulatur an dieser Stelle abspannen, das heißt loslassen.

Bietet das Pferd beim Schenkelweichen besondere Schwierigkeiten, läßt es sich gar nicht auf zwei Hufschläge nehmen und will es mit dem inneren Hinterfuß nicht übertreten, dann ist es für diese Lektion zu früh, und das Pferd muß auf einfachem Hufschlag in Wendungen und Volten noch besser durchgearbeitet werden, um den inneren Hinterfuß an vermehrte Belastung zu gewöhnen. Außerdem ist auf eine elementare Übung zurückzugreifen, nämlich auf

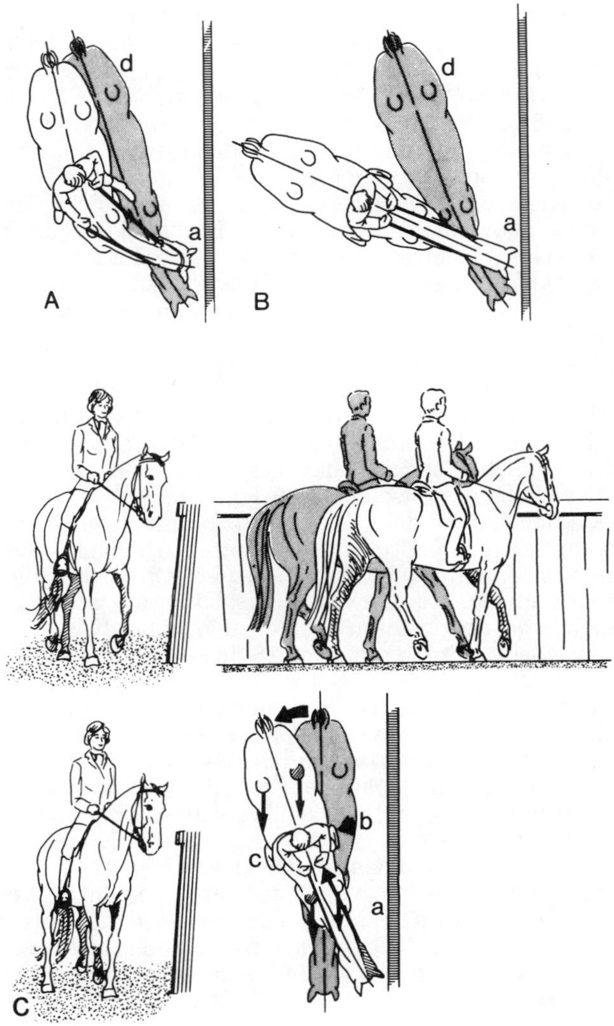

Abb. 11: Schenkelweichen links. Fehlerhaft: *A* = im Hals zu stark gebogen, äußere Schulter fällt aus, Reiter sitzt schief; *B* = zu viel abgestellt; *C* = richtig ausgeführt; *a* = Kopfstellung; *b* = innerer Schenkel; *c* = äußerer Schenkel; *d* = inneres Hinterbein

die Vorhandwendung *(Abb. 12)*, die bekanntlich mit dem Schenkelweichen zusammenhängt und wahrscheinlich auch nicht recht gelingen wird, wenn das Schenkelweichen nicht klappt.

Der dressurmäßige Wert dieser Übung ist gering, weil sich das Pferd dabei auf seine Vorderbeine und Schultern stützen muß, um die Hinterbeine frei bewegen zu können. Sie läßt sich daher, wie schon der Name sagt, nur mit Mehrgewicht auf der Vorhand ausführen, während das Pferd doch durch die Dressurarbeit zunächst ins Gleichgewicht und danach mehr auf die Hinterhand gebracht werden soll. Man wird daher die Wendung auf der Vorhand nicht länger als unbedingt nötig üben. Trotzdem ist sie zu Beginn der Ausbildung nützlich, weil sie das junge Pferd mit den inneren Hilfen bekanntmacht und auf recht zwanglose Weise veranlaßt, diesen Folge zu leisten.

Der Vollständigkeit halber wollen wir das Wesentliche dieser Lektion ebenfalls kurz beschreiben:

Man pariert z. B. an der langen Seite auf dem zweiten Hufschlag zum Halten *(Abb. 12, b)*. Die Kopfstellung nach der Seite des seitwärtstreibenden Schenkels leitet den ersten Tritt der Wendung ein, und dieser sollte nicht verlangt werden, bevor die Stellung einwandfrei erreicht ist. Im Halten hat man dazu genügend Zeit, vergesse dabei aber nicht, den äußeren Zügel so weit zu verlängern, daß das Pferd dem verkürzten inneren auch wirklich nachgeben kann. Es empfiehlt sich, diesen passiv durchzuhalten, bis das Pferd die verlangte Kopfstellung annimmt, deren Maß der äußere Zügel dann gefühlvoll begrenzt. Der innere Zügel wirkt ungefähr so wie ein Ausbinder, der zwar nicht nachgibt, aber auch nicht rückwärtszieht.

Kaut das Pferd bei guter Innenstellung am Gebiß, dann drückt der innere Schenkel den inneren Hinterfuß Tritt für Tritt herum. Die Vorhand bleibt dabei fast auf der Stelle, der innere Hinterfuß muß vor dem äußeren übertreten. Rückwärtskriechende Pferde versuchen oft den inneren Hinterfuß hinter dem äußeren herumzuführen, was keinesfalls zu gestatten ist *(Abb. 12)*.

Ignoriert das Pferd den normalen Druck des inneren Schenkels, dann soll sogleich die Gerte durch leichtes oder bestimmteres Antippen (touchieren) den Seitwärtstritt veranlassen, bevor der Schenkel immer stärker (und erfolgloser) drückt und klopft. Wirklichen Schenkelgehorsam erzielt man nicht durch ein immerwährendes Verstärken der Schenkel und Sporenhilfen, sondern leichter und schneller dadurch, daß man dem gewöhnlichen, leichten Druck sofort die Gerte folgen läßt, wenn ihn das Pferd »überhört« haben sollte.

Im dosierten Maß ihrer Anwendung zeigen sich Erfahrung und Reitertakt des Ausbilders. Sie hat sich ganz nach der Empfindlichkeit des Pferdes zu richten und kann vom kaum spürbaren Anlegen bis zu einem deutlichen Klopfen reichen. Von einem eigentlichen Schlag sollte man in dieser Periode aus Gründen der Vertrauensbildung möglichst absehen. Das Pferd hat die Gerte zu respektieren, aber nicht zu fürchten, und es macht immer einen bedenklichen Eindruck beziehungsweise läßt entsprechende Schlüsse zu, wenn ein Pferd schon beim Anblick der Longepeitsche oder Gerte in Panik gerät.

So wie der äußere Zügel das Maß der Kopfstellung begrenzt, so fängt der äußere Schenkel jeden Tritt des äußeren Hinterfußes auf; durch seine verwahrende Lage hinter dem Gurt hat er ein zu weites Seitwärtstreten zu verhindern, weil dadurch das Übertreten des inneren erschwert oder unmöglich gemacht wird. Das Kreuz des Reiters schiebt im Verein mit beiden Schenkeln das Pferd gegen die Zügel vor, damit es sich nicht nach hinten von den Hilfen losmacht und die Wendung in tadelloser Haltung ausführt. Auch für diese eher einfache Übung ist somit die Übereinstimmung und das Zusammenwirken aller Hilfen erforderlich. Für den Betrachter ergibt sich das Bild eines in regelmäßigen Tritten um die Vorhand herumtretenden Pferdes, deren Intervalle etwa dem Tempo des Mittelschrittes entsprechen.

Beim Schenkelweichen *(Abb. 11)*, dem wir uns nun wieder zuwenden wollen, werden genau die gleichen Hilfen eingesetzt. Hat das Pferd der Aufforderung des inneren Schenkels durch Seitwärtstreten entsprochen, so fängt der äußere Schenkel jeden Tritt, den ihm der innere zubringt, verwahrend hinter dem Gurt auf *(Abb. 11C, c)*. Wird dies versäumt, das heißt die Übung nur mit einem, nämlich dem inneren Schenkel geritten, wie man es häufig beobachten kann, so wird sich das Pferd zu viel abstellen oder den äußeren Hinterfuß so weit seitwärtssetzen, daß der innere gar nicht übertreten kann. Die Regelmäßigkeit des Ganges geht damit verloren und es entstehen die bekannten, unschönen Bilder, die den Gegnern des Schenkelweichens recht zu geben scheinen: seitwärts wegbrechende Pferde, mit dem Kopf fast senkrecht zur Wand gestellt, ohne Haltung und Gleichmaß des Ganges *(Abb. 11B)*. Das einzige Regelmäßige an der Sache ist das bei jedem Tritt hörbare Zusammenschlagen der Knochen. Da kann aber die Übung nichts dafür, wenn sie total entgegen der Reitvorschrift ausgeführt wird, denn wenn man zum Beispiel in einer Mozartarie ganz andere Noten singt, als auf dem Blatt stehen, und es klingt scheußlich, dann hat man eben nicht Mozart, sondern sein eigenes Machwerk produziert und darf sich nicht wundern, wenn dies keinen Zuhörer entzückt.

Haben jedoch alle Hilfen des Reiters das Pferd unter Kontrolle und wird die Übung erst geritten, wenn das Pferd dafür reif ist, dann entsteht ein müheloses, fließendes Vorwärts-Seitwärtsgleiten ohne stärkere Versammlung mit gewissermaßen zwanglosem Übertreten, wodurch das Pferd ausgehend vom inneren Hinterfuß bis ins Genick hinein gründlich gelockert wird. Bei einem gängigen Pferd lassen sich auf diese Weise die Seitengänge leicht, fast spielerisch vorbereiten.

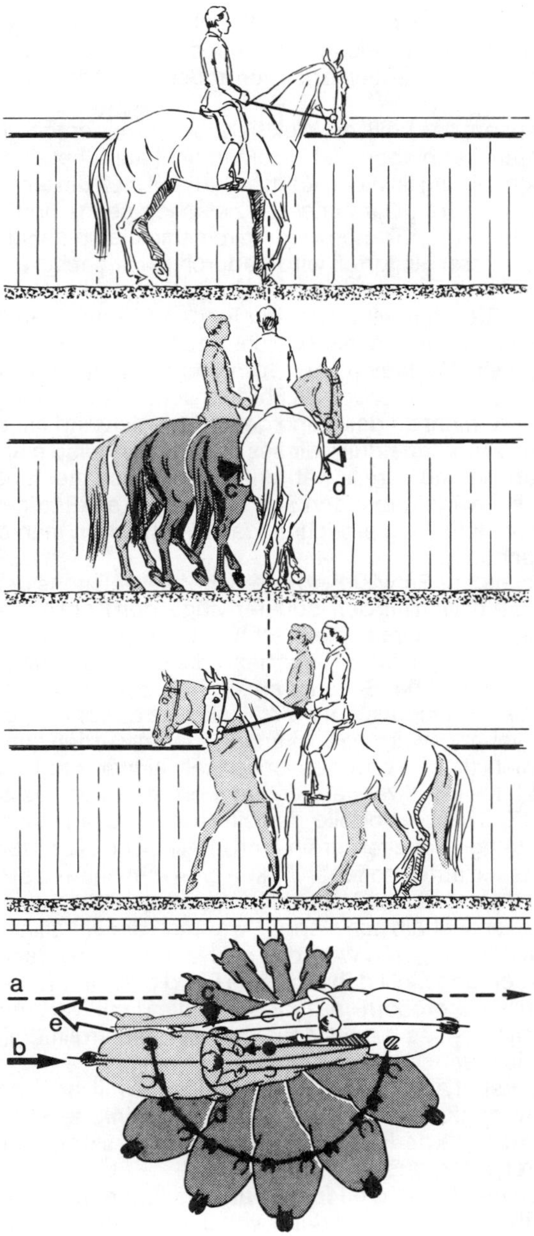

Abb. 12: Wendung auf der Vorhand. *a* = Hufschlag; *b* = zweiter Hufschlag; *c* = Einwirkung des inneren Schenkels; *d* = Begrenzung durch den äußeren Schenkel; *e* = Rückführung auf den Hufschlag

Das Biegen ist zwar nicht der eigentliche Zweck der Übung, das heißt sie kann auch mit einem geraden Pferd begonnen und geritten werden. In der Praxis wird sich jedoch durch die Lage der Schenkel, die derjenigen auf gebogenen Linien entspricht, deren wechselweise Wirkung und der verlangten Kopfstellung eine leichte Längsbiegung ergeben, die uns als »Nebenprodukt«, als nützliche Begleiterscheinung sehr willkommen ist.

Über die verschiedenen Arten des Schenkelweichens und deren Anwendung wäre noch einiges zu sagen. Wir kennen ein Weichen vor dem der äußeren und der inneren Bahnseite zugekehrten Schenkel, Viereck verkleinern – vergrößern und Übertretenlassen auf der offenen Zirkelseite.

Die Volte im Schwenken, das heißt mit Weichen vor dem inneren Schenkel, ist so ziemlich in Vergessenheit geraten, kann aber als Korrekturmittel auch heute noch gute Dienste leisten. Eine nähere Beschreibung ist nicht nötig; es handelt sich um eine Vorhandwendung im Gang auf einer Kreislinie, deren Durchmesser zwischen sechs und zehn Meter betragen kann, damit sich die Schritt- oder Trabbewegung rein und gleichmäßig erhalten läßt. Ein sich andauernd steifender, innerer Hinterfuß wird dadurch recht nachdrücklich zum Übertreten aufgefordert.

Aus naheliegenden Gründen wird man bei jungen Pferden damit beginnen, dem der äußeren Bahnseite zugekehrten Schenkel weichen zu lassen. Die Wand bietet eine optische Begrenzung, verhindert ein Weglaufen nach vorn und erleichtert somit bedeutend das Einhalten der Linie. Man hüte sich aber vor »mißbräuchlicher Anwendung«, bei der die Pferde vor allem mit dem Kopf zu dicht an der Wand geführt werden und mit der Nase förmlich die Bande entlangradieren. Zur Vermeidung dieses Fehlers schneide man die Ecke vor Beginn der Übung ein wenig ab, nehme bereits während dieses Abschneidens die nötige Kopfstellung ein und lasse den seitwärtstreibenden Schenkel schon ankündigend wirken, knapp bevor die Vorderbeine den Hufschlag erreichen, damit man, wenn man auf diesem ankommt, die Seitwärtsstellung schon hat.

Ganz unreiterlich ist es, zur Entwicklung des Schenkelweichens dem an der Wand geradeausgehenden Pferde plötzlich mit dem äußeren Zügel den Kopf nach der Bande zu ziehen und mit dem gleichseitigen Schenkel die Nachhand auf den zweiten Hufschlag hereinzudrücken. Dadurch lernt es nur, mit der Hinterhand die Linie nach hinten zu verlassen, also auszufallen, was später einmal bei Seitengängen ohne Bande (man denke beispielsweise an das Vorführen der Seitengänge auf der Mittellinie, wie es vor einiger Zeit in internationalen Dressurprüfungen verlangt wurde) recht unangenehm werden kann.

Überhaupt sollte man diese Form des Schenkelweichens auf das Notwendigste beschränken, und sobald das Pferd verstanden hat, worum es geht, es zur inneren Bahnseite hin übertreten lassen. Dies hat die Vorteile, daß ein zu starkes Ausfallen durch die Wand verhindert und der Seitengang »Schulterherein« vorbereitet wird *(Abb. 13A)*.

Beim »Übertreten lassen auf der offenen Zirkelseite« führt man das Pferd am Paradepunkt der offenen Seite wie zu einer halben Volte nach innen und läßt es anschließend übertreten *(Abb. 13, a, b)*. Diese Art ist deshalb schwieriger, weil man die Zirkellinie dabei genau einhalten muß. Dafür wird auf dem längeren Weg, den die Nachhand zu beschreiten hat, das Übertreten deutlicher gefordert und stellt daher für das Pferd eine erhöhte Anforderung dar.

»Viereck verkleinern – vergrößern« erhöht durch die damit verbundene Umstellung die Geschmeidigkeit und bietet – wie bereits erwähnt – eine Kontrollmöglichkeit, ob beide Seiten das Pferdes gleich locker und nachgiebig sind.

Aus den verschiedensten Arten des Schenkelweichens mit ihren unterschiedlichen Wirkungsweisen und Schwierigkeitsgraden wird sich der routinierte Reiter diejenigen heraussuchen, die für sein Pferd am förderlichsten sind, und wenn er sie alle durchnimmt, vom Leichteren zum Schwierigeren übergehen.

Eine bisher nicht erwähnte Art, die Pferden und Reitern eher leicht fällt und zum Teil im Viereck vergrößern enthalten ist, besteht darin, von der kurzen Seite aus auf die Mittellinie zu gehen und, die gleiche Hand beibehaltend, auf zwei Hufschlägen die Mitte der langen Seite zu erreichen. Dabei braucht die Stellung des Pferdes nicht verändert zu werden. In der derzeitigen Vorbereitungsaufgabe der FEI 1982 für die Junioren-Europameisterschaft im Dressurreiten war diese Version enthalten *(Abb. 13, c, d)*.

Sehr oft hört man die Frage, wann eigentlich der Zeitpunkt gekommen ist, zu dem man mit einem jungen Pferd das Schenkelweichen beginnen kann. Der eingangs zitierte Art. 411 gibt teilweise darüber Auskunft. Es ist dies natürlich von Fall zu Fall verschieden und läßt sich auf den Tag genau nicht festlegen. Ganz präzise kann man jedoch sagen, welche Vorbedingungen erarbeitet sein müssen: Ein regelmäßiger, fleißiger Arbeitstrab im Gleichgewicht auf geraden und gebogenen Linien (Biegung ersten Grades), in dem das Pferd sicher am Zügel steht. Wann diese Ausbildungsstufe als erreicht anzusehen ist, wird weitgehend von den An-

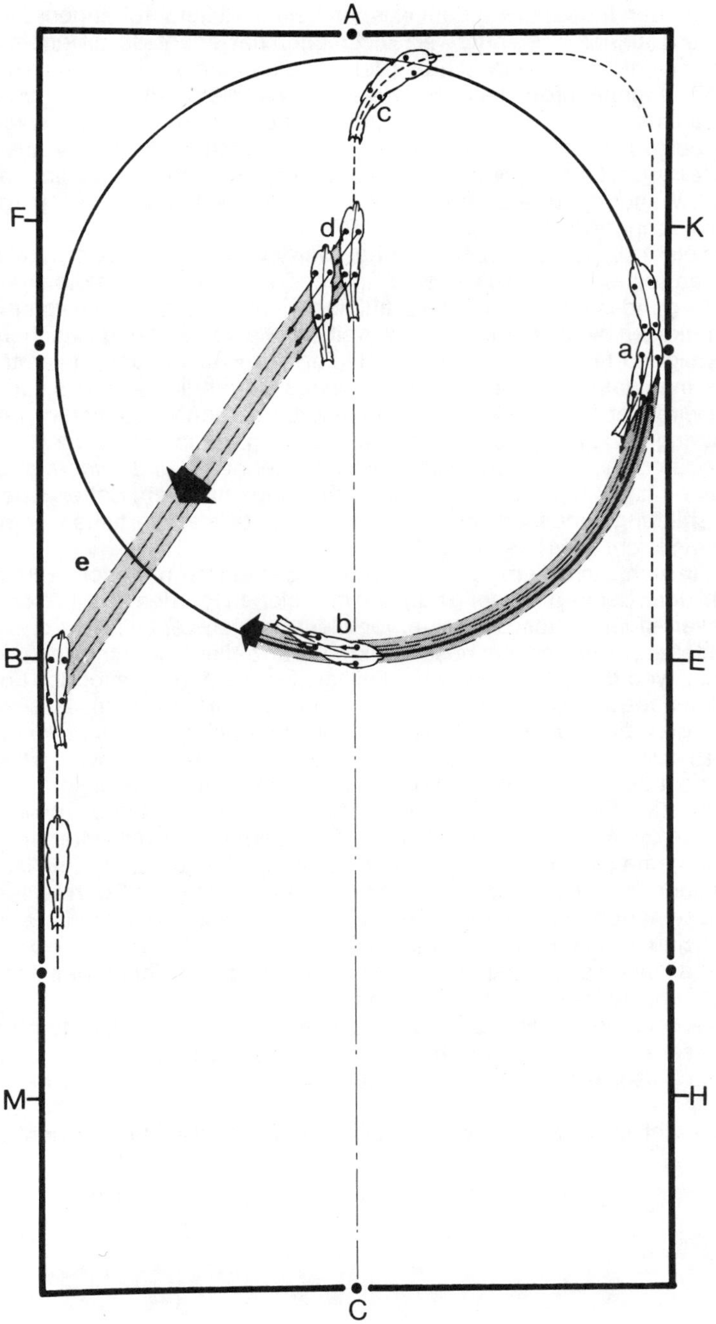

Abb. 13: a, b = Schenkelweichen auf dem Zirkel; *c, d, e* = Schenkelweichen von der Mittellinie zur Mitte der langen Seite

lagen des betreffenden Pferdes wird dem Können seines Reiters abhängen. Ein haltungsloses, ungestümes Dahinstolpern auf zwei Hufschlägen hat jedenfalls mit einem geregelten Schenkelweichen nichts zu tun und ist außerdem für die Beine des Pferdes riskant. Schenkelweichen ist bei jungen Pferden kein Mittel, die auf einfachem Hufschlag noch vollständig fehlende Weichheit der inneren Seite herbeizuführen beziehungsweise zu erzwingen, sondern soll diese lediglich verbessern und das Pferd noch bestimmter an die äußeren Hilfen heranbringen. Das grundlegende Nachgeben auf die inneren Hilfen haben schon vorher die richtig gerittenen Wendungen und gebogenen Linien auf einfachem Hufschlag herbeizuführen (siehe »Wendungen im Gang«).

Es kann dies nicht klar genug ausgesprochen werden (selbst wenn es dabei zu Wiederholungen kommen sollte), denn es bleibt eine Tatsache, daß fast keine Lektion – vielleicht mit Ausnahme des fliegenden Galoppwechsels, auf den wir noch zu sprechen kommen werden – so viele Möglichkeiten bietet, damit Unfug zu treiben, wie das Schenkelweichen.

Bei hochklassigen Pferden, die gleich zu Beginn ihrer Ausbildung in verständnisvolle Hände kommen, mag das Schenkelweichen durchaus entbehrlich sein. Bei normalem Verlauf der Dressur wird man nach Erzielung einer entsprechenden Versammlung und Biegung mit dem Seitengang »Schulterherein« beginnen, aus dem dann alle übrigen Seitengänge hervorgehen werden. Was aber, wenn man Pferde mit Gebäude- und Temperamentsfehlern in Arbeit zu nehmen hat? Oder solche, die zwar jahrelang unter dem Sattel gehen, aber nie eine richtige Ausbildung genossen haben und daher schief, steif, verhalten, verbogen oder verzogen sind – vielleicht alles zusammen?

Auf denen man nicht einmal eine Vorhandwendung reiten kann, weder nach rechts noch nach links? Wohl dem, der es nicht nötig hat, sich mit solchen Pferden abzugeben. Aber nicht jeder wird in dieser angenehmen Lage sein, vor allem Berufsreiter nicht, die erst am Anfang ihrer Laufbahn stehen, oder Reiter in beschränkten finanziellen Verhältnissen.

Für diese Fälle wird das gekonnte Schenkelweichen als durchgreifendes Lockerungsmittel eine willkommene Möglichkeit bieten, in absehbarer Zeit wenigstens zu bescheidenen Erfolgen zu gelangen, die ohne diese Übung zwar auch erreichbar wären, aber nur im Wege einer viel länger dauernden, mühevollen und geduldigen Korrekturarbeit. Für eine solche fehlt aber heute fast überall die Zeit und das nötige Verständnis. Dabei können leistungsfähige, aber schwierige Pferde aus fachlichen Gründen sehr interessant und auch lohnend sein, wenn man sie einmal gewonnen hat. Beim Erklettern der Erfolgsleiter mögen solche Pferde zugegebenermaßen eine Verzögerung bedeuten; im reiterlichen Sinn ist die auf sie verwendete Zeit jedoch niemals verloren und macht sich durch das Erlernte später immer bezahlt. Ohne Auseinandersetzung mit schwierigen Pferden ist noch niemand ein wirklicher Reiter geworden, und bei manchen verwöhnten Turnierfratzen kann man sich des Eindrucks nicht erwehren, daß ihnen schwierige Pferde dringend fehlen und ihnen vielleicht die Erziehung geben könnten, die sie bis jetzt nicht erhalten haben.

Das Schenkelweichen ist eine Übung mit einem ganz bestimmten, fest umrissenen Zweck. Wann dieser erreicht ist, läßt sich sehr leicht feststellen. Es sollte einen festen Platz im Repertoire des vielseitig gebildeten Reiters einnehmen und weder verherrlicht noch verteufelt werden.

Wer es beherrscht, sei zufrieden, wer es nicht braucht, den Umständen dankbar.

Über Gänge und Übergänge

Kritische Anmerkungen zur Europameisterschaft im Dressurreiten für YOUNG RIDERS

Im vorliegenden Beitrag geht es nicht um Aktuelles, vielmehr um prinzipielle Belange. Besonderheiten der Aufgaben, Merkmale des Dressurpferdes, Probleme des Reiters und des Ausbilders. Ein Leistungsvergleich der Pferde und Reiter, nach Nationen getrennt oder gar einzeln, würde den zur Verfügung stehenden Rahmen sprengen. Es sollten daher nur die Hauptpunkte herausgegriffen werden, die letztlich für alle Dressurprüfungen gelten, auf internationaler Ebene aber besonders ins Gewicht fallen.

Vorweg eine grundsätzliche Feststellung: Junge Reiter zu der in den einzelnen Teilprüfungen geforderten Reife zu fördern, vor allem aber sie hierfür mit Erfolgsaussichten beritten zu machen, gehört zu den schwierigsten Aufgaben, die man einem Trainer stellen kann.

Die Pferde sollen im Typ und in der Größe passen, über drei erstklassige Grundgangarten und darin über die nötigen Mittel verfügen. Sie sollen charakterlich absolut zuverlässig und nervenstark sein, weder zu heftig werden noch sich ständig stark treiben lassen. Sie sollen möglichst von selbst am Zügel gehen, ihren Reiter weich und geschmeidig sitzen lassen, sich sicher im Gleichgewicht und im gleichmäßigen Tempo halten. Mit einem Wort: Sie sollen wirklich leichtrittig sein.

Die Einwirkungen der Jungen Reiter – das liegt in der Natur der Sache – sind in vielen Fällen noch nicht so weit gefestigt, daß sie ihre Pferde bis ins letzte richtig formen könnten, wenn diese opponieren. Daher muß ihnen das Pferd weitgehend entgegenkommen.

Die Dressuraufgaben für die Meisterschaft wurden während der letzten zehn Jahre mehrmals bedeutend erschwert. Diese Entwicklung dokumentiert sehr deutlich den gewaltigen, sprunghaften Leistungsanstieg innerhalb dieses Zeitraumes.

Die Vorbereitungsaufgabe, früher einmal eine etwas über die Klasse A hinausreichende, leichte L-Aufgabe, in der nicht einmal eine geringe Versammlung und nur sehr wenige Lektionen gefordert wurden, stellt heute eine schwierige M-Aufgabe dar. Neben der vollständigen Trab- und Schrittarbeit, wie sie dieser Klasse entspricht, wird im Galoppteil vor den fliegenden Galoppwechseln auch der einfache Wechsel verlangt. Die Anforderungen im Außengalopp, in den Verstärkungen und den dazugehörigen Übergängen lassen nichts zu wünschen übrig, und im fliegenden Galoppwechsel, der insgesamt siebenmal, auf geraden und gebogenen Linien auszuführen ist, muß das Pferd absolut gefestigt sein *(Abb. 14–16).*

Es läßt sich somit bereits in dieser Aufgabe die Spreu vom Weizen trennen.

Die Mannschaftsaufgabe bildet den Übergang zur nationalen Klasse S mit fliegenden Galoppwechseln nach bestimmter Sprungzahl (dreimal fliegender Wechsel nach je vier Sprüngen) und halbe Pirouetten im Galopp.

Die Einzelaufgabe steht am Niveau einer nationalen S-Prüfung, im Schwierigkeitsgrad etwa dem Prix Saint Georges vergleichbar, und die Trostaufgabe kann man als mittelschwere M-Prüfung einstufen.

Diese für Junge Reiter wirklich hohen Anforderungen entsprechen aber durchaus dem heutigen Leistungsstand in denjenigen europäischen Ländern, in denen das Dressurreiten auf breiter Basis gelehrt und gepflegt wird. Eine Teilnahme an der Europameisterschaft mit Aussicht auf Erfolg ist in der gegenwärtigen Situation daher nur mit außerordentlich veranlagten, sorgfältig geschulten Pferden möglich. Drei qualitätvolle, das heißt nicht nur reine, sondern auch ergiebige und regelmäßige Grundgangarten, tadellose Geraderichtung und Biegung, Schwung, Durchlässigkeit und ausreichende Versammlung, verbunden mit unbedingter Sicherheit und Genauigkeit in der Ausführung der Lektionen sind schon erforderlich, wenn man vorne dabeisein will.

Immer wieder stellt sich heraus, daß Pferde mit solchen Qualitäten auch bei internationalen Großereignissen eher selten anzutreffen sind. Wie oft stand einer hinreißenden Trabskala

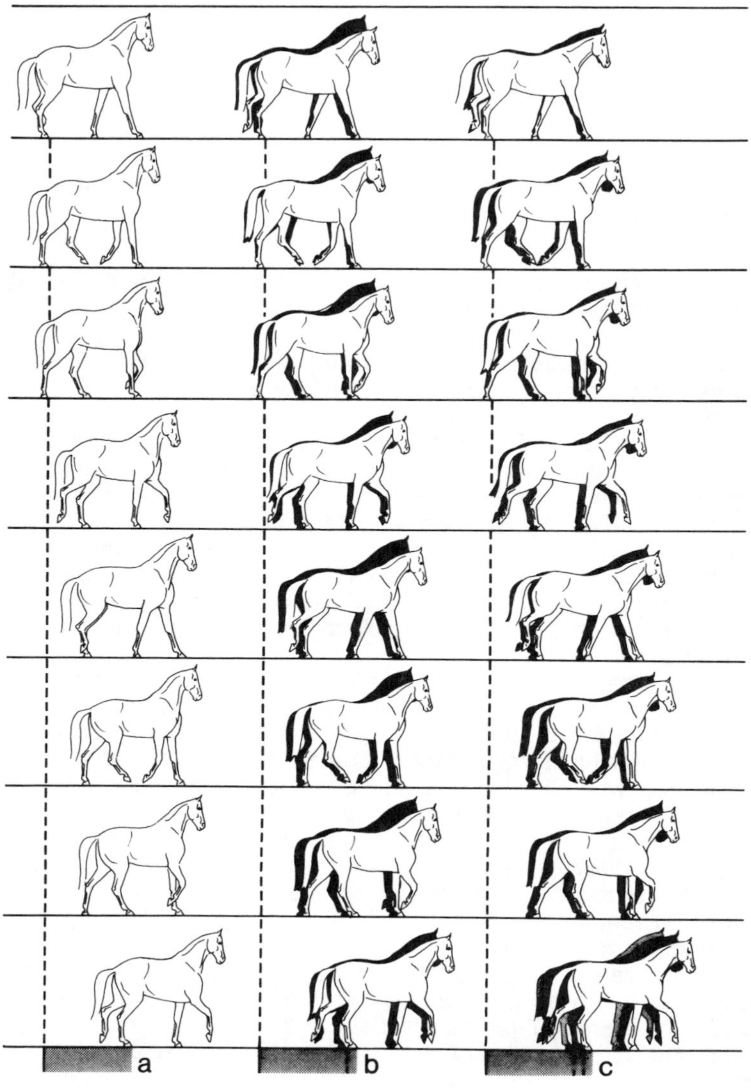

Abb. 14: Grundgangarten: Der Schritt (Gangmaße und Raumgriff). *a* = versammelter Schritt; *b* = Mittelschritt; *c* = starker Schritt

ein eher stumpfer, matter Schritt oder einem vorzüglichen, federnden Naturgalopp in Selbsthaltung eine deutlich erkennbare Trabschwäche gegenüber. Höhepunkte und Mängel in den Grundgangarten der einzelnen Pferde waren jedenfalls viel häufiger zu beobachten als ausgeglichenes Mittelmaß in allen drei Gangarten.

Im Typ zeigten sich die eingesetzten Pferde recht unterschiedlich. Vom Steeple chase-Vollblut über edle Halbblüter und plastische, elegante Warmblut-Modelle bis zum massigen, aber dabei gängigen Großkaliber war alles vertreten. Einzelne davon hatten allerdings auf einem internationalen Dressurviereck nur hinsichtlich Komplettierung einer Mannschaft Existenzberechtigung.

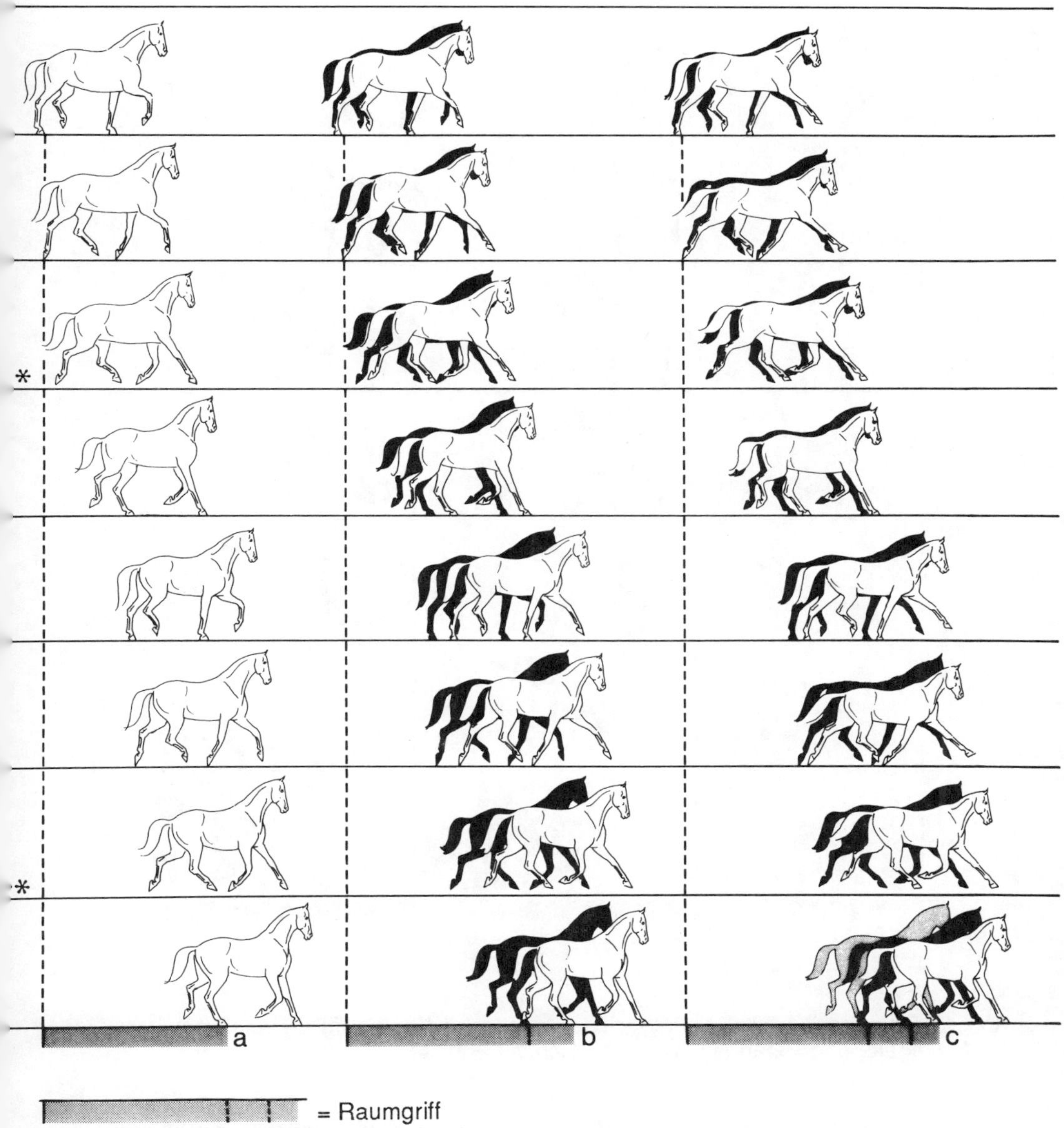

Abb. 15: Grundgangarten: Der Trab (Gangmaße und Raumgriff). *a* = versammelter Trab; *b* = Mitteltrab; *c* = starker Trab; * = Abstoßphase; ** = Schwebephase

Damit kommen wir zur Kernfrage der Abhandlung: Wie wurde geritten?

Es sei davon abgesehen, nationale Unterschiede, die sehr wohl zu erkennen waren, ausführlich herauszuarbeiten. Für die Zukunft erscheint es wichtiger, die allgemeinen Stärken und Schwächen gegenüberzustellen und die daraus gewonnenen Erkenntnisse in der Praxis zu verwerten.

Die Vertreter der im Klassement vorn liegenden Nationen ließen in jeder Beziehung eine sorgfältige Dressurausbildung erkennen. Ein geschulter Dressursitz, aus dem allein die richtigen Einwirkungen kommen können, geregelter Gang, prägnante Tempounterschiede und Übergänge, saubere Linienführung und große Sicherheit in den Lektio-

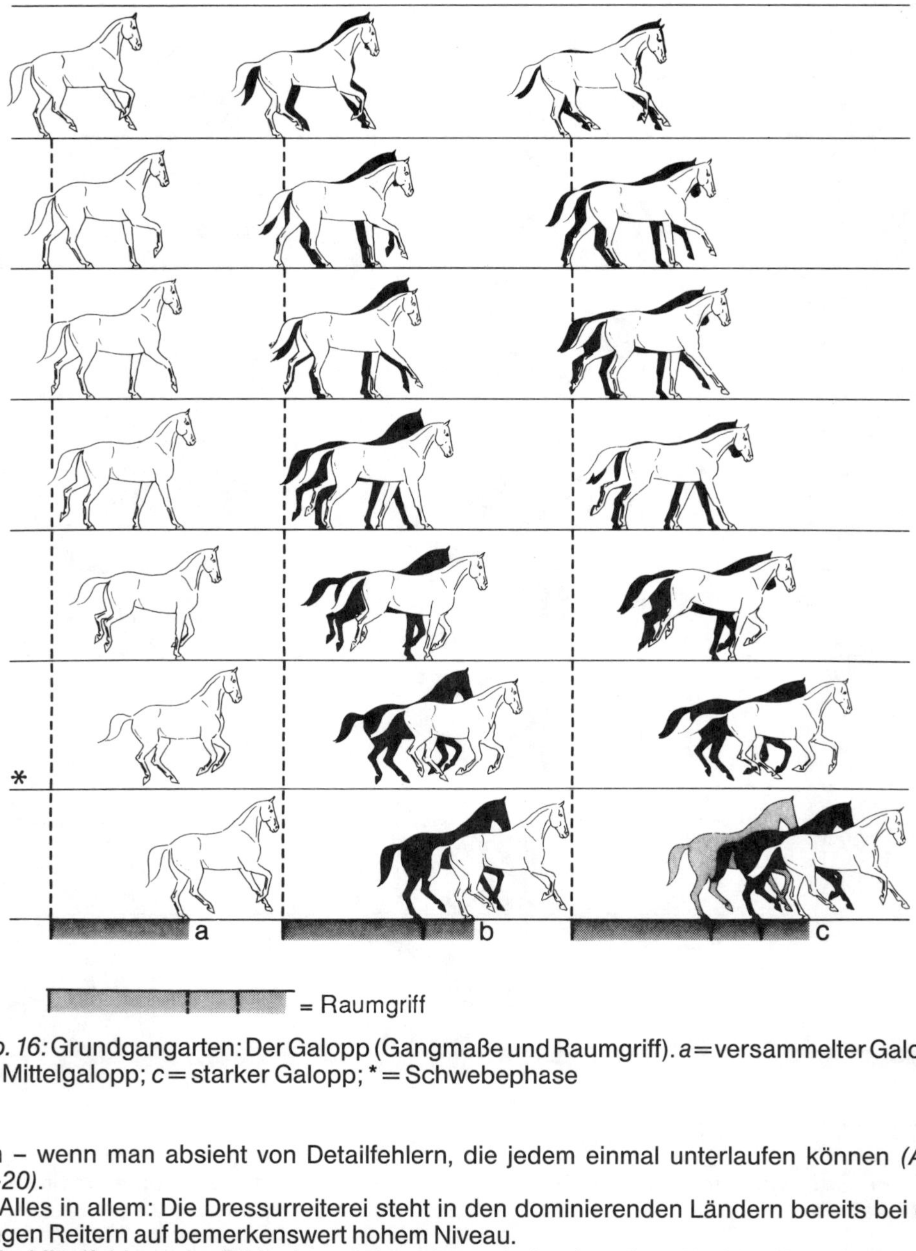

Abb. 16: Grundgangarten: Der Galopp (Gangmaße und Raumgriff). *a* = versammelter Galopp; *b* = Mittelgalopp; *c* = starker Galopp; * = Schwebephase

nen – wenn man absieht von Detailfehlern, die jedem einmal unterlaufen können *(Abb. 17–20)*.

Alles in allem: Die Dressurreiterei steht in den dominierenden Ländern bereits bei den Jungen Reitern auf bemerkenswert hohem Niveau.

Im Mittelfeld war das Bild schon nicht mehr so eindrucksvoll, und bei den Teilnehmern aus den im letzten Drittel plazierten Ländern traten ganz unbarmherzig die Kompromisse zutage, die geschlossen werden mußten, um überhaupt eine Mannschaft zustande zu bringen, die den Anforderungen wenigstens halbwegs gewachsen war. Es versteht sich, daß diejenigen Länder, in denen das Dressurreiten nicht auf breiterer Basis gepflegt wird, in dieser Hinsicht mit erheblichen Schwierigkeiten zu kämpfen haben. Das liegt an dem erwähnten, hohen Leistungsstandard.

Für eine grundsätzliche Betrachtung dürfte es genügen, auf die während der Vorbereitungsprüfung aufgetretenen Mängel etwas näher einzugehen, die sich in den folgenden Prüfungen teils in abgeschwächter, teils in verstärkter Form wiederholten.

Sehr angenehm fiel auf, daß die meisten Pferde im Maul ziemlich in Ordnung waren, soweit sich dies aus der Distanz des Zuschauers erkennen ließ. Keine stark sichtbaren Zungenfehler, fast nie ein offenes Maul. Nur die Tätigkeit ließ in manchen Fällen zu wünschen übrig.

Ein Teil der Reiter wies grobe Sitzfehler auf. Man sah den Stuhlsitz in sehr ausgeprägter Form, verkrampfte, verdrehte Arme und Zügelfäuste, klammernde, schlecht plazierte Schenkel sowie weit hinter die Senkrechte zurückgenommene Oberkörper, eine Art »Liegesitz«. Man kann schon einmal mit dem Kreuz etwas nachdrücklicher einwirken und sich dabei zurückneigen, um ein sich verhaltendes, hinter dem Reiter befindliches Pferd vor den Schenkel zu bringen, aber eine mit dem Oberkörper ständig weit hinter der Senkrechten gerittene Dressurprüfung ist wohl nicht als korrekt zu bezeichnen.

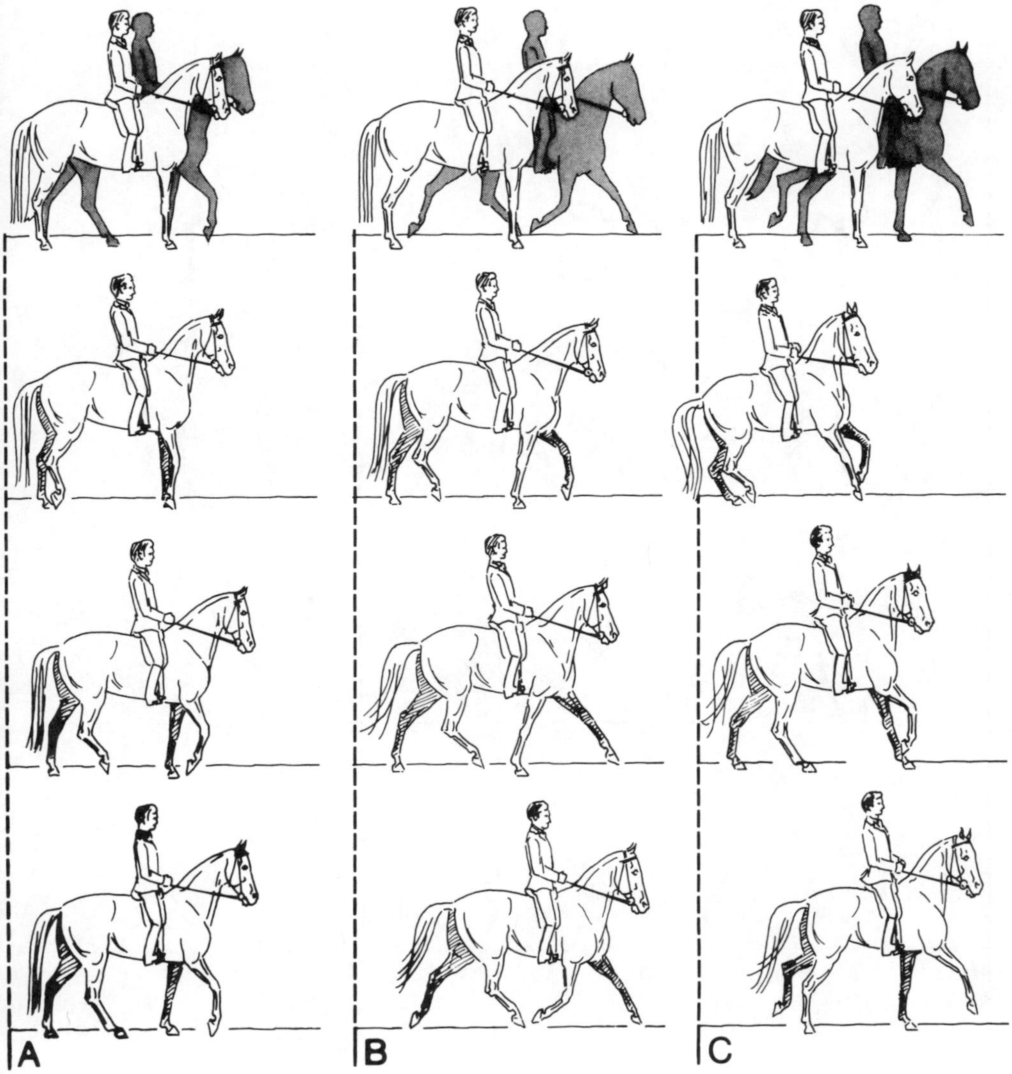

Abb. 17. Übergänge: Aus dem Halten anreiten. *A* = in den Schritt; *B* = in den Trab; *C* = in den Galopp

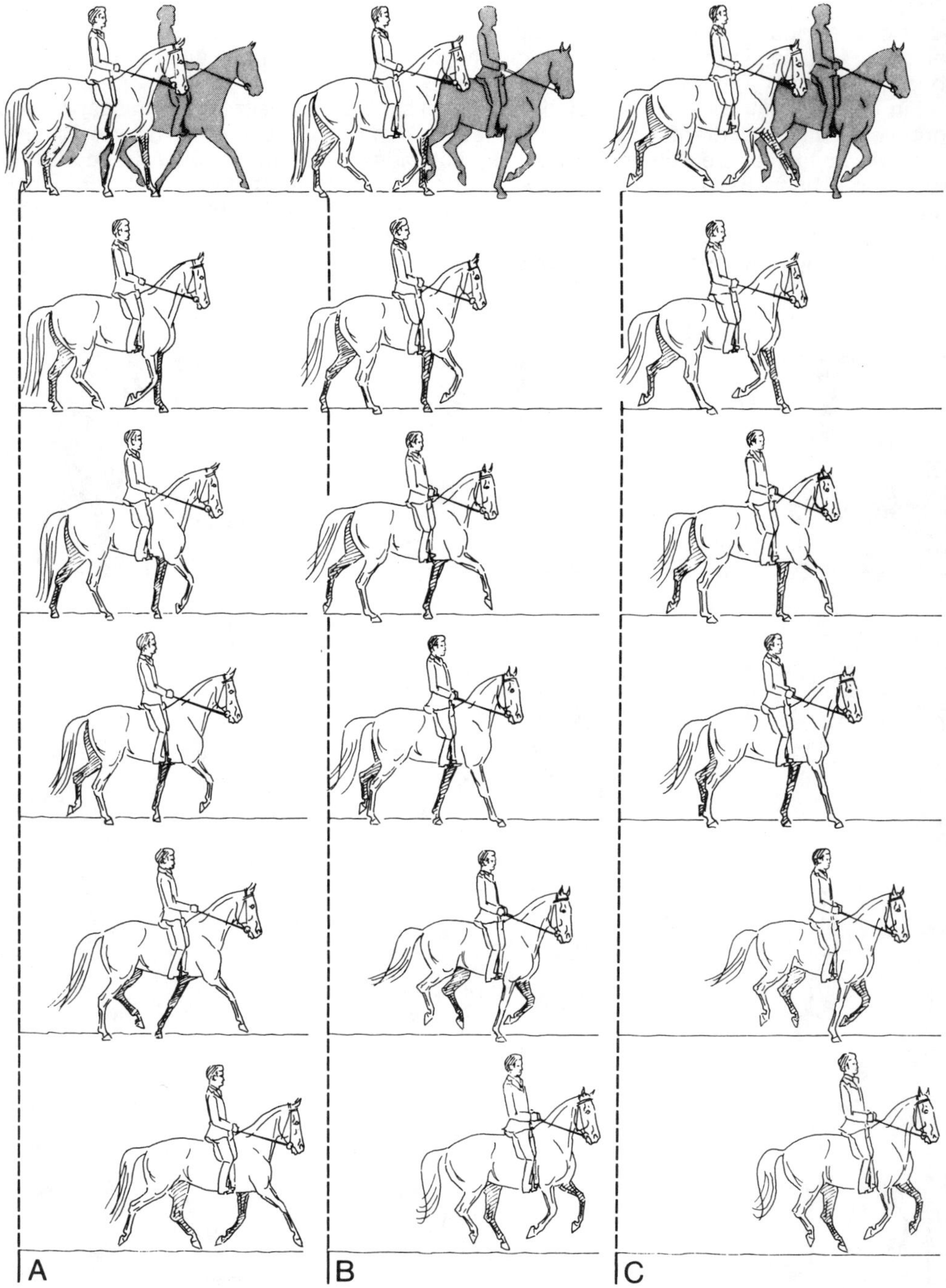

Abb. 18: Übergänge. *A* = aus dem Schritt in den Trab; *B* = aus dem Schritt in den Galopp; *C* = aus dem Trab in den Galopp

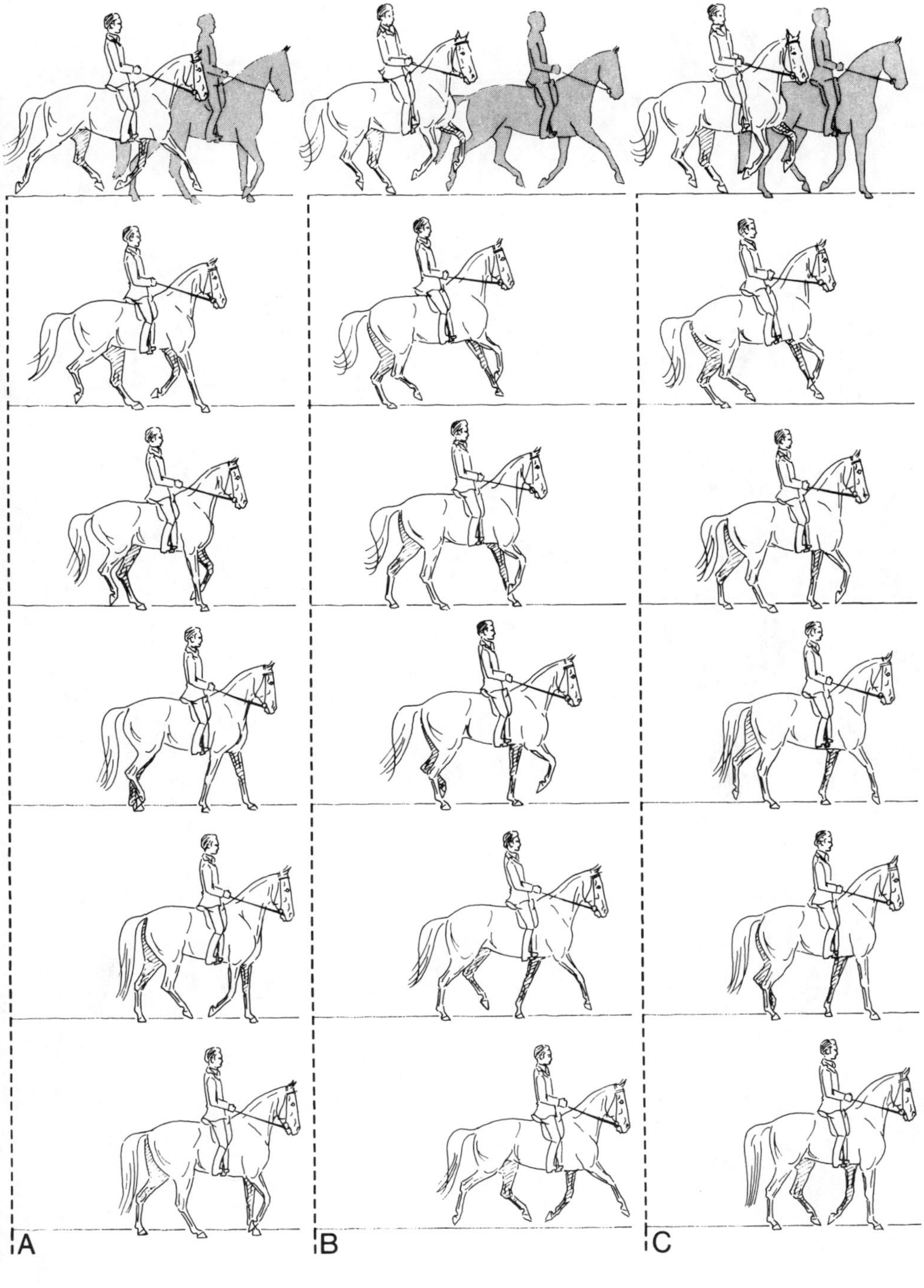

Abb. 19: Übergänge. *A* = aus dem Trab in den Schritt; *B* = aus dem Galopp in den Trab; *C* = aus dem Galopp in den Schritt

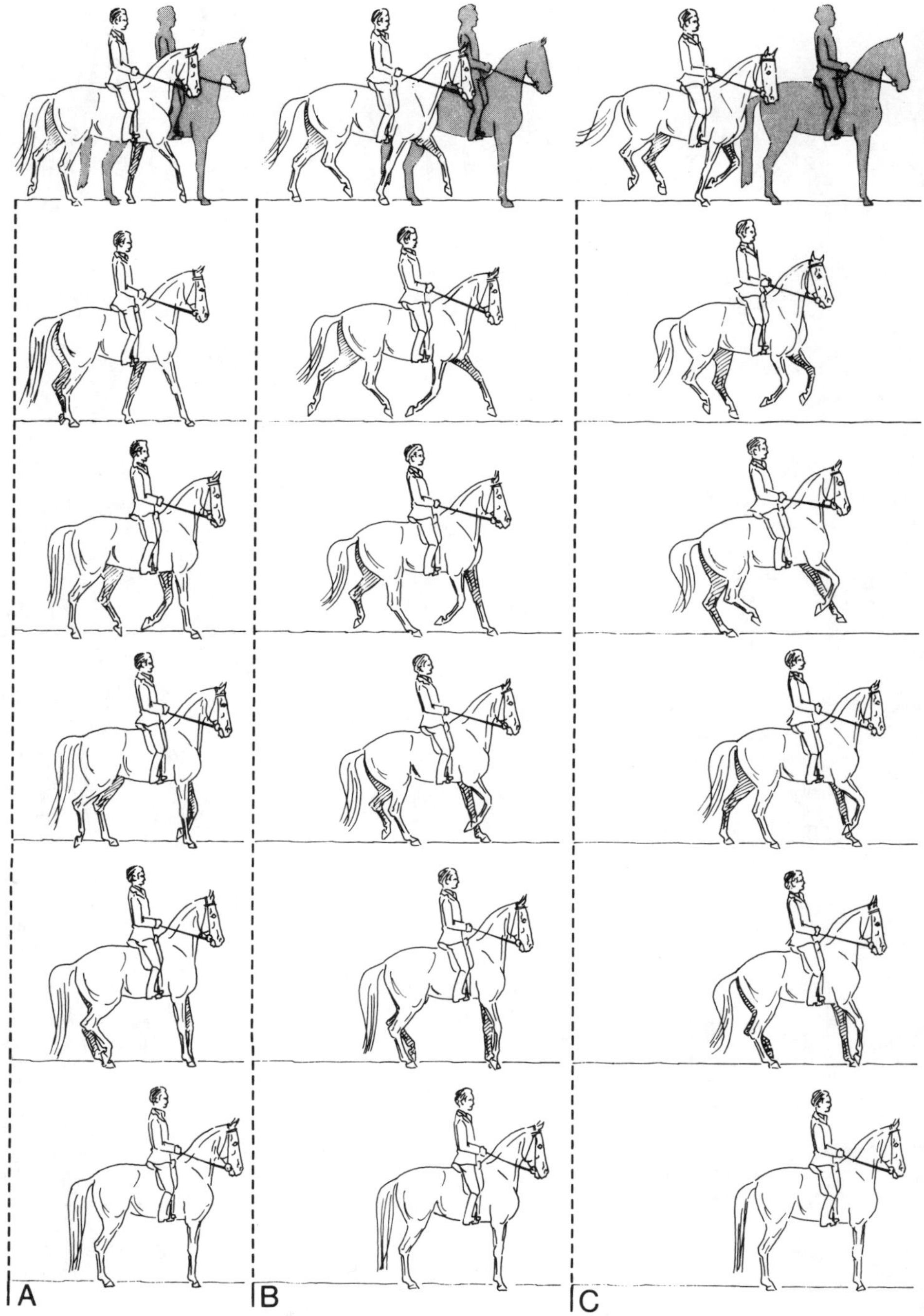

Abb. 20: Die Parade zum Halten (ganze Parade). *A* = aus dem Schritt; *B* = aus dem Trab; *C* = aus dem Galopp

Ferner sprang ins Auge, daß nur sehr wenige Reiter in der Lage waren, ihrem Pferd auf beiden Händen eine genügende Längsbiegung zu geben. Manche waren gar nicht imstande, sich der Biegung entsprechend hinzusetzen, sie ließen ihre Schenkel einfach am Gurt herabbaumeln. Und einige saßen in Wendungen und auf gebogenen Linien überhaupt verkehrt am Pferd, das heißt mit dem äußeren Schenkel viel weiter vorn als mit dem inneren. Die Wendungen und vor allem die beiden Volten mit 8 m Durchmesser sahen dementsprechend aus. Obwohl bei diesen nur eine Biegung zweiten Grades verlangt wird, schleuderte die Hinterhand manchmal dermaßen nach außen, daß man meinen konnte, es sei eine Volte im Schwenken (also auf zwei Hufschlägen mit Weichen vor dem inneren Schenkel) verlangt worden. Das hat gar nichts mit Junior oder Senior zu tun, das sind Elementaranforderungen des Dressurreitens, denen man auch in einer Dressurprüfung der Klasse A auf nationaler oder regionaler Ebene gewachsen sein sollte.

Den oberflächlichen Betrachter mag ein sehr elegantes, gehfreudiges Pferd über solche Mängel hinwegtäuschen. Wenn man einen gewissenhaften Bereiter hat, der das Pferd gründlich durcharbeitet und es aufgrund dieser Schulung auch auf nur angedeutete Hilfen die richtige Biegung annimmt, wird man wahrscheinlich mit Anstand durch die Aufgaben kommen. Aber diese Reiter werden später nie in der Lage sein, selbst ein Pferd über das Anfangsstadium hinauszubringen und immer nur auf das Nachreiten gerittener Pferde angewiesen sein. In einer rein reproduzierenden Tätigkeit kann sich aber das Wesen der Reitkunst nicht erschöpfen. Die eigentliche Faszination des Dressurreitens liegt in der methodischen Ausbildung eines Pferdes bis in höhere Stufen, die man auf mangelhafter Grundlage aber nie erleben wird.

Besondere Kriterien der Mannschafts- und der Einzelaufgabe bildeten das Rückwärtstreten und die halben Pirouetten im Galopp.

Beim Rückwärtstreten sah man nahezu alle Fehler, die dabei überhaupt vorkommen können. Die Gründe dafür liegen wesentlich tiefer, als gemeinhin angenommen wird. In diesem Zusammenhang sei auf den späteren Abschnitt »Rückwärtsrichten und die Schaukel« hingewiesen.

Die halben Pirouetten im Galopp waren ein Kapitel für sich. Selbst Reiter und Pferde, die alle anderen Schwierigkeiten der Aufgabe mit Sicherheit, ja sogar mit Selbstverständlichkeit meisterten, kamen über diese Lektion kaum fehlerlos hinweg. Wieder einmal wurde deutlich, daß Seitengänge, Tempounterschiede, mehrmalige fliegende Galoppwechsel nach bestimmter Sprungzahl usw. sich im Schwierigkeitsgrad nicht annähernd mit den Galoppirouetten messen können und der Koeffizient für die Übung seine volle Berechtigung hat. In dieser muß das Pferd Rittigkeit, hohe Versammlung und Schwung, der Reiter die volle Übereinstimmung seiner vortreibenden und seitwärtsführenden Hilfen in der schnellsten Gangart beweisen, und es ist durchaus verständlich, daß dies nur ganz wenigen der jungen Reiter halbwegs überzeugend gelang. Im späteren Kapitel »Die Pirouette im Galopp« finden sich dafür ausführliche Erklärungen.

Noch ein Blick auf die Gangarten und Gangmaße: In diesem stark besetzten Bewerb fanden sich Pferde mit bestechender Trabmanier, die allerdings im Mitteltrab manchmal bis an die Grenze ihrer Möglichkeiten gefordert wurden. Beim Versuch, die Energie des Abschubes bis zu einem noch darüber liegenden starken Trab zu steigern, blieb diesen Pferden nichts anderes übrig, als anzugaloppieren. Außerdem konnte man sich des Eindruckes nicht erwehren, daß der Effekt, den ein ausdrucksvoller, starker Trab nun einmal erzielt, manchmal Veranlassung gab, Pferden mit Stärken in dieser Gangart den Vorzug für die Verwendung in dieser Prüfung zu geben, trotz unverkennbarer Mängel im Schritt und Galopp. Offenbar glaubt man, daß das Spektakuläre im Showbusiness, von dem das öffentliche Dressurreiten vielleicht ein wenig angehaucht ist, mehr bringt als die unauffällige Ehrlichkeit in allen drei Gangarten. Diese Rechnung muß aber durchaus nicht immer aufgehen. Fest steht, daß der Trab hinsichtlich Regelmäßigkeit, Energie und Raumgriff am leichtesten einzuschätzen ist, und daher sowohl die Fehler als auch die Höhepunkte in der Bewertung am deutlichsten zum Ausdruck kommen.

Der Schritt ließ in vielen Fällen sehr zu wünschen übrig. Oft konnten weder die Reinheit der Fußfolge noch der Bodengewinn entsprechen. Die meisten Reiter waren bestrebt, während des Handwechsels im starken Schritt, dessen Wertnote bekanntlich mit dem Koeffizienten zwei multipliziert wird, ihr Pferd fleißig mit den Sporen zu bearbeiten, in der irrigen

Annahme, dadurch eine Verlängerung der Tritte erreichen zu können. Es bleibt aber eine erwiesene Tatsache, die leider noch nicht weit genug verbreitet sein dürfte: Man kann durch intensiven Sporeneinsatz den Schritt niemals länger, sondern höchstens fleißiger beziehungsweise eiliger machen, und das war in den meisten Fällen wirklich nicht mehr nötig. Eine Verlängerung der Tritte in absolut reiner Folge läßt sich bei genügend nachgebenden Zügeln nur im Zustand der richtigen Losgelassenheit, das heißt bei innerer Ruhe und Arbeitswilligkeit erreichen (deswegen hat man den starken Schritt mit dem Koeffizienten versehen), denn erst mit der Ruhe und dem Fleiß kommt der gewünschte Raumgriff. Will man etwas nachhelfen, so kann dies höchstens durch eine der Empfindlichkeit des Pferdes angepaßte Aufforderung zum energischeren Ausschreiten am Beginn der Wechsellinie erfolgen. Danach muß ein bestimmteres Vorschieben mit dem Kreuz bei weich angelegten, ruhigen Schenkeln genügen, um die Reinheit des Ganges nicht zu stören. Pausenloses Hacken mit den Sporen wirkt auf den Schritt in allen Abstufungen unfehlbar verderblich.

Die Beurteilung des Galopps ist ein Kapitel für sich. Sie bereitet vielen, die sich mit dem Pferde befassen, andauernde Schwierigkeiten. Manche erlernen sie überhaupt nie. Das mag am komplizierteren Bewegungsablauf gegenüber dem Trab liegen, am etwas schwieriger zu erfassenden Rhythmus der Fußfolge und am Charakteristikum der Sprungbewegung.

Wesentlich für den guten Galopp sind neben genereller Losgelassenheit die Tätigkeit der Hanken- und Sprunggelenke, das genügend weite Vorgreifen des inneren Hinterfußes, dessen Biegung und dadurch Senkung der inneren Hüfte, das elastische, rechtzeitige Abfußen des äußeren Hinterfußes (besonders im Außengalopp) und das im Ganzen geschlossene, akzentuiert-sprunghafte Repetieren. Die Verstärkungen sollen nicht in einem rasanten Lospoltern, sondern in einer Verlängerung, Dehnung der Sprünge bei verstärktem, elastischen Abfedern und gesichertem Gleichgewicht bestehen.

Das losgelassene Pferd bewegt sich stets geschmeidiger und damit auch leiser als das festgehaltene, steife – gleiche Bodenbeschaffenheit vorausgesetzt. Man könnte beinahe sagen:

»Hört ihr's donnern dort, so wißt: Das ist Mist!«

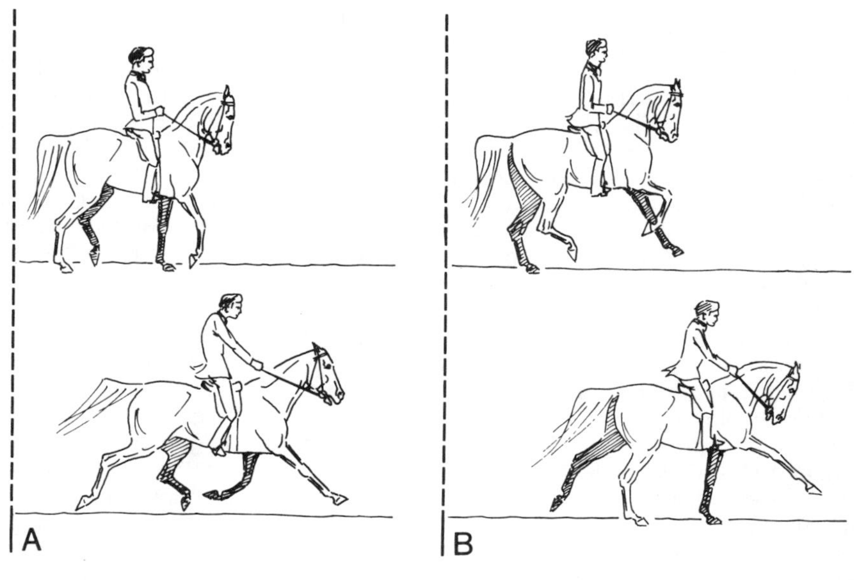

Abb. 21: Fehlerhafte Übergänge. *A* – vom versammelten in den starken Galopp; *B* = vom versammelten in den starken Trab

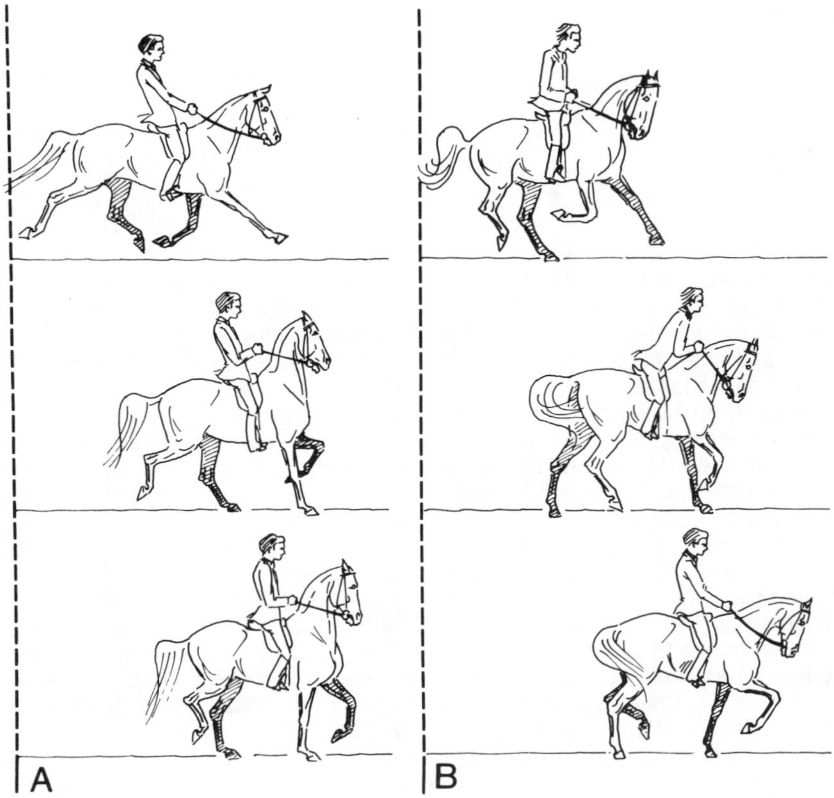

Abb. 22: Fehlerhafte Übergänge. *A* = vom starken in den versammelten Trab; *B* = vom Arbeitsgalopp in den Arbeitstrab

Häufig wurde durch überfallartige Hilfen bei den Galoppverstärkungen ein plötzliches, wenig geregeltes Losdonnern hervorgerufen. Das wäre noch verständlich, denn in dem Bestreben, etwas besonders gut machen zu wollen, kann man sehr leicht über das Ziel schießen. Aber daß diese Art des Verstärkens von Fachleuten sehr beifällig kommentiert wurde, die andererseits jede zu energische Parade sofort beanstandeten, stimmt schon ein wenig nachdenklich. Der Begriff »Fachleute« kann hier allerdings nur ausdrücken, daß die Betreffenden im gleichen Fach tätig sind, nicht jedoch, wie weit ihre Fachbildung reicht. Wer sein Fach vollständig beherrscht, gilt als Experte (ein wichtiger Unterschied) und von denen hörte man solche Bemerkungen nie. Genau genommen stellt das Wegscheuchen den umgekehrten Fehler dar. Wenn die Tritte im Mitteltrab schneller statt länger werden, hört man sofort: »Eiig! Laufend!« Sehr richtig. Im Mittel- und starken Galopp aber darf einer wegpreschen und rennen, was das Zeug hält, und es heißt noch lobend: »Prima! Bravo! Sehr energisch!« *(Abb. 21, B)* Die Grundforderung der richtigen Trabverstärkung – längere, niemals eiligere Tritte – gilt jedoch genauso für die Verstärkungen des Galopps. Zwischen den einzelnen Sprüngen muß demnach das Zeitintervall gegenüber dem Arbeitsgalopp – der verlängerten Schwebephase entsprechend – ebenfalls länger werden. Das kann man manchmal besser hören als sehen.

Nach den Regeln der Reitkunst sollen alle Übergänge, also auch die in ein höheres Tempo, »zwar rasch, aber weich und ohne Schroffheit« durchgeführt werden (FEI, Artikel 407).

Diese weit schwierigere Art der Übergänge setzt eben ein sorgfältig gymnastiziertes Pferd voraus, wie man es in der Spitzenklasse mehrfach zu sehen bekam und bei einer Europameisterschaft auch unter einem Jungen Reiter eigentlich erwarten darf (*Abb. 17* und *18*).

Die Hinterhand- und Kurzkehrtwendung

Diese sind in der Reitlehre als versammelnde Übungen genau definiert. Wer im Laufe der Zeit hunderte solcher Wendungen zu reiten, zu lehren, zu korrigieren und als Dressurrichter zu beurteilen hatte, der besitzt von der richtigen Ausführung eine ganz bestimmte Vorstellung. Diese weicht allerdings erheblich von den Wendungen auf der Stelle ab, die man jetzt in Dressurprüfungen aller Klassen immer häufiger zu sehen bekommt.

In der folgenden Abhandlung soll daher die nach den klassischen Regeln geforderte Wendung mit der heute vielfach praktizierten verglichen werden, um dadurch zu einem sicheren Urteil über den dressurmäßigen Wert der Übung, die wir in allen Prüfungen von der Klasse L bis zum Grand Prix finden, zu gelangen. Ihre Wichtigkeit rechtfertigt durchaus eine genauere Untersuchung.

Ein richtiges Verständnis für das Wesen der Sache erwirbt man am schnellsten, wenn man sich den Zweck der Lektion vor Augen hält. Wird sie als Dressurmittel angewendet, so ist es am allerwenigsten die Richtungsänderung, auf die es ankommt (hierfür stünden leichtere, bequemere, schnellere Möglichkeiten zur Verfügung), sondern die Aktivierung der Hinterbeine. Durch deren fleißiges Treten auf sehr begrenztem Raum und unter vermehrter Belastung sollen sie stärker gebogen und dadurch die Versammlung erhöht werden. Außerdem kommt es zu einer Verfeinerung der Reaktion auf die vortreibenden, seitwärtsführenden und verhaltenden Hilfen und damit Verbesserung der Durchlässigkeit.

Die Bezeichnung »Wendung auf der Hinterhand« bedeutet ja zweifelsfrei, daß diese nicht nur den Drehpunkt, sondern vor allem den Stützpunkt bildet und daher die Hauptlast trägt, während die Formulierung »Wendung um die Hinterhand« lediglich den Drehpunkt angibt und über die Gewichtsverteilung nichts aussagt. Darin besteht aber das »Um und Auf« der Hinterhandwendung!

Für die Reiter ist die Übung deshalb von außerordentlichem Wert, weil sie wie kaum eine andere geeignet ist, das präzise Zusammenwirken und die gefühlvolle Abstimmung aller Hilfen zu lehren. Dem Richter zeigt sie die richtige Einwirkung des Reiters insbesonders mit den äußeren Hilfen (Grundlage der Versammlung); weiters gibt sie Aufschluß über Längsbiegung, Aktivität der Hinterhand, Versammlungsgrad und Reaktionsbereitschaft – also über Hauptpunkte der Rittigkeit *(Abb. 23)*.

Der prinzipielle Unterschied zwischen Hinterhand- und Kurzkehrtwendung besteht darin, daß die erste mit einem Halten begonnen und beendet wird, die zweite hingegen aus der Bewegung in die Bewegung erfolgt. Die Kurzkehrtwendung (von Klasse M aufwärts »Schrittpirouette« genannt), wird immer im Schritt geritten. Will man sie aus dem versammelten Trab oder Galopp ausführen, so wird zum Schritt pariert, gleichzeitig mit der Parade die Wendung eingeleitet und unmittelbar nach Beendigung die ursprüngliche Gangart wieder aufgenommen. Das klingt ganz plausibel, verlangt aber schon einige Geschicklichkeit!

Da die Kurzkehrtwendung in der Praxis weitaus häufiger vorkommt, wollen wir uns auf sie konzentrieren und zunächst das Idealbild dieser schönen und nützlichen Übung zeichnen, damit wir die Abweichungen davon um so deutlicher feststellen können *(Abb. 24)*. Wenn es heißt, der Zweck sei die Erhöhung der Versammlung, so setzt das eine bereits vorhandene Versammlung voraus. Deshalb fällt die Ausführung aus dem versammelten Schritt am leichtesten.

Vor Beginn der Wendung erhält das Pferd eine gleichmäßige Längsbiegung, und zwar in Richtung der Bewegung. Außer der Vorhandwendung, bei der die Kopfstellung genügt, gibt es keine Wendung in der Reiterei, weder auf der Stelle noch im Gang, ohne entsprechende Biegung. Durch diese kommen äußere und innere Seite genauer unter die Kontrolle des Reiters. Die Kurzkehrtwendung ist eine traversartige Wendung. Es treffen daher die Charakteri-

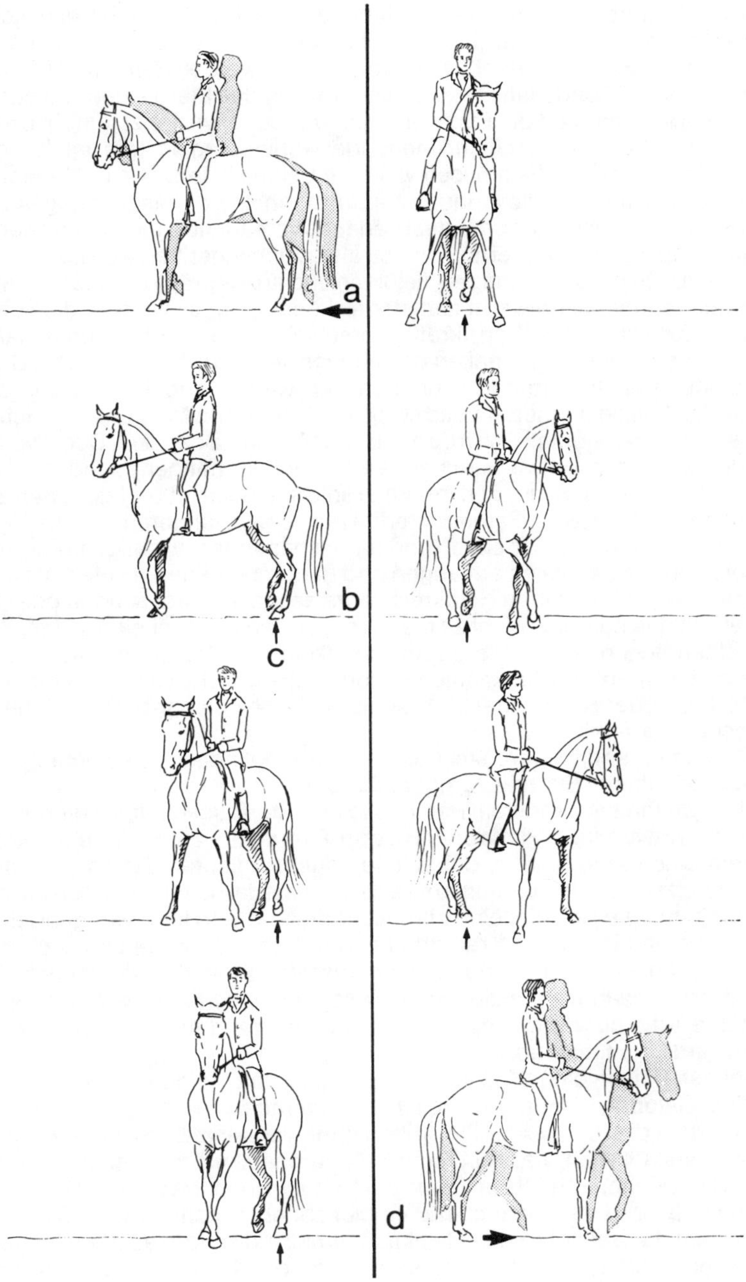

Abb. 23: Die Wendung auf der Hinterhand. *a* = Parade zum Halten (ganze Parade); *b* = Einleitung der Wendung; *c* = lebhaftes Treten des inneren Hinterfußes; *d* = Beendigung der Wendung: Halten – Anreiten

stika des Travers auf sie zu: Die Nachhand hat, wie bei allen Wendungen in dieser Lektion, den kürzeren Weg und wird dadurch in ihrer Bewegung beschränkt, was eine stärkere Belastung erfordert. Als nächstes nimmt man sich am besten vor, in wieviel Tritten (gezählt werden die Tritte der Hinterbeine) man die Wendung reiten will. Es empfiehlt sich nicht, das einfach den Umständen oder dem Pferd zu überlassen, denn darunter wird die Ausführung gewiß leiden. Durch das Fordern einer bestimmten Trittzahl werden Reiter und Pferd zu viel genauerer Arbeit veranlaßt, und man merkt sogleich, wenn das Pferd einen Tritt ausläßt.

Eine halbe Parade markiert die Einleitung der Wendung, und jetzt genügt es keinesfalls, das Pferd in einer Art Gebrauchshaltung mehr oder weniger regelmäßig um den inneren Hinterfuß herumtreten zu lassen. Es müssen vielmehr beide Hinterbeine bei jedem Tritt gegen die Zügel vorgedrückt und das Pferd dadurch immer mehr in sich zusammengeschoben werden, so daß es aus der Wendung zumindest genauso versammelt, möglichst aber kürzer, geschlossener und aufgerichteter herauskommt, als es hineingeritten wurde.

Das läßt sich natürlich nur mit kurzen, fleißigen und ausgeprägten Tritten in entsprechender Anzahl erreichen, die wiederum nur entstehen können, wenn nicht nur die Schenkel richtig arbeiten, sondern auch das Kreuz kräftig vorschiebt. Die Hand hat durch maßvolles Gegenwirken die Versammlung zu erhalten beziehungsweise zu fördern und mit dem äußeren Zügel das Herumführen der Vorhand zu unterstützen, während der innere Zügel die Stellung erhält und für Weichheit der inneren Seite sorgt. Die Hauptarbeit leisten aber nicht die Zügel, wie meist fälschlich angenommen wird, sondern Kreuz und Schenkel. Der Oberkörper darf nicht nach der Seite des seitwärtstreibenden Schenkels hängen, sondern das Gewicht gehört wie immer nach innen, um den inneren Hinterfuß belastet und gebogen zu erhalten. Der äußere Schenkel hat den äußeren Hinterfuß auf seinem längeren Weg fleißig herumtreten zu lassen, aber der innere Schenkel (und das ist besonders wichtig) muß jeden Tritt, den ihm der äußere zubringt, sogleich auffangen und dadurch »seinen« Hinterfuß zu regelmäßigen Tritten auf einem sehr kleinen Halbkreis veranlassen. Mit pressenden oder klammernden Schenkeln ist das natürlich nicht zu machen. Dem weit verbreiteten Irrtum, daß man mit fest angedrückten Schenkeln ein Pferd zum kadenzierten Treten bringen könne, muß immer wieder begegnet werden. Das funktioniert schon deshalb nicht, weil der Klammerschenkel das Stehenbleiben oder Rückwärtstreten eines Hinterbeines gar nicht fühlt und es daher auch nicht rechtzeitig verhindern kann.

Außerdem stumpft er das Pferd stark ab, statt es empfindlich zu stimmen, und läßt eine dosierte, fein abgestimmte Einwirkung gar nicht zu.

Überall dort, wo man auf engstem Raum eine erhöhte Tätigkeit der Hinterbeine verlangt, sei es eine Kurzkehrtwendung, Piaffe oder Galopp-Pirouette, werden die lebhaften Tritte oder Sprünge durch einen anregenden, dabei lose angeschmiegten Schenkel hervorgerufen, eventuell unterstützt durch ein aufmunterndes, rasch wiederholtes Antippen mit dem Sporn.

Aus einem Pferd zum Beispiel eine anmutig getretene Kurzkehrtwendung oder lockere Piaffetritte durch einen mit letzter Kraft drückenden Schenkel herausquetschen zu wollen gleicht dem Versuch, einem Stein durch Kompression Wassertropfen zu entlocken. Beim Beobachten der vorerwähnten Lektionen gewinnt man manchmal allerdings den Eindruck, als wären solche Tritte nur durch übermenschliche Anstrengung des Reiters zu erreichen, während das Pferd kaum reagiert.

Die Anzahl der Tritte in einer Kurzkehrtwendung ist von gleicher Bedeutung wie die der Sprünge in einer Galopp-Pirouette; sicherlich nicht das einzige Kriterium, aber doch sehr wesentlich. Ein Pferd in drei bis vier großen Tritten ohne Versammlung »fleißig« (in Wirklichkeit nur schnell) herumzudrehen, was rein technisch durchaus möglich ist und auch gelegentlich vorkommt, liegt sicherlich nicht im Sinne der Schule. Ebensowenig das Herumführen der Vorhand, ohne daß ein Hinterfuß auch nur einmal abhebt. Sechs regelmäßige Tritte stellen wohl das Minimum dar, acht etwa das Mittelmaß, zehn sind schon recht gut (es versteht sich übrigens, daß bei richtiger Ausführung stets eine gerade Trittzahl herauskommen muß), zwölf sehr schwierig zu reiten und nicht mehr nötig. Darüber hinaus wird das Pferd vorausgesetzt, es bewegt sich auf dem erwähnten, sehr kleinen Halbkreis – schon zur Piaffe ansetzen müssen, wenn es der Aufforderung seines Reiters folgerichtig nachkommen will.

Eine Wendung im Piaffieren wird zwar derzeit in keiner Dressurprüfung verlangt; in den Bestimmungen der FEI, Art. 412, Pkt. 2 heißt es aber ausdrücklich: »Die Pirouetten (halben Pirouetten) werden normalerweise im versammelten Schritt oder Galopp, können aber auch in der Piaffe ausgeführt werden.«

Man kann also nicht wissen, was da im Laufe der Zeit noch alles auf uns zukommt. Während des Piaffierens zu wenden bringt nebenbei für die Ausdruckskraft der Piaffe eini-

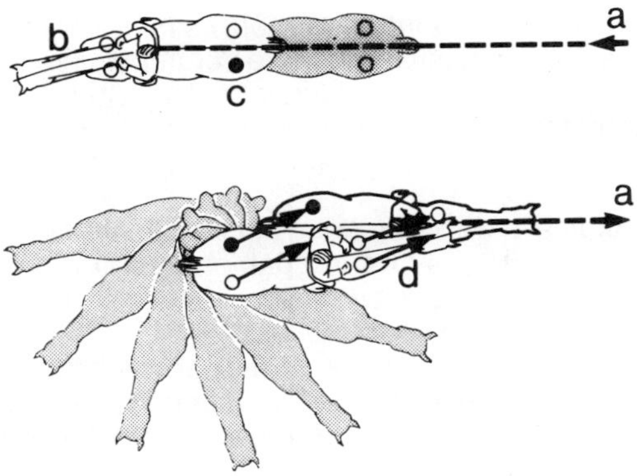

Abb. 24: Die Kurzkehrtwendung. *a* = Hufschlag; *b* = Einleitung der Wendung ohne Halten; *c* = Wendung um den inneren Hinterfuß; *d* = Beendigung der Wendung: Ohne Halten am Hufschlag weiterreiten

ge wesentliche Vorteile, auf die kurz eingegangen werden soll. Diese Bemerkungen erweitern zwar einigermaßen unser eigentliches Thema; es ist jedoch anzunehmen, daß diese Abhandlung ohnehin nur Reiter aus dem Dressurfach lesen werden, die für solche aus dem Zusammenhang entstehenden Abschweifungen wahrscheinlich Verständnis haben.

Zunächst wird durch die Längsbiegung, wenn man den äußeren Hinterfuß nicht ausfallen läßt, das Pferd auf einer Seite stärker zusammengeschoben. Man kann dadurch die hohle und steife Seite berücksichtigen und den weniger aktiven Hinterfuß zu erhöhter Tätigkeit veranlassen. Vor allem aber zwingt die Wendung das Pferd zu kräftigeren, energischeren Tritten als das Treten auf der Stelle. Es muß mehr Gewicht mit den Hinterbeinen aufnehmen, diese dadurch stärker biegen und die Vorhand wirklich entlasten, weil diese andernfalls nicht herumkommt. Eine Piaffe zum Beispiel mit dem Hauptgewicht auf den Vorderbeinen ist in einer solchen Wendung nicht denkbar. Hinweise, wie diese »Piaffepirouette« am besten auszuführen ist, werden in dem späteren Kapitel »Piaffe und Passage« folgen. Vorausblickend sei nur soviel verraten, daß man weniger ans Wenden, sondern in erster Linie ans Piaffieren denken muß; denn die Kunst besteht darin, die Piaffebewegung zu erhalten, so daß drei bis vier Piaffetritte unter Umständen nur zwei bis drei Wendetritte ergeben. Auch in der Galopp-Pirouette kommt zuerst das Galoppieren, das heißt die Erhaltung des reinen Ganges, und dann erst die Wendebewegung *(Abb. 24)*.

Wenn wir nun die Kurzkehrtwendung weiter verfolgen, so stellt sich heraus, daß die Abschweifungen doch nicht so weit vom Thema entfernt sind, wie es zuerst den Anschein hatte, denn alle Elemente der Piaffepirouette sind – wenn auch in »gemilderter« Form – in der Kurzkehrtwendung enthalten *(Abb. 24)*. Sie haben mit aller Deutlichkeit gezeigt, worin das Wesen einer qualitätsvollen Kurzkehrtwendung besteht; man wird jetzt erkennen, warum zum Beispiel im vorigen Grand Prix das erste Anpassagieren aus der Schrittpirouette verlangt wurde.

Jeder Dressurreiter, Lehrer, Trainer oder Richter wird gern zugeben, daß die Bilder, die man auf den Reitbahnen und Turnierplätzen bei Kurzkehrtwendungen zu sehen bekommt, in über 90% der Fälle leider ganz anders aussehen. Woran das wohl liegt? Viele Ursachen kommen in Betracht. Die rein technischen Fehler, die einfach passieren können und auf die wir noch zu sprechen kommen, sind es am allerwenigsten. Zahlreiche Gespräche mit Reitern vermitteln eher den Eindruck, daß man die Bedeutung dieser Übung für die Ausbildung des Pferdes und des Reiters besonders zur Förderung der Versammlung generell unterschätzt und sich daher zu wenig mit ihr befaßt. Vielfach besteht auch eine irrige Vorstellung von der schulmäßigen Ausführung.

Wird eine Kurzkehrtwendung so geritten, wie man es jetzt meist sieht, so ist sie bestenfalls für den Richtungswechsel brauchbar, zur Verbesserung der Versammlung aber gänzlich wertlos. Erfahrene Dressurreiter sind jedoch imstande, mit einigen solchen Wendungen, wenn sie nach den Regeln der Kunst geritten werden, ihr Pferd innerhalb von wenigen Minuten auf die Nachhand zu setzen und in eine sichere Versammlung zu bringen, wenn der allgemeine Ausbildungsstand dies zuläßt. Ein Hauptvorteil der Übung besteht ferner darin, daß man sie praktisch überall reiten kann: in der kleinsten Bahn, auf hartem Boden, auf überfüllten Abreiteplätzen (dort nicht unbedingt am äußeren Hufschlag), vor dem Einreiten in das Dressurviereck, usw.

Nun beobachten Sie einmal die Vorbereitung der Pferde am Abreiteplatz. Was sehen Sie dort vor leichteren Prüfungen meistens? Traben, galoppieren, traben, galoppieren, und nach einer zur Erholung von Reiter und Pferd nötigen Schrittpause am hingegebenen Zügel? Sehr richtig: Traben, galoppieren, traben, galoppieren ...

Vor höheren Prüfungen, etwa ab Klasse M, wird es abwechslungsreicher: Seitengänge, Tempounterschiede, fliegende Wechsel, später Pirouetten, Piaffen und Passagen. Kaum eine ganze Parade, fast nur flotte Bewegung. Jedes Pferd braucht seine individuelle Arbeit, das ist ganz klar. Wieso aber kommen fast alle ohne Schrittübungen aus? Ganz selten eine Kurzkehrtwendung (»was soll's denn, das kann der doch«), kaum ein Rückwärtsrichten, nie eine Schaukel (»wer kommt denn auf so etwas«); gar nicht zu reden vom versammelten Schritt, der, ohnehin nur auf kurzen Strecken eine eigene Note erhält (wie etwa der starke Trab). Aber in der Prüfung soll das dann alles plötzlich klappen. Und es klappt eben nicht. Oder nicht so gut, wie es klappen könnte. Oder nur in Ausnahmefällen. Es ist nicht zu übersehen, daß einem großen Teil der Pferde die Schrittpirouetten (ebenso wie die Schaukel) mehr oder weniger schiefgehen. Manchmal sieht es fast so aus, als würden diese Übungen eher als lästig empfunden und nur »gemacht«, weil sie eben im Programm enthalten sind, aber nicht geritten. Für eine hohe Wertnote ist »machen« jedoch zu wenig. Hier ließen sich noch etliche Punkte holen – bei den heutigen knappen Ergebnissen manchmal wichtig. –

Nun zu den Hauptfehlern, die uns bei dieser Lektion begegnen, deren Vermeidung und Korrektur. Vorweg: »Kurzkehrt« darf man nicht verwechseln mit »schnellkehrt«. Wirft das Pferd oder der Reiter die Vorhand rasant herum, kann sich keine geregelte Tätigkeit der Hinterbeine entfalten, weil dazu einfach die erforderliche Zeit fehlt. Gleichfalls fehlerhaft ist ein zu langsames, zögerndes Wenden mit unnatürlichen Pausen zwischen den einzelnen Tritten, die entweder durch unentschlossene Hilfen des Reiters oder Widerstand des Pferdes verursacht werden. Eine durchgehend zu flotte (wenn noch getretene) oder schleppende Kurzkehrtwendung wird aber meist noch etwas besser bewertet als die unregelmäßige, in der einige übereilte Tritte mit verhaltenen abwechseln. Gleich nach der Reinheit steht die Regelmäßigkeit des Ganges nun einmal an zweiter Stelle der Beurteilungsskala. Das richtige Tempo für die Kurzkehrtwendung? Das eines lebhaften, versammelten Schrittes.

Manchmal werden die Pferde einfach außen »angestochen«, der innere Schenkel fängt nicht auf, und sie drehen daher, vor dem äußeren Schenkel fliehend, plötzlich um. Zur Abstellung dieses Fehlers gibt es kein besseres Mittel, als die Wendung trittweise einzuüben, das heißt den nächsten Tritt erst folgen zu lassen, wenn der vorherige unter Kontrolle des Reiters war. Dabei empfiehlt es sich, statt der Kurzkehrtwendung eine Hinterhandswendung auszuführen, die mit Haften beginnt und endet. Für Pferde, die sich gern übereilen, ist diese Form erzieherischer, beim Reiter wirkt es dem Hudeln entgegen.

Der nächste Fehler entsteht dadurch, daß man nur das Wenden und nicht das Treten der Hinterbeine im Auge hat. In diesem Bestreben wird bei untätigen Schenkeln die Vorhand hauptsächlich mit den Zügeln herumbewegt, wobei der innere natürlich die Hauptrolle spielt und den Kopf samt Hals zu stark hereinzieht. Dadurch fällt die Hinterhand augenblicklich aus, und es entsteht eine Art »Wendung um die Mitte«. Oder die Hinterbeine bleiben überhaupt haften und drehen sich nur mit der Richtung der Vorhand mit (man meint, förmlich die Gelenke knirschen zu hören), ohne auch nur im geringsten vom Boden loszukommen. Solche Pferde müssen erst das fleißige Treten auf zwei Hufschlägen und gebogenen Linien mit größerem Halbmesser erlernen. Das geht am besten, wenn man zum Beispiel im Schritt eine Traversale zur Mitte reitet und bei Erreichen der Mittellinie eine halbe Volte auf zwei Hufschlägen mit dem Radius von circa einem halben Meter (gemeint ist die Linie der Hinterbeine) anschließt. Durch den Seitengang ist das Pferd bereits richtig gebogen und befindet sich auch schon in der Vorwärts-Seitwärtsbewegung, die nachher auf die halbe Volte übertragen wird. Bleibt das Pferd hinten fleißig, kann der Radius allmählich auf das gewünschte Maß verkleinert werden.

Das gleiche Verfahren bewährt sich übrigens bei der Galopp-Pirouette, wenn die Sprünge »abreißen« oder das Pferd hinten einfach stehenbleibt und nur die Vorhand hebt und dreht. Wie schon der Name sagt, sind Schritt- und Galopp-Pirouette in ihren Prinzipien ganz ähnlich und daher mit fast gleichartigen Einwirkungen zu reiten bzw. zu korrigieren.

Eines bleibt aber interessant: Werden Galopp-Pirouetten ohne Versammlung geritten, so heißt es sofort: Flache Sprünge, kein Ausdruck, nicht erhaben, zu wenig gesetzt usw., während bei Schrittpirouetten die Versammlung fast niemandem zu fehlen scheint. Bei einer Ausführung mit nicht einmal horizontaler, geschweige denn gesenkter Rückenlinie kann man zum Beispiel hören: Sehr sauber getreten, regelmäßige Fußfolge, fast auf der Stelle, guter Vorwärtsimpuls usw. Offenbar sind die Blicke derart auf die Hinterbeine und deren Bewegungen fixiert, daß die Mängel in den Umrissen des Pferdes, die fehlende Geschlossenheit, die zu hohe Kruppe, der tiefe, lange Hals usw. gar nicht wahrgenommen und daher auch nicht in die Beurteilung miteinbezogen werden.

Ein weiterer, sehr häufig auftretender Fehler: Keine oder ungenügende Längsbiegung. Mit einem in sich ganz geraden, womöglich noch versteiften Pferd kann man aber überhaupt keine Wendung reiten, und eine Kurzkehrtwendung schon gar nicht, weil sich die Hinterbeine während der Wendung nicht genügend heranhalten lassen, viel zu weit vom Schwerpunkt entfernt bleiben und die Steifheiten der inneren Seite ein geregeltes, fleißiges und geschmeidiges Herumtreten verhindern. Vornehmlich wird der unbiegsame innere Hinterfuß Mittel und Wege finden, sich der ungewohnten und unerwünschten Arbeit nachhaltig zu entziehen, und der äußere Hinterfuß kaum am Ausfallen zu hindern sein. Ein solches Pferd wird nur sehr widerwillig, wenn überhaupt, auf die Einwirkungen des Reiters reagieren und in allen Lektionen, die ein spontanes, reflexartiges Befolgen fein abgestimmter Hilfen erfordern, versagen. Es muß erst einmal durch Wendungen im Gang und Arbeit auf gebogenen Linien sowie durch richtige Biegearbeit an der Bande die nötige Biegung und Geschmeidigkeit erlangen, bevor man an kompliziertere Übungen wie die Kurzkehrtwendung herangeht. Dann wird man zweckmäßigerweise an der beabsichtigten Stelle der Wendung eine oder mehrere Volten »vorschalten«, in denen man dem Pferd die nötige Längsbiegung abverlangt und mit dieser aus der Volte unmittelbar in die Kurzkehrtwendung übergehen.

Stellt sich ein Pferd fest, das heißt will es überhaupt nicht in die Wendung eingehen, was bei der Hinterhandwendung manchmal vorkommt, so erinnere man sich an die alte Regel, die Wendung mit einem Tritt vorwärts zu beginnen, oder schiebe das gebogene Pferd einige Tritte seitwärts (ganzer Travers = »schließen«), damit es hinten und vorn gleichzeitig treten muß, und beginne daraus die Wendung. Damit kann man auch verhindern, daß schon der erste Tritt nach hinten statt vorwärts-seitwärts herauskommt, was ja oft genug passiert. In der Folge muß jeder Tritt mit Vorwärtstendenz geritten werden, wenn man dem Rückwärtstreten, zu dem die Pferde in dieser Übung aus verständlichen Gründen neigen, wirksam begegnen will.

Eine bewährte Methode, den Pferden elegante Schrittpirouetten zu lehren, sei hier skizziert:

Man lege eine Quadratvolte an, Seitenlänge etwa 8 m, und reite auf dieser fleißigen, versammelten Schritt in leichter Traversstellung auf allen vier Seiten einschließlich der Ecken. Durch das Schreiten auf dem inneren Hufschlag wird die Nachhand auf dem kürzeren Weg besonders in den Ecken zur Beschränkung des Raumgriffs, dafür aber stärkerer Belastung und ausgeprägter Versammlung veranlaßt. Ist die Fußfolge rein und lebhaft, dann führe man die Ecken als Viertelpirouetten aus und lasse, sobald das Pferd diese fließend beherrscht, eine halbe, eventuell auch Dreiviertel- oder ganze Pirouette (360 Grad) folgen. Ein Mehr in der Vorbereitungsarbeit gegenüber den Anforderungen der Aufgaben ist meist besser als umgekehrt, und es kam bisher noch nicht vor, daß Pferde, die diese Übung kannten, irgendwelche Schwierigkeiten in Schrittpirouetten aufwiesen.

Bisher war hauptsächlich von den Ausbildungsmängeln der Pferde die Rede, soweit sie sich in der Kurzkehrtwendung äußern. Es wird daher Zeit, auch die Fehlermöglichkeiten seitens des Reiters kurz zu betrachten, denn im Gegensatz zu manchen anderen Lektionen machen auch die bestgerittenen Pferde eine richtige Kurzkehrtwendung nicht von selbst, sondern nur auf ein exaktes Zusammenwirken aller Hilfen. Das erlernt man nicht von heute auf morgen. Ob ein Reiter zum Beispiel für die Klasse L reif ist, erkennt man daher schneller

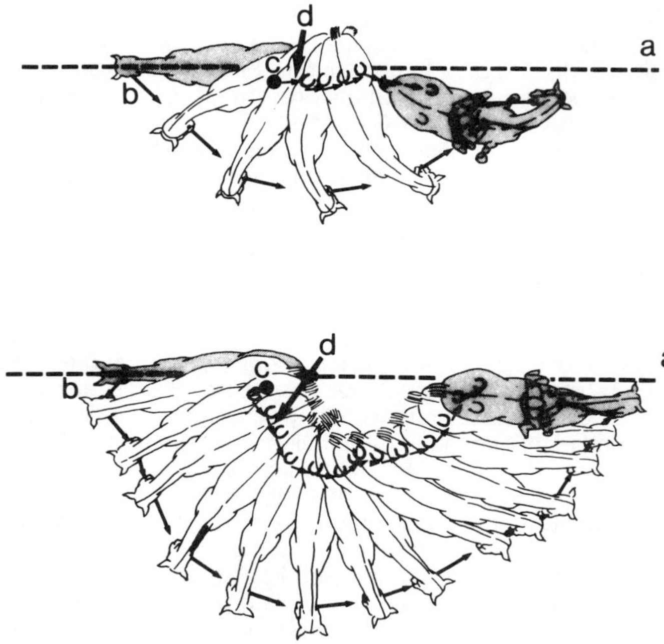

Abb. 25: Wendung auf der Hinterhand, fehlerhaft. *Oben: a* = Hufschlag; *b* = seitliches Herumziehen mit zu starker Halsbiegung; *c* und *d* = Rückwärtstreten des inneren Hinterfußes. *Unten: a* – Hufschlag; *b* = im Genick verworfen; *c* = zu großer, unregelmäßiger Halbkreis (seitliches Abrutschen); *d* = Ausweichen des inneren Hinterfußes

und sicherer an seinen Kurzkehrtwendungen als an der gesamten Trab- und Galopparbeit. Gründlich vorbereitete, gängige Pferde schaffen diese unter Umständen auch ohne viel Zutun des Reiters. Mittel- und starker Trab, Zirkel und Volten in L-mäßig versammeltem Galopp sind Kriterien für die Gangleistung und Rittigkeit des Pferdes, nicht unbedingt für den Ausbildungsstand des Reiters. Man will aber in Dressurprüfungen nicht nur sehen, was die gemeinsamen Bemühungen des Lieben Gottes, der Züchter, Lehrer und Bereiter aus dem Pferd gemacht haben, sondern auch, ob der Reiter genügend gearbeitet hat und der Aufgabe wirklich gewachsen ist. Das offenbart sich eben nicht so sehr in kraftvollen Verstärkungen (eher in den Übergängen), mit Gewißheit aber in den Paraden, dem Rückwärtstreten und den Kurzkehrtwendungen, also in den »unwesentlichen Details« der Aufgaben.

Außengalopp, Mitteltrab, Galoppwechsel und vieles andere hat man bei Pferden in freier Natur schon oft beobachtet. Aber eine regelrechte Schrittpirouette wohl kaum. Sein Instinkt würde das Tier gänzlich irreleiten, wenn es für die einfache Sache des Richtungswechsels eine derart anstrengende Form fände. Der gehässige Satz, den die Gegner unseres Faches schon vor langer Zeit geprägt haben,

»Schulreiten heißt, eine möglichst kurze Strecke in möglichst langer Zeit unter möglichster Anstrengung für das Pferd zurückzulegen«,

läßt sich ja sinngemäß auch auf die Kurzkehrtwendung anwenden.

Grobe Fehler wird bei dieser Lektion bald jeder Zuschauer nach einiger Übung erkennen. Ein versteckterer, der meist weniger geübten Reitern auf gut ausgebildeten Pferden unterläuft, ist das sogenannte »Abrutschen« *(Abb. 25)*. Der Reiter wendet sich mit seinen Einwirkungen ausschließlich an die äußere Seite des Pferdes, arbeitet diese mit Schenkel, Gerte und Zügel herum, versäumt aber die Gegenwirkung der inneren Hilfen. Es tritt daher der innere Hinterfuß immer wieder seitwärts weg, die Wendung erfordert zu viele Tritte, dauert ungewöhnlich lange und endet weit neben dem Punkt, an dem sie begonnen wurde. Abhilfe: Schulterherein im Schritt vor und nach der Wendung, die man in diesem Fall nicht an der Bande, sondern im Inneren der Bahn (zum Beispiel auf der Mittellinie oder parallel zur kurzen Seite) reiten läßt. Das bringt den Vorteil, daß man mehrere Male nach der gleichen Seite wenden kann, bis man mit der Ausführung zufrieden ist, während man an der Bande jedes Mal auf die andere Hand kommt.

Es würde nun zu weit führen, alle möglichen Fehler, die der Reiter bei dieser Übung machen kann, und deren Behebung zu besprechen. Soviel steht bisher fest: Diese Übung muß man reiten, und es läßt sich dabei nicht viel schwindeln. Nur wer gelernt hat, sein Pferd in Stellung zu bringen, zu biegen und zu versammeln, wird sie richtig einleiten; nur wer das Zusammenwirken aller Hilfen lange genug studiert hat, wird sie beherrschen. Alles andere wird ein mehr oder minder regelloses Herumtrampeln oder -ziehen bleiben, ohne Haltung, ohne Biegung, ohne genaues Treten, vor allem aber ohne die Spur einer Versammlung. Natürlich kann jede Lektion einmal mißlingen, und die Schrittpirouette eines Grand-Prix-Pferdes wird oder sollte jedenfalls anders aussehen als die Kurzkehrtwendung eines L-Pferdes. Das ist schon alles eingerechnet. Aber wenn einem sogenannten fortgeschrittenen Pferd oder Reiter jede Kurzkehrtwendung danebengeht, dann stimmt etwas Grundsätzliches nicht, und das sollte schleunigst in Ordnung gebracht werden. Denn bei der Kurzkehrtwendung gibt es keine Ausreden; sie läßt sich in jedes Pferd, das den Namen Reitpferd verdient, hineinreiten, vorausgesetzt, daß man eine entsprechende Portion Mühe und vielleicht auch Schweiß nicht scheut. Freilich, eine spektakuläre Paradelektion, mit der man auf der Galerie Eindruck schinden kann, ist sie nicht (vielleicht wird sie deshalb so selten geübt) – es sei denn, dort sitzen ausnahmsweise Fachleute. Diese werden aber bei akademischer Ausführung eine solche Leistung zu würdigen wissen und mit Lob und Anerkennung gewiß nicht sparen.

Bei uns gehörten diese Lektionen zum Repertoire der Schrittarbeit, die zwischen den Trab- und Galoppreprisen immer wieder verbessert wurden. Eine Arbeitsstunde mit fortgeschrittenen Pferden ohne versammelnde ganze Paraden, Rückwärtsrichten und Kurzkehrtwendungen (die beiden letzteren selbstverständlich mit Spiegelkontrolle und in bestimmter Trittzahl) kam gar nicht vor. In den Pausen waren die Plätze vor den Spiegeln der langen Seiten dementsprechend frequentiert, während sie jetzt in vielen Reitbahnen ziemlich verwaist erscheinen. Wären die Spiegel eines Tages weg, wem würden sie fehlen?

Zum Abschluß noch ein kleiner Hinweis, wie man die Qualität einer Kurzkehrtwendung auch ohne Spiegel prüfen kann: Läuft – bei der Ausführung aus dem versammelten Trab das Pferd in einem flachen, eiligen Hundetrab aus der Wendung heraus, dann war das ganze Kurzkehrt nichts wert; tritt es aber aus der Wendung kürzer, energischer, federnder an, was man sehr deutlich spürt, dann ist man dem Hauptzweck der Übung, Erhöhung der Versammlung, zweifellos sehr nahe gekommen.

Schulterherein und Konterschulterherein

Wie das geradegerichtete Pferd an eine gerade, so ist das gebogene Pferd in seiner Vorwärtsbewegung an eine gebogene Linie gebunden. Es kann aber auch das gebogene Pferd auf einer geraden Linie geritten werden, wenn man ihm erlaubt, mit seinen Vorder- oder Hinterbeinen überzutreten.

Dieser ebenso einfache wie geniale Grundgedanke bildet das Prinzip aller Seitengänge, wie sie auch heißen mögen. Das Übertreten der Beine ist somit nicht der Zweck, sondern nur eine Folge der Biegung.

Für die Ausbildung eines Dressurpferdes stellen die Seitengänge ein geradezu unentbehrliches Mittel dar. Ihr Zweck ist ein mehrfacher und ihre Anwendung so bedeutungsvoll, daß sie ab einem gewissen Ausbildungsstadium nahezu täglich geübt werden müssen, ebenso wie die Etüden des Konzertpianisten, die regelmäßige Gymnastik des Leistungssportlers oder des Ballettänzers.

Durch die Seitengänge wird das Pferd zunächst einmal stufenweise an eine stärkere Längsbiegung seines Körpers gewöhnt. Da dies nach beiden Seiten erfolgen muß, ist leicht einzusehen, daß hierdurch ein durchgreifender, gymnastischer Effekt entsteht. Die Bewegung auf zwei Hufschlägen bringt aber noch andere Auswirkungen mit sich. Da die von den Hinterbeinen ausgehende Schiebkraft nicht mehr genau in Richtung der Vorwärtsbewegung wirkt, wird sie dadurch eingeschränkt und das Pferd veranlaßt, sich mehr aufzunehmen. Seitengänge erleichtern demnach besonders bei sehr bewegungsfreudigen Pferden, deren Schiebkraft auf einfachem Hufschlag nicht so leicht zu regulieren ist, die Versammlung. Es kann aber genausogut bei bereits entsprechend geschulten Pferden die Biegung und Versammlung erhöht beziehungsweise verfeinert werden. Das Übertreten der Vorder- oder Hinterbeine macht das Pferd geschickt in seinen Bewegungen, die Reaktion auf die Hilfen, vor allem auf die seitwärtstreibenden, wird verbessert, was wieder der Durchlässigkeit zugute kommt. Durch die stärkere Belastung, der die Hinterbeine in allen richtig gerittenen Seitengängen unterliegen, werden diese vormehrt gebogen, dadurch elastischer und im Abschwung kräftiger, was sich in energischeren, raumgreifenderen Verstärkungen auswirken wird.

Neben diesen allgemeinen Vorteilen hat natürlich jeder Seitengang seinen ganz speziellen Zweck, auf den wir bei der Behandlung der einzelnen Übungen auf zwei Hufschlägen noch zurückkommen werden. Dem Reiter verschaffen die Seitengänge viele Einwirkungs- und Formungsmöglichkeiten.

Selbstverständlich kann man diesen mehrseitigen Nutzen nur dann erwarten, wenn die Seitengänge wirklich tadellos und schulgerecht ausgeführt werden. Ist das nicht der Fall, so werden sich die zahlreichen Vorteile bald in ebenso zahlreiche Nachteile verwandeln. Das fleißige Üben der Seitengänge schließt ferner ein gewisses Maßhalten dabei nicht aus, denn jede noch so gute Sache wird durch Übertreibung bekanntlich zu einer schlechten, und das gilt auch für alle Lektionen der Reitkunst. Welches Maß das richtige ist, läßt sich wieder einmal nicht generell festlegen. Die Reitlehre ist eben kein Kochbuch und die Ausbildung des Dressurpferdes nach einem »Man nehme ...«-Rezept von vornherein zum Scheitern verurteilt.

Welche Seitengänge, auf welcher Hand und Linie, in welcher Reihenfolge und Dauer dem Pferd zu »verordnen« sind, das vermag allein der dressurerfahrene Reiter und Ausbilder zu erkennen und zu bestimmen. Er weiß und sieht, wann die richtige Ausführung und der Zweck erreicht sind bzw. welches Pensum für jedes Pferd erforderlich ist. Der weniger fortgeschrittene Reiter lasse sich lieber beizeiten beraten und kontrollieren, bevor er sein Pferd durch falsch verstandene oder nicht sehr gekonnte Dressurarbeit zugrunderichtet.

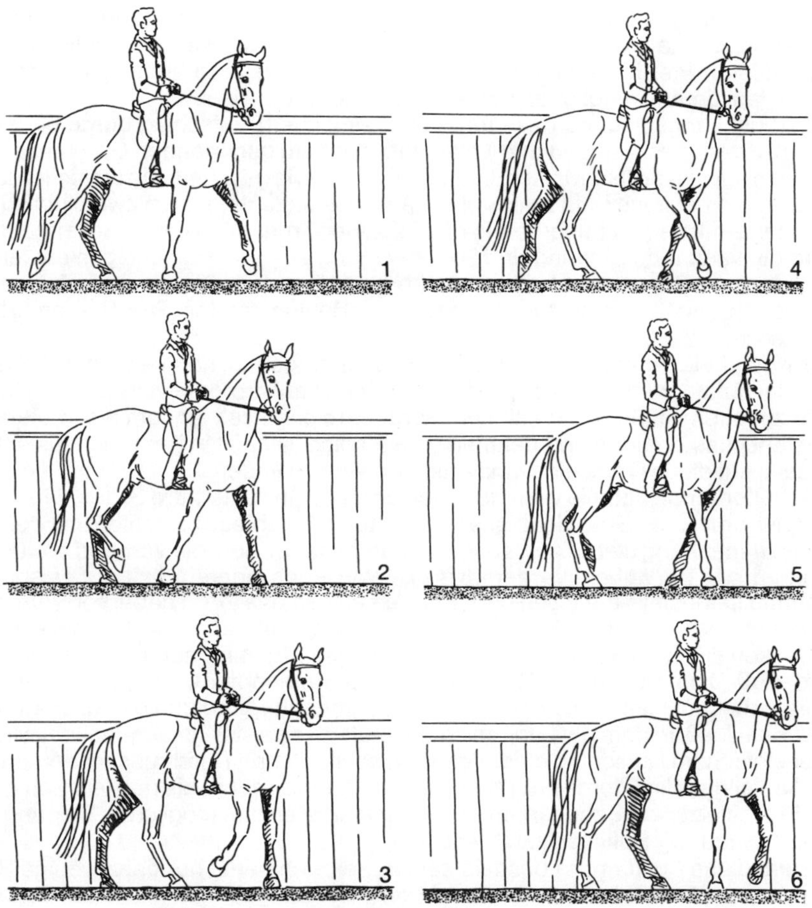

Abb. 26: Schulterherein rechts im Schritt an der Bande

Zurückkommend auf unser eigentliches Thema sei zunächst daran erinnert, daß es schon beim ersten Geraderichten des Pferdes an der Bande, also beim Anreiten des jungen Pferdes nötig war, die Schultern ein wenig nach innen zu führen.

Fast alle rohen Pferde haben das Bestreben, mit äußerer Hüfte und äußerer Schulter der Bande gleich nahe zu bleiben. Da aber die Hüften wesentlich breiter als die Schultern sind, kommen sie dadurch in eine schiefe Richtung. Um diese auszugleichen und die verlangte Geraderichtung zu erzielen, nimmt man die Schultern mit beiden Zügeln etwas nach innen, bis die innere Schulter vor die innere Hüfte gerichtet ist, wodurch der innere Vorderfuß auf der Linie des inneren Hinterfußes spurt. Dabei muß aber der äußere Schenkel, unterstützt durch die Bande, dafür sorgen, daß der äußere Hinterfuß auf seiner bisherigen Linie bleibt und nicht etwa beim Hereinnehmen der Schulter ausfällt. Der innere Schenkel hat den inneren Hinterfuß auf seiner Linie zu halten und ein eventuelles Ausweichen nach innen zu verhindern. Wenn sich diese Richtung auch nicht gleich in den ersten Tagen erreichen lassen wird, so ist sie jedenfalls anzustreben, das heißt die Einwirkungen sollten vorsichtig darauf abzielen, denn an die Geraderichtung kann gar nicht früh genug gedacht werden; und es ist ein Irrtum zu glauben, das Anreiten junger Pferde bestünde darin, sie einfach laufen zu lassen, wie sie wollen.

In diesem »innere Schulter vor die innere Hüfte« oder »Schulter vor«, wie die Stellung kurz genannt wird, steckt also bereits der geringste Grad von Längsbiegung und das spätere Schulterherein. Deshalb wird diese Lektion, wenn es einmal soweit ist, richtig angerittenen und vorbereiteten Pferden erstaunlich wenig Schwierigkeiten bereiten, während andere plötzlich vor fast unüberwindlichen Hindernissen stehen.

Hat man die Längsbiegung des Pferdes auf einfachem Hufschlag durch engere gebogene Linien, Ecken, Wendungen und Volten bis zu einem genügenden Grad ausgearbeitet, so daß es sich auf diesen leicht in der Biegung halten sowie geschmeidig umstellen läßt, dann ist es Zeit, an die Lektionen auf zwei Hufschlägen heranzugehen. Am zweckmäßigsten beginnt man dabei mit dem Schulterherein *(Abb. 26),* der Grundschule aller Seitengänge, in der dem Pferd die verstärkte Biegung und Fortbewegung auf zwei Hufschlägen am leichtesten verständlich zu machen ist. Außerdem gewährt bei diesem Seitengang die Bande die wirkungsvollste Unterstützung, auf die man gerade zu Beginn der dem Pferd neuen Arbeit nicht verzichten sollte.

Bevor wir auf die Einzelheiten der Lektion näher eingehen, noch ein paar Worte zur der immer wieder auftauchenden Frage, ob Schulterherein auf drei oder vier Huflinien (nicht Hufschlägen) zu reiten ist. Die Diskussionen hierüber reichen seit langem bis in die höchsten Gremien der Dressurreiterei und nehmen gelegentlich viel Zeit in Anspruch. Es sollte doch möglich sein, auf diese Frage eine eindeutige Antwort zu finden.

Das Schulterherein hat, wie viele Übungen der Reitkunst, mehrere Grade. Die Abstellung kann sich nur nach dem Grad der bisher erreichten Längsbiegung richten, mit der sie in direktem Zusammenhang steht. Der geringste Grad besteht darin, die Vorhand so viel nach innen zu führen, daß der äußere Vorderfuß auf der Linie des inneren Hinterfußes spurt, wobei die Nachhand keinesfalls ausfallen darf. Betrachtet man das Pferd dabei von vorn oder hinten, so erkennt man drei Huflinien: Die erste wird vom äußeren Hinterfuß markiert, auf der zweiten decken sich äußerer Vorder- und innerer Hinterfuß und auf der dritten folgt der innere Vorderfuß. Dieser Grad der Abstellung wird zu Beginn der Übung bis in den mittleren Ausbildungsabschnitt geritten. Er reicht für das Campagnepferd und die Klasse M vollständig aus. In dem Maß, in dem die Längsbiegung stufenweise stärker ausgebildet wird, bis sie zuletzt auf einfachem Hufschlag einer Volte von sechs Schritt Durchmesser entspricht, wird auch die Abstellung des Pferdes auf zwei Hufschlägen vermehrt, bis das fertig ausgebildete Dressurpferd zuletzt sein Schulterherein mit der stärksten ihm möglichen Biegung und Abstellung auf reinen vier Huflinien zeigt *(Abb. 27).*

Man sieht diese Ausführung deshalb selten, weil sich heute nur ganz wenige Reiter die Zeit nehmen, ihre Pferde bis zu dieser Perfektion in der Längsbiegung auszubilden. Dabei ist zu bedenken, daß man den Durchmesser der kleinsten Volte vor einiger Zeit international mit sechs Meter festgelegt hat. Im Aufgabenheft gemäß LPO (»Anforderungen an das Reiten in Dressurprüfungen«) sind es immer noch sechs Schritt (à 80 cm = 4,8 m oder aufgerundet 5 m), und daraus entsteht ein um ein Sechstel kleinerer Kreis. Dieser stellt die stärkste Längsbiegung dar, die man vom Pferd verlangen kann, weil sich die Rippen der inneren Seite nicht noch mehr zusammenschieben lassen. Wird ein Pferd mit dieser Längsbiegung auf gerader Linie im Schulterherein geritten, so ergibt sich daraus gleichzeitig der höchste Grad der Abstellung, nämlich klare vier Huflinien, wobei die Entfernung des inneren Vorderfußes von der Linie des inneren Hinterfußes etwa einen Schritt beträgt.

Für den Ausbilder stellt sich die Frage: »Ist Schulterherein auf drei oder auf vier Huflinien zu reiten?« in dieser Form überhaupt nicht; er fragt lediglich »Wann ist Schulterherein auf drei und wann auf vier Huflinien zu reiten?«. Im Interesse der gleichmäßigen Durchbildung beider Seiten des Pferdes muß natürlich gefordert werden, daß die Abstellung auf beiden Händen gleich stark ist.

Als Erfinder der Übung gilt allgemein der französische Reitmeister de La Guériniere, scheint aber als solcher nicht festzustehen, denn Steinbrecht zum Beispiel nennt einen anderen Namen. Jedenfalls aber stammen von Guériniere eine präzise Beschreibung der Übung sowie ebensolche Skizzen, aus denen einwandfrei hervorgeht, daß die Erfinder und Barockmeister die Übung in ihrem Endstadium auf vier Huflinien geritten haben. Wenn also das heutige S-Pferd die gleiche Ausführung zeigt, dann liegt diese jedenfalls »im Sinne des Erfinders«.

Es kann demnach niemals als fehlerhaft gelten, wenn man in einer internationalen Dressurprüfung, etwa dem Sankt Georgspreis, in dem Schulterherein auf beiden Händen verlangt

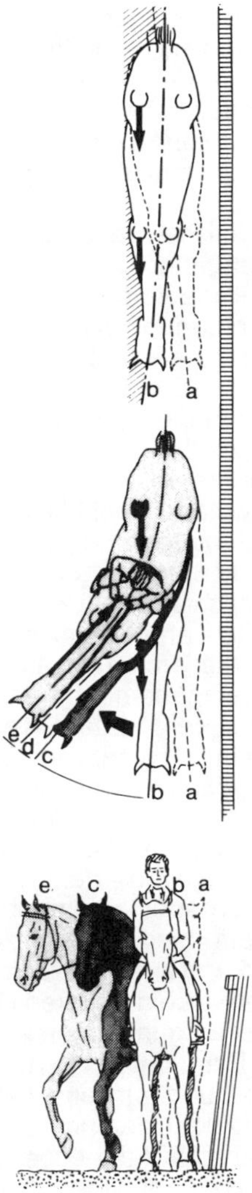

Abb. 27. a = rohes Pferd; *b* = geradegerichtetes Pferd (innere Schulter vor der inneren Hüfte); *c* = geringster Grad der Abstellung, ca. 30°, Anfangsübung; innerer Hinterfuß spurt auf der Linie des äußeren Vorderfußes; *d* = mittlerer Grad der Abstellung, ca. 35°; *e* = höchster Grad der Abstellung; es ergeben sich klare vier Huflinien. *Bemerkung:* In der untersten Darstellung wurde der mittlere Abstellungsgrad (d) nicht eingezeichnet, um Unklarheiten zu vermeiden

wird, dieses bei voller Biegung auf vier Huflinien reitet. Selbstverständlich muß auch die tadellose Ausführung auf drei Huflinien genügen. Aber die hohen Noten sollten diejenigen Pferde erhalten, die mit den Hinterbeinen genau auf der Mittellinie und fast geradeaus tretend, der innere Hinterfuß in Richtung gegen den äußeren, die Vorhand ohne Knick im Hals oder am Widerrist so weit hereinstellen, daß dadurch vier Huflinien entstehen; dies bei völlig geregeltem, ausdrucksvollem Gang, hoher Versammlung und entsprechender Selbsthaltung.

Daß die Seitengänge früher in FEI-Aufgaben auf der Mittellinie zu zeigen waren, hatte seine guten Gründe. An der begrenzten langen Seite kann man (natürlich innerhalb gewisser Grenzen) allerhand »zaubern«, was auf der Mittellinie nicht so ohne weiteres möglich ist. Da heißt es die Karten auf den Tisch legen. Um die gleichmäßige Biegsamkeit beider Seiten zu prüfen, wäre es in höheren Prüfungen sogar denkbar, bei einmaligem Durchreiten der Mittellinie Schulterherein nach beiden Seiten zu verlangen. Da würde man sehr deutlich sehen, welche Pferde sich ohne Gangverlust leicht und willig biegen und dabei genau auf der Linie bleiben.

Nun aber zurück zum Thema. Jedes Pferd läßt einem einfühlsamen Reiter erkennen, wann der Zeitpunkt zum Beginn der Seitengänge gekommen ist. Bei den ersten Versuchen werden sich dennoch sehr unterschiedliche Verhaltensweisen ergeben. Auch bei genügender Vorbereitung werden die einen trachten, durch Ausfallen mit dem äußeren Hinterfuß der zunächst unangenehmen Biegung auf gerader Linie zu entgehen. Anderen wieder wird das Halten der Linie schwerfallen, was sich durch Rückwärtskriechen (dem die Bande allerdings Grenzen setzt) oder Hineindrängen in die Bahn äußern wird. Selbst bei Pferden, die vom Schenkelweichen her die Arbeit auf zwei Hufschlägen kennen, werden beim Schulterherein gewisse Anfangsschwierigkeiten auftreten, weil dieses eben ganz andere Anforderungen stellt. Man soll daher das Schenkelweichen nicht länger als nötig üben und nach Erreichen des beabsichtigten Zweckes zum Schulterherein übergehen, bevor es dem Pferd zur Gewohnheit wird, ohne oder mit zu wenig Biegung auf zwei Hufschlägen zu gehen. Das »Reiten in Stellung« (siehe »Richtlinien für Reiten und Fahren«, Band II, 5. Aufl.) sollte dem Pferd ebenfalls keinerlei Schwierigkeiten bereiten, ehe man an die Seitengänge herangeht.

Es empfiehlt sich sehr, schon bei den ersten Ansätzen zum Schulterherein darauf zu achten, daß die Vorhand nur so viel hereingenommen wird, als der äußere Schenkel imstande ist, gegenzuwirken und dadurch das Pferd in der Biegung und auf der Linie zu halten. Die Qualität des Schulterherein hängt nämlich nicht von der Seitwärtsstellung, sondern von der dabei erzielten Biegung ab, was oft genug verwechselt wird. Bei dieser geringen Abstellung wird der Gang auch eher fleißig und geregelt bleiben, wenn er dies vorher gewesen ist. Verlangt man gleich zu Beginn eine stärkere Abstellung, dann ist es kaum zu vermeiden, daß aus dem Schulterherein ein »Kruppe hinaus« wird – der größte Fehler, der bei dieser Lektion (abgesehen von Gangunreinheiten) überhaupt vorkommen kann. Deshalb läßt sich ein schulgerechtes Schulterherein nur mit dem »biegenden Sitz« reiten, in dem der innere Schenkel am Gurt, wo er die nachhaltigste Wirkung ausübt, kräftig seitwärtstreiben kann, während der weiter zurückliegende äußere Schenkel den äußeren Hinterfuß scharf auf seiner Linie kontrolliert, weil mit dessen Ausfallen die Biegung sofort aufgehoben würde.

Es wird vorausgesetzt, daß das Pferd bereits in richtiger Stellung und Biegung aus der Ecke kommt (wir also in dieser Beziehung auf keine Einzelheiten eingehen müssen), bevor man den Seitengang ansetzt. Beide Zügel, der innere vorwirkend, nehmen die Vorhand auf den zweiten Hufschlag herein; danach führt der äußere Zügel (zusammen mit dem inneren Schenkel) seitwärts, hält dabei den Hals am Widerrist gerade, muß aber zulassen, daß sich der größere Teil der Halsmuskulatur auf die äußere Seite des Halses verlagern kann. Er sorgt dafür, daß der Hals am Widerrist festgestellt bleibt und nicht nach innen abknicken kann, das Pferd mit der äußeren Schulter nicht ausfällt und die Längsbiegung nicht stärker wird, als es der Abstellung entspricht. Der innere Zügel erhält durch die Kopfstellung die ständige Weichheit der inneren Seite und wird dabei vom äußeren Schenkel nachhaltig unterstützt. Die Zügelhilfen sollen dabei in Richtung des Oberkörpers wirken und das Pferd nicht etwa seitwärts ziehen, sondern richtiggehend führen *(Abb. 28)*.

Der Oberkörper des Reiters wird so weit nach innen gedreht, als die Schultern des Pferdes vom Hufschlag abgestellt sind.

Sehr wichtig ist die Blickrichtung, die ausnahmsweise nicht zwischen den Pferdeohren geradeaus führt, sondern entlang der Linie zu nehmen ist, die das Pferd zu gehen hat. Nur auf diese Weise kann man das Einhalten der Linie vom Sattel aus genau kontrollieren.

Im Körper des Reiters sind somit mehrere Drehungen nötig, weshalb man diesen Sitz auch sehr bezeichnend »Drehsitz« nennt. Die äußere Hüfte wird (entsprechend der Lage des äußeren Schenkels) zurückgerichtet; dafür kommt die äußere Schulter stärker nach vorne, weil der Oberkörper mehr dem Inneren der Bahn zugewendet wird. Hüften und Schultern des Reiters stehen damit parallel zu denen des Pferdes. Schließlich haben ja beide die gleiche Bewegungsrichtung.

Zuletzt wird noch der Kopf in die Richtung der zu reitenden Linie genommen, und das alles natürlich, ganz zwanglos, ohne jede Verkrampfung. Da damit schon ziemlich erhöhte Anforderungen an den Sitz des Reiters verbunden sind, ergibt sich daraus die Folgerung, Seitengänge erst zu unternehmen, wenn der Sitz des Reiters wirklich gefestigt, besser gesagt vollkommen losgelassen ist.

In der Praxis sieht man häufig, wie durch Sitzfehler dem Pferd die korrekte Ausführung des Seitenganges unmöglich gemacht wird. Sehr oft reichen die Einwirkungen der Reiter, deren »Drehsitz« noch unterentwickelt ist, nicht aus, die Nachhand mit dem äußeren Schenkel zu halten. Er wird vom Pferd einfach nach vorne geschoben, die Kruppe macht sich frei. In dem Irrglauben, der innere Schenkel würde um so stärker wirken, je weiter hinten er liegt, greift der Reiter mit diesem weit zurück und sitzt nun tatsächlich für diese Übung verkehrt am Pferd. Wird der Oberkörper nicht entsprechend gedreht, dann wirken obendrein die Zügelhilfen in die falsche Richtung. Das alles läßt sich viel häufiger beobachten, als man glaubt.

Zur Verteilung des Gewichtes wäre zu sagen, daß das Pferd im vollendeten Schulterherein den Reiter selbstverständlich nach innen setzt. Durch die stärkere Biegung des inneren Hinterfußes senkt sich die innere Hüfte, wodurch der Reiter zwangsläufig einen leichten Hang nach innen erhält. Es kann aber nötig sein, bei den ersten Übungen das Gewicht bewußt nach außen zu nehmen, um dem Pferd auch durch die Gewichtsverlagerung anzuzeigen, wohin es treten soll.

Sehr wichtig, wie bei vielen Lektionen, ist der Ansatz. Mißlingt er, dann ergibt das meist ein falsches Resultat, denn die Korrektur während des Seitenganges ist ziemlich schwierig und erfordert schon einige Routine. Meist ist es besser, das Pferd auf einem Hufschlag geradeaus zu nehmen und nochmals anzusetzen, wobei man die beiden vorhergehenden Ecken der kurzen Seite besonders sorgfältig durchreitet, das heißt auf saubere Längsbiegung und Tätigkeit des inneren Hinterfußes achtet. Danach soll die Vorhand nicht etwa plötzlich, ruckartig hereingestellt, sondern graduell, gleitend nach innen geführt werden. Der seitwärtstreibende Schenkel setzt erst gleichzeitig mit dem Erreichen der gewünschten Abstellung ein; beginnt er seine Tätigkeit zu früh (ein häufiger Fehler), so treibt er das Pferd an der Bande entlang geradeaus, und der Reiter wird kaum in der Lage sein, die Vorhand noch genügend abzustellen. Es genügt, wenn man auf der Höhe des ersten Wechselpunktes der langen Seite das Pferd auf zwei Hufschlägen hat. Zur Kontrolle der Abstellung noch ein kleiner Tip: Richtet man auf einem 20 x 60 m Viereck am Wechselpunkt die Vorhand zur Mitte der gegenüberliegenden langen Seite, so entspricht dies einer Abstellung von fast 40 Grad; zeigt die Vorhand zum diagonalen Wechselpunkt, so ergibt das ca. 35 Grad, und visiert man statt des Wechselpunktes die Ecke an, erhält man ungefähr 30 Grad Abstellung, was für die Anfangsübungen vollständig genügt.

Ist einmal eine gewisse Sicherheit in diesem Seitengang erreicht, dann wird man als richtige Ergänzung die Lektion »Konter-Schulterherein« dazunehmen. Der Vorteil dieser Übung besteht darin, daß man das Pferd sozusagen »gegen die Bande« reiten kann, was besonders dem äußeren Schenkel viel Einwirkungsmöglichkeit verschafft, ohne daß das Pferd dabei nach vorne weglaufen kann. Man kommt fast schneller zu reinen Biegungen als im gewöhnlichen Schulterherein, muß aber sehr darauf achten, daß sich das Pferd nicht allmählich nach hinten von der Linie entfernt. Man verhindert dies, indem man stets den gleichen Abstand zur Bande einhält, wodurch gleichzeitig die Vorhand richtig geführt wird *(Abb. 28)*.

Ist das Pferd in beiden Arten des Seitenganges auf gerader Linie genügend gefestigt, darin kann man durch die Ausführung auf gebogenen Linien die Anforderungen sinnvoll steigern. Warum dies fast ganz außer Gebrauch gekommen ist, soll hier nicht näher erörtert werden. Jedenfalls verzichtet man damit auf ein äußerst wirksames Mittel zur Verfeinerung der Geschmeidigkeit und des Schenkelgehorsams. Die altösterreichische Reitvorschrift (»Exercier-Reglement für die k. u. k. Cavallerie«) zum Beispiel sagt wörtlich: »Schulterherein wird vorzugsweise in der großen Tour geübt, kann aber auch an der Wand ausgeführt werden.« Auch die derzeit in Österreich geltende »Ausbildungsvorschrift für das Bundesheer (Reitvorschrift)« sieht die Übung auf der großen Tour ausdrücklich vor.

Man kann zunächst den Seitengang auch über die kurze Seite reiten und dabei die Ecken natürlich gut abrunden beziehungsweise ihn auf der Linie der halben Bahn fortsetzen.

Abb. 28: *A* = Schulterherein rechts im Trab (von oben, Seiten- und Vorderansicht); *B* = Konterschulterherein links im Trab (von oben, Seiten- und Vorderansicht). *h* = Hüften des Pferdes, Hüften des Reiters; *s* = Schultern des Pferdes, Schultern des Reiters

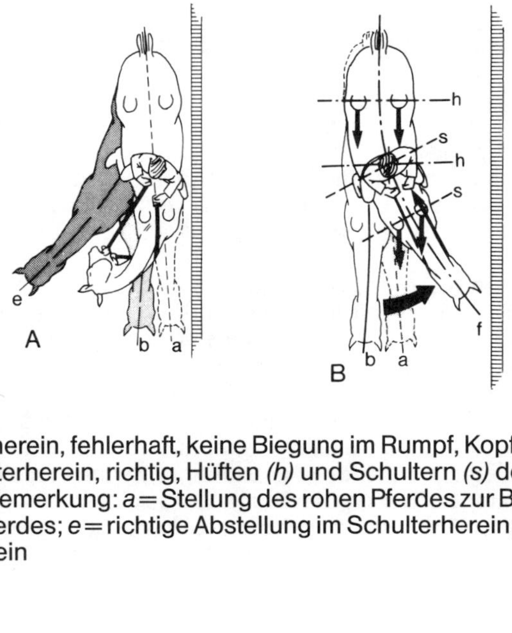

Abb. 29:A = Schulterherein, fehlerhaft, keine Biegung im Rumpf, Kopf und Hals herumgezogen; *B* = Konterschulterherein, richtig, Hüften *(h)* und Schultern *(s)* des Reiters und Pferdes parallel zueinander. Bemerkung: *a* = Stellung des rohen Pferdes zur Bande; b = Stellung des geradegerichteten Pferdes; *e* = richtige Abstellung im Schulterherein; *f* = richtige Abstellung im Konterschulterherein

Auf allen gebogenen Linien bestehen nun zwischen Schulterherein und Konterschulterherein prinzipielle Unterschiede. Beim Schulterherein hat die Nachhand den längeren Weg, was den inneren Hinterfuß und den inneren Schenkel des Reiters zu vermehrter Tätigkeit zwingt. Dabei darf aber die Kruppe nicht »schleudern«, das heißt sie muß vom äußeren Schenkel geschickt aufgefangen und das Pferd dadurch in seiner Biegung erhalten werden; trotzdem muß der Hinterhand genügend Raum für die größere Linie verbleiben. Das erfordert schon sehr viel Gefühl!

Im Konterschulterherein muß sich das Pferd von selbst etwas mehr aufnehmen, weil die Nachhand auf dem kürzeren Weg zu treten hat. Man kann ihr deshalb auch mehr Gewicht zuschieben. Der äußere Zügel ist zugleich der wendende, das Pferd muß an diesen ständig vermehrt herantreten; und daraus ergibt sich, daß das Konterschulterherein auf gebogenen Linien besonders geeignet ist, das Pferd in sich zusammenzuschieben.

Als letztes versäume man nicht, die Seitengänge auch auf dem zweiten Hufschlag und danach auf der Mittellinie zu üben, um festzustellen, ob das Pferd wirklich auf der Linie völlig sicher ist oder nicht doch, des gewohnheitsmäßigen Haltes einer festen Bande beraubt, ins »Schwimmen« gerät.

Zur Verbesserung des Schulterherein eignet sich auch sehr die Kombination mit Volten. Hat man zum Beispiel vor Beginn des Seitenganges das Gefühl, die Biegung auf einem Hufschlag läßt noch etwas zu wünschen übrig, so werden eine oder mehrere Volten Abhilfe schaffen; ebenso, wenn im Verlauf der langen Seite die Biegung oder der Fleiß verlorenzugehen drohen – eine Volte läßt sich immer und überall »einbauen« und wird stets ihren Zweck erfüllen: auf einfachem Hufschlag den Gang zu beleben und die Biegung zu verbessern.

Wird zu viel an die Seitwärts- und zu wenig an die Vorwärtsbewegung gedacht, dann vergißt man leicht, das Pferd ständig ein wenig vorwärts gegen die Zügel zu drücken, damit es sich nicht nach hinten verkriecht und die Versammlung erhalten bleibt. Andernfalls tritt der äußere Hinterfuß zu wenig vor, das Pferd wird zu lang, nimmt zu wenig Anlehnung, die Versammlung wird immer geringer, bis zuletzt die Vorhand zu wenig gestützt ist und daher das Pferd sich nicht mehr tragen kann – es läuft ohne Aufrichtung auf der Hand liegend dahin *(Abb. 29)*.

Sollte es dazu kommen, daß das Pferd hinten ausläßt, das heißt mit den Hinterbeinen nicht mehr genügend weit und fleißig vortritt, womöglich die Linie nach hinten verläßt (was auch an der Bande möglich ist), dann treibt man es am besten ganz entschlossen einige energische Tritte in Richtung der Abstellung in die Bahn hinein, bis man es wieder geschlossen und die Hinterbeine ordentlich herangeholt hat, um den Seitengang auf der neuen Linie fortsetzen zu können.

Eine sehr gute Abhilfe besteht bei solchen Pferden auch im stufenweisen Anlegen des Seitenganges: Man beginnt Schulterherein am Wechselpunkt der langen Seite; nach etwa 10–15 m reitet man, mit dem äußeren Schenkel vortreibend, ins Bahninnere bis zur Viertellinie (es ist dies die wenig bekannte Linie, die die Entfernung der Mittellinie von der langen Seite halbiert und damit die Bahn vierteilt), dort wieder Schulterherein, dann weiter zur Mittellinie, nochmals einige Tritte Schulterherein, dann zur nächsten Viertellinie und danach abwenden, denn dann werden die 60 m wahrscheinlich zu Ende sein.

Zusammenfassend sei bemerkt, daß zum gewöhnlichen Grad des Schulterherein auf drei Huflinien keine besondere Begabung wie zu manchen anderen Lektionen gehört. Es kann von jedem Reitpferd, das überhaupt Anspruch auf diese Bezeichnung erhebt, geleistet werden, vorausgesetzt, daß man mit Verständnis beginnt, stufenweise steigert und fleißig übt in den höheren Dressurstufen selbstverständlich auch im Galopp. Wird diese Übung derzeit auch in keiner Dressuraufgabe verlangt (warum eigentlich nicht?), so ist sie für die Ausbildung doch von hohem Wert, als Vorbereitung für richtige Galopptraversalen und Pirouetten kaum entbehrlich, worauf wir noch zurückkommen werden. Da die Pferde besonders im Galopp dazu neigen, mit der Hinterhand nach innen auszuweichen, weil diese Stellung den Galopp begünstigt, bietet doch gerade das Schulterherein im Galopp ein vorzügliches Mittel, die Geraderichtung und auch die Biegung des Pferdes in dieser Gangart zu vervollkommnen. Es wird nach den gleichen Grundsätzen wie im Trab geritten, allerdings mit geringerer Abstellung, da die Schulterherein-Richtung dem Galopp hinderlich ist. Über drei Huflinien sollte man daher keinesfalls hinausgehen, wenn der Gang noch rein bleiben soll.

Im Konterschulterherein-Galopp kommt man hartnäckig schiefen Pferden besser bei als im Kontergalopp, bei dem vornehmlich in den Wendungen das seitliche Ausweichen nur schwer zu verhindern ist, wenn es die Pferde einmal längere Zeit hindurch gewöhnt sind. Der Galopp an sich ist eben erst dann wirklich gerade, wenn man in dieser Gangart den inneren Hinterfuß beliebig, das heißt auf allen Linien beherrscht.

Wie soll man – um endlich zu einem Schluß zu kommen – die Übung Schulterherein am zweckmäßigsten beenden? Normalerweise richtet man die Vorhand auf die Linie der Hinterhand aus und führt das Pferd auf dem ursprünglichen Hufschlag weiter. So wird es in den Dressurprüfungen verlangt und daher auch meist so gemacht. Es lohnt sich aber, in der täglichen Arbeit gelegentlich das Umgekehrte zu tun, nämlich mit dem äußeren Schenkel die Hinterhand auf die Linie der Vorhand hereinzudrücken und am zweiten Hufschlag weiterzureiten. Dadurch wird die Weichheit der inneren Seite am besten erhalten und gleichzeitig auch der Ansatz zum Travers vorbereitet.

TRAVERS UND RENVERS

Bei diesen beiden Übungen kommt es öfter zu Irrtümern beziehungsweise zu Verwechslungen und es empfiehlt sich daher, einige grundsätzliche Unterscheidungen voranzustellen. Der besseren Übersicht halber soll der Renvers getrennt vom Travers behandelt werden.

»Travers« (= Quergang) oder »Kruppe herein« lautet die Bezeichnung der Lektion. Das Zeitwort dazu heißt traversieren. Traversale nennt man die Ausführung der Lektion auf einer Linie, die die Reitbahn in mehr oder weniger spitzem Winkel quert.

In den »Regeln für Dressurturniere« der FEI wird der Travers wie folgt charakterisiert:

»Travers (Kopf zur Wand). Das Pferd ist leicht um den inneren Schenkel des Reiters gebogen. Die äußeren Füße treten vor und über die inneren. Das Pferd blickt in die Richtung seiner Bewegung. Travers wird entlang der Wand oder besser auf der Mittellinie ausgeführt, mit einem Abstellungswinkel von etwa 30 Grad zu der Richtung seiner Bewegung.« *(Abb. 30)*

Die Definition der Traversale (Art. 412, 8.) lautet:

»Traversale. Diese ist eine Variante des Travers, die auf der Diagonalen statt entlang der Wand ausgeführt wird. Das Pferd sollte leicht um den inneren Schenkel des Reiters gebogen sein, um der Schulter mehr Beweglichkeit und dadurch der Lektion mehr Leichtigkeit und Eleganz zu verleihen. Die äußeren Füße treten vor und über die inneren. Das Pferd blickt in die Richtung, in die es sich bewegt. Es sollte während der ganzen Lektion die gleiche Kadenz und Selbsthaltung behalten.«

Wenn es in diesem Absatz heißt: »Die Traversale ist eine Variante des Travers«, so ist damit gemeint, daß die Traversale auf anderen Linien als der Travers geritten wird; Travers entsprechend den Turnierregeln der FEI immer entlang oder gleichlaufend zur Wand (z. B. Mittellinie), die Traversale hingegen auf Querlinien. In der Ausführung selbst besteht kein Unterschied.

Während der täglichen Arbeit kann Travers selbstverständlich auch auf gebogenen Linien geübt werden (etwa in Wendungen oder auf dem Zirkel) und die Traversale auf jeder gedachten Querlinie, ohne daß sich an den Ausführungsgrundsätzen der Lektion etwas ändert.

Als Beispiel hierfür wäre auch eine Traversale von der Mitte zur gegenüberliegenden Mitte der langen Seite des Vierecks denkbar. Man wendet von der langen Seite auf die halbe Bahn ab und wenn das Pferd während der Wendung den Abstellungswinkel von ca. 30 Grad zur Querlinie erreicht hat, wird durch Verstärken der äußeren Einwirkungen geradeaus, aber mit hereingestellter Kruppe auf zwei Hufschlägen weitergeritten; kurz vor Erreichen der Wand wird der Seitengang beendet, das Pferd auf einen Hufschlag geführt und gewendet *(Abb. 31)*.

Nun zu den Besonderheiten des Travers gegenüber dem bereits besprochenen Schulterherein. Die Längsbiegung bleibt gleich, aber im Travers geht die Vorhand fast geradeaus und die Hinterhand ist nach innen gestellt. Das Pferd tritt dabei hauptsächlich mit dem äußeren Hinterbein über und wird dazu durch die äußeren Hilfen des Reiters veranlaßt. Es bewegt sich in die Richtung seiner Biegung. Soviel zu den Unterschieden zwischen Lektionen auf gerader Linie. In Wendungen und auf gebogenen Linien haben im Travers die Hinterbeine den kürzeren Weg, wodurch sie etwas stärker belastet werden. Wendungen im Travers sind daher für das Pferd anstrengender als im Schulterherein, weil sie eine stärkere Versammlung bedingen. Die Steigerung der Anforderung, die der Travers gegenüber dem Schulterherein enthält, kommt somit erst in den Wendungen und auf gebogenen Linien voll zur Geltung. Man sollte daher die Übung auch auf einem ca. 20 m großen Quadrat reiten (die halbe Bahn des 20 x 40 m Vierecks) und sich dabei vergewissern, daß auch in allen Wendungen, die nun regelmäßig aufeinander folgen, die Hauptpunkte der Lektion, besonders der Fluß der Bewegung bei stärker belasteter Hinterhand erfüllt sind *(Abb. 32)*.

Das Hereinstellen der Kruppe ist bei dieser Übung das wenigste; die meisten Pferde nei-

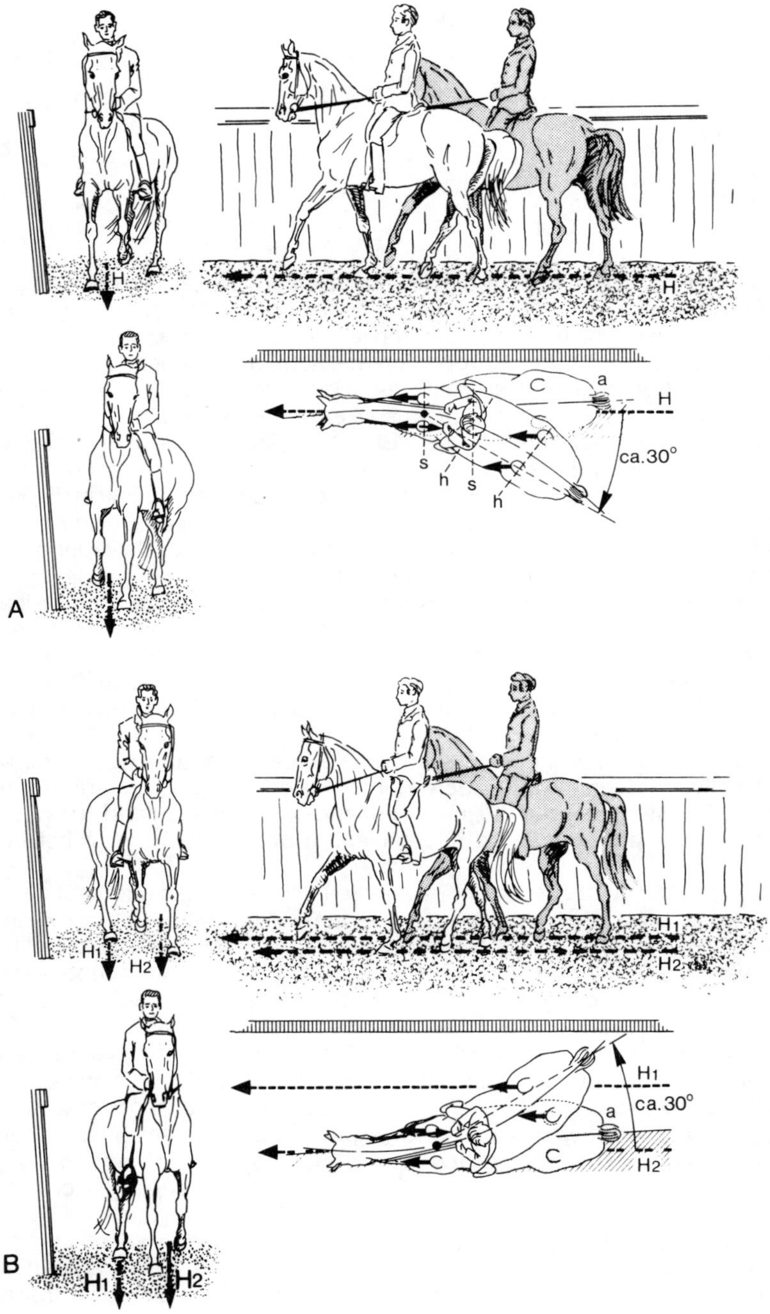

Abb 30: *A* = Travers links im Trab (von oben, Seiten- und Vorderansicht); *B* = Renvers rechts im Trab (von oben, Seiten- und Vorderansicht). *H* = Hufschlag; *H 1* = äußerer Hufschlag; *H 2* = zweiter Hufschlag. *h* = Hüften des Pferdes, Hüften des Reiters; *s* = Schultern des Pferdes, Schultern des Reiters

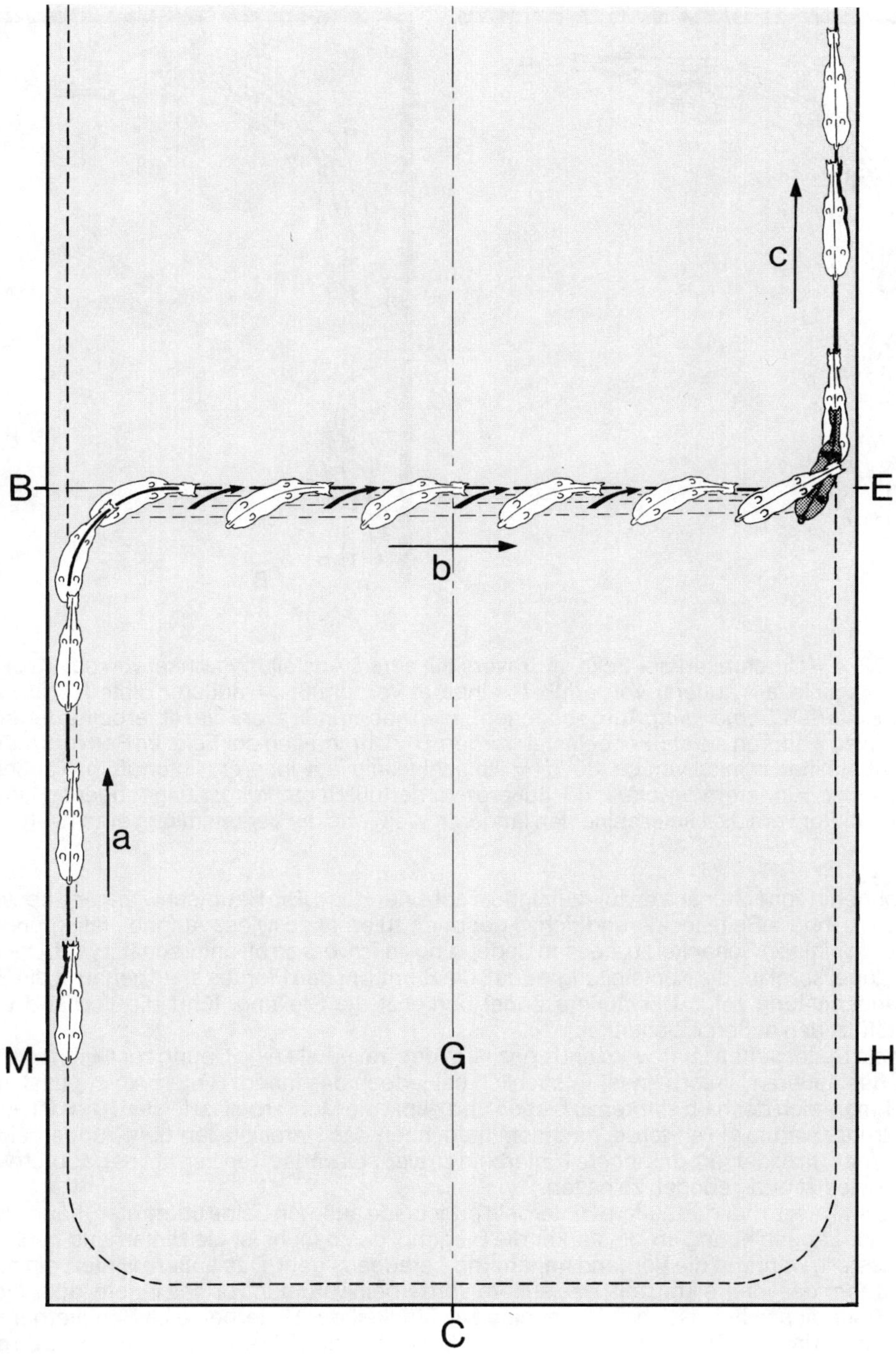

Abb. 31: Traversale von B zu E

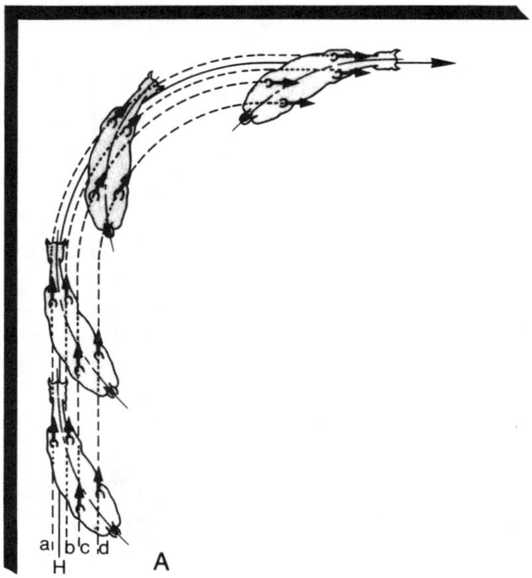

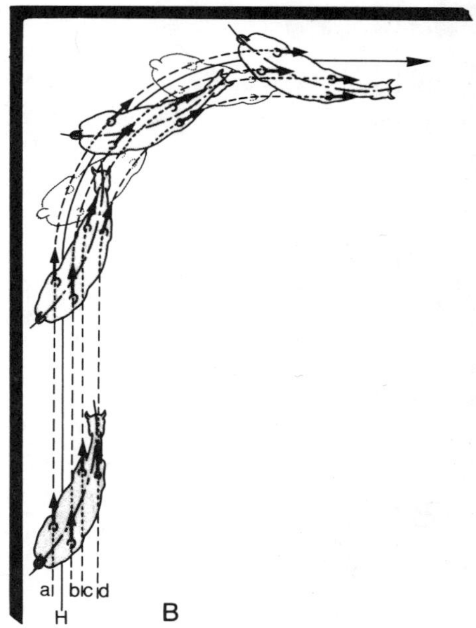

Abb. 32: A = Durchreiten der Ecke im Travers mit einem Abstellungswinkel von ca. 30°. H = Hufschlaglinie. *a* = äußerer Vorderfuß; *b* = innerer Vorderfuß; *c* = äußerer Hinterfuß; *d* = innerer Hinterfuß. *Bemerkung:* Auf gebogenen Linien haben im Travers die Hinterbeine den kürzeren Weg wodurch sie stärker belastet werden. *B* = Durchreiten der Ecke im Renvers mit einem Abstellungswinkel von ca. 30°. *H* = Hufschlaglinie. *a* = innerer Hinterfuß; *b* = äußerer Hinterfuß; *c* = innerer Vorderfuß; *d* = äußerer Vorderfuß. *Bemerkung:* Auf gebogenen Linien haben im Renvers die Hinterbeine den längeren Weg, was die Versammlung erschwert

gen ohnehin von Natur aus dazu – zumindest auf einer Hand. Die Hauptschwierigkeit besteht darin, die innere Seite locker und richtig gebogen zu erhalten. Diese Aufgabe fällt größtenteils dem inneren Schenkel zu, dessen Bedeutung im Travers so oft unterschätzt wird. Der innere Zügel sorgt für die Kopfstellung, sodaß die Stirnfront des Pferdes stets genau in die Bewegungsrichtung zeigt. Der äußere Zügel begrenzt die Stellung, führt die Vorhand und unterstützt den äußeren Schenkel.

Viele Reiter sehen im Travers und speziell in der Traversale eine Übung zur Gymnastizierung des äußeren Hinterbeines. Tatsächlich hat jedoch das innere Hinterbein die Last aufzunehmen, sich deshalb stärker zu biegen und damit die Mehrarbeit zu leisten. Dies ist auch der Grund, warum viele Pferde, nachdem man ihnen das Hereinstellen der Kruppe beigebracht hat, dazu neigen, das innere Hinterbein zu weit seitwärts zu setzen um es dadurch weniger belastet und gebogen zu halten.

Ob im Travers nur das äußere Hinterbein oder beide äußeren Beine übertreten, hängt vom Grad der Längsbiegung ab. Je stärker die Biegung, desto mehr ist die Hinterhand nach innen gestellt, während die Vorhand annähernd geradeaus geht. Das äußere Hinterbein muß daher über das innere kreuzen; das äußere Vorderbein wird nun vor das innere, aber nicht mehr über dieses hinweg gesetzt – analog zur Tätigkeit der Hinterbeine im Schulterherein, bei dem das innere Hinterbein zwar vor das äußere tritt, dessen Weg aber nicht kreuzt. Je geringer die Biegung, desto leichter fällt dem Pferd das gleichzeitige Übertreten hinten und vorne, was ja speziell beim Schenkelweichen zu beobachten ist.

In der Galopptraversale ist das Übertreten erheblich erschwert, weil durch den geänderten Bewegungsablauf, der nun nicht mehr in zwei (wie im Trab), sondern in drei Stützphasen erfolgt, die äußeren Beine früher als die inneren auffußen und deshalb nicht mehr seitwärts über diese gesetzt werden können. Ein Übergreifen ist daher nur während der Schwebephase möglich.

Auch den Travers beginnt man, wie alle Seitengänge, mit geringer Abstellung und steigert sie im Laufe der Ausbildung bis zu dem in diesen Lektionen geforderten Maß.

Mit fortgeschrittenen Pferden werden die Seitengänge selbstverständlich auch im Galopp geritten. Es ist jedoch bei vielen, sonst durchaus routinierten Reitern eine gewisse Scheu vor dem Traversgalopp zu beobachten. Verständlich, wenn man bedenkt, daß die Pferde sich im Galopp durch Hereinstellen der Kruppe gern schiefmachen, und es den Reiter zu Beginn der Ausbildung einige Mühe kostet, das Pferd besonders im Galopp und Außengalopp ausreichend geradezurichten. Dieses Stadium sollte allerdings mit dem Erreichen der Klasse L beendet sein, denn in dieser darf man auf den geraden Linien bereits ein in allen Gangarten gerades, auf den gebogenen Linien ein bis zum zweiten Grad sauber gebogenes Pferd erwarten. Berücksichtigt man noch die in L geforderten Übergänge und Lektionen (Kurzkehrtwendungen, Außengalopp, einfacher Galoppwechsel, Rückwärtstreten, usw.) sowie die Entwicklung der vollständigen Skala vom versammelten bis zum starken Trab, so wird ohne weiteres klar, daß oft mehr als die Hälfte aller Starter in dieser Klasse zu früh dran ist. Die richterliche Erfahrung bestätigt diese Feststellung immer wieder. Der Sprung von A nach L ist nämlich viel größer, als manche Reiter glauben. Allein die Kandarenzäumung setzt ein in Bezug auf Geraderichtung und Durchlässigkeit ziemlich weit gefördertes Pferd voraus. Wie oft zeigen sich in den höheren Klassen nur deshalb Schwierigkeiten, weil das betreffende Pferd oder der Reiter über keine genügende L-Grundlage verfügen. Ein Versäumnis, das sich um so schwerer nachholen läßt, je älter beide ohne diese Schulung geworden sind.

Sobald das Pferd gelernt hat, beim Angaloppieren, im weiteren Verlauf des Galopps und im Außengalopp den inneren Hinterfuß auf der Linie des inneren Vorderfußes zu halten und dadurch genügend zu biegen, sollten auch die Seitengänge im Galopp in das weitere Arbeitsprogramm eingebaut werden, wobei zu Beginn ganz geringe Abstellungen (etwa eine Hufbreite) vollständig genügen. Auch beim fertiggestellten Seitengang im Galopp bleibt die Abstellung etwas geringer als im Trab und erreicht ihr Maximum auf drei Huflinien (*Abb. 33 B).*

Ohne Galopparbeit auf zwei Hufschlägen an der Bande werden sich weder die Galopptraversalen, die schon in Klasse M verlangt werden, noch später die halben und ganzen Pirouetten im Galopp sauber herausarbeiten lassen.

Selbstverständlich wird man sein Pferd im Traversgalopp sorgfältig überwachen und sogleich zum Galopp auf einem Hufschlag bzw. zum Schulterhereingalopp zurückkehren, wenn es versuchen sollte, durch zu starkes Hereinstellen der Hinterhand (aus dem das Vorauseilen der Kruppe in den Traversalen entsteht) sich der Biegung des inneren Hinterfußes und damit der eigentlichen Arbeit zu entziehen. Dieser Punkt ist beim Travers und Renvers in allen Gangarten besonders zu beachten. Die Pferde lernen sehr schnell, durch Abknicken am Widerrist oder Verbiegen in den Lendenwirbeln die Hinterbeine zu stark seitwärts zu setzen und dadurch speziell das innere zu entlasten. Um diesen Fehler zu vermeiden, darf man den äußeren Schenkel nicht stärker wirken lassen, als es zum Erreichen der verlangten Abstellung nötig ist. Der äußere Zügel stellt den Hals am Widerrist fest. Die inneren Hilfen kontrollieren die Weichheit der inneren Seite und die Linie des inneren Hinterfußes. Läuft dieser in der Traversale seitlich weg, wodurch das Pferd »abrutscht« (das heißt zu viel seitwärts tritt und dadurch zu früh an der Wand anlangt), so wird man vorübergehend den inneren Schenkel stärker als den äußeren wirken lassen müssen, um die Traversale korrekt zu erhalten.

Auch der Travers und die Traversale sind Übungen für den inneren Hinterfuß, wenn es auf den ersten Blick auch nicht so aussieht, weil man mit den äußeren Hilfen den äußeren Hinterfuß zum Übertreten veranlaßt, was diesen natürlich auch in Anspruch nimmt. Der innere Hinterfuß hat aber in Richtung der Last zu treten, zu stützen und sich federnd zu biegen, wenn die Übung ihren Zweck erfüllen soll, und daher ist sein Freimachen seitwärts normalerweise einer der größten Fehler, die bei dieser Lektion überhaupt vorkommen können *(Abb. 34).* »Normalerweise« soll heißen, daß es auch Pferde gibt, denen der Travers recht schwerfällt. Sie erfordern sehr nachhaltige Einwirkungen, und wenn es dadurch während der Arbeit einmal vorkommt, daß die Kruppe an der Wand zuviel nachgibt oder in der Traversale vorausgeht, dann ist der Schaden nicht allzu groß, denn durch Nachlassen der Einwirkungen zum richtigen Seitengang zu gelangen ist allemal leichter als ihn durch außergewöhnlich starke

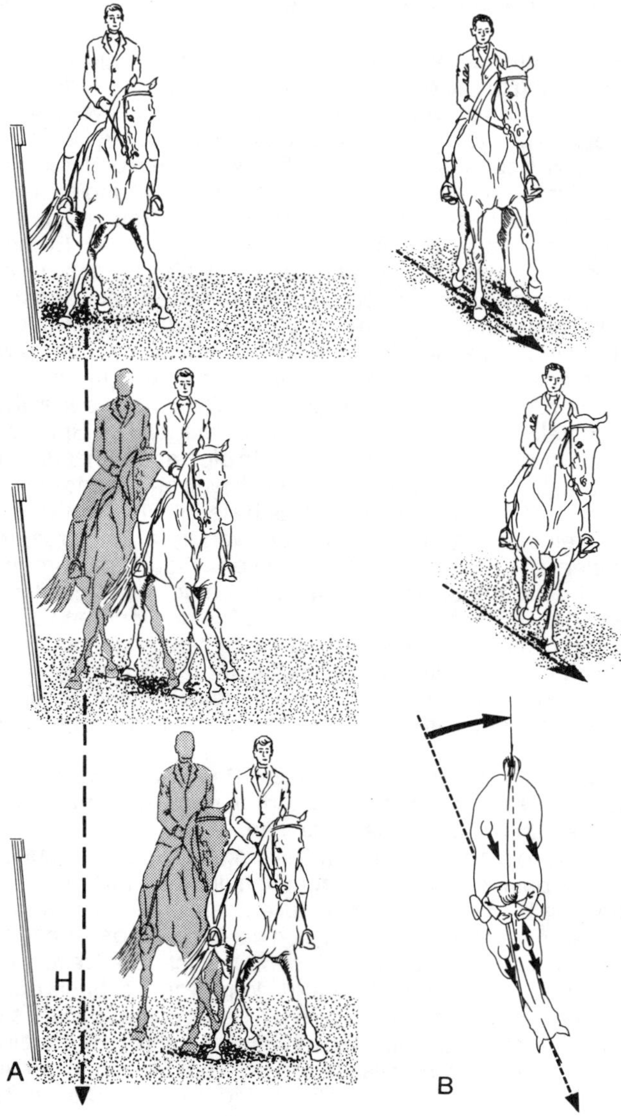

Abb. 33: A = Trabtraversale nach links mit deutlichem Übertritt des äußeren Hinterfußes. *B* = Galopptraversale nach links auf der Wechsellinie (Dressurviereck 20 x 60 m). Abstellungswinkel ca. 20° (parallel zu langen Seite); *H* = Hufschlag

Hilfen »erzeugen« zu müssen. Um den Fehler der vorausgehenden Kruppe zu beheben beziehungsweise gar nicht auftreten zu lassen, reiten wir gerne die (von uns so bezeichnete) »Stufentraversale«: Man beginnt im Schulterherein, schiebt nach einigen Tritten das Pferd mit dem äußeren Schenkel in die Traversale vor, drückt es nach ein paar Metern mit dem inneren Schenkel wieder ins Schulterherein und so fort, solange es die Abmessungen der Bahn zulassen. Diese Übung verbessert beide Lektionen, denn das Pferd darf im Schulterherein weder mit dem äußeren Hinterfuß ausfallen (sonst läßt es sich nicht in die Traversale vorschieben) noch beim Traversieren mit der Hinterhand vorausgehen, da in diesem Fall der Übergang zum Schulterherein mißlingt.

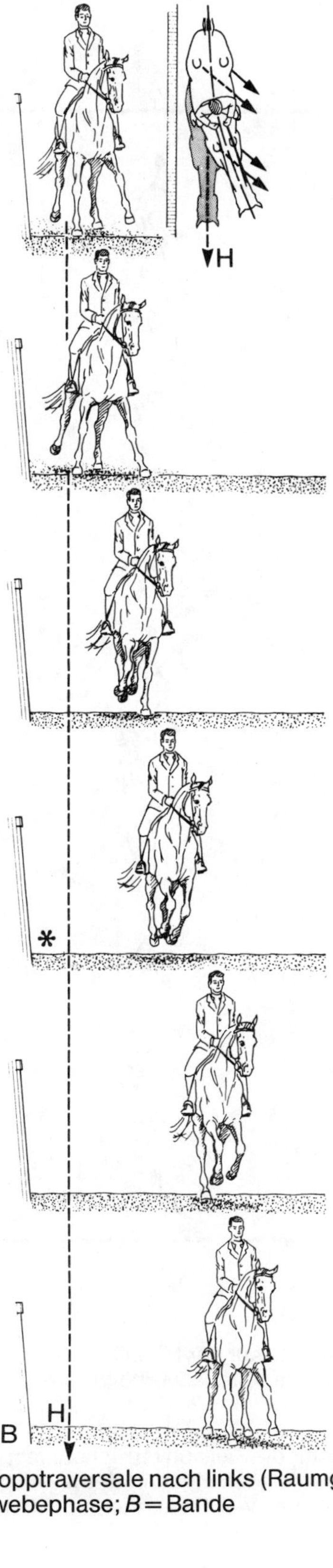

Abb. 34: Einzelphasen der Galopptraversale nach links (Raumgewinn siehe Entfernung von der Hufschlaglinie *H*); * = Schwebephase; *B* = Bande

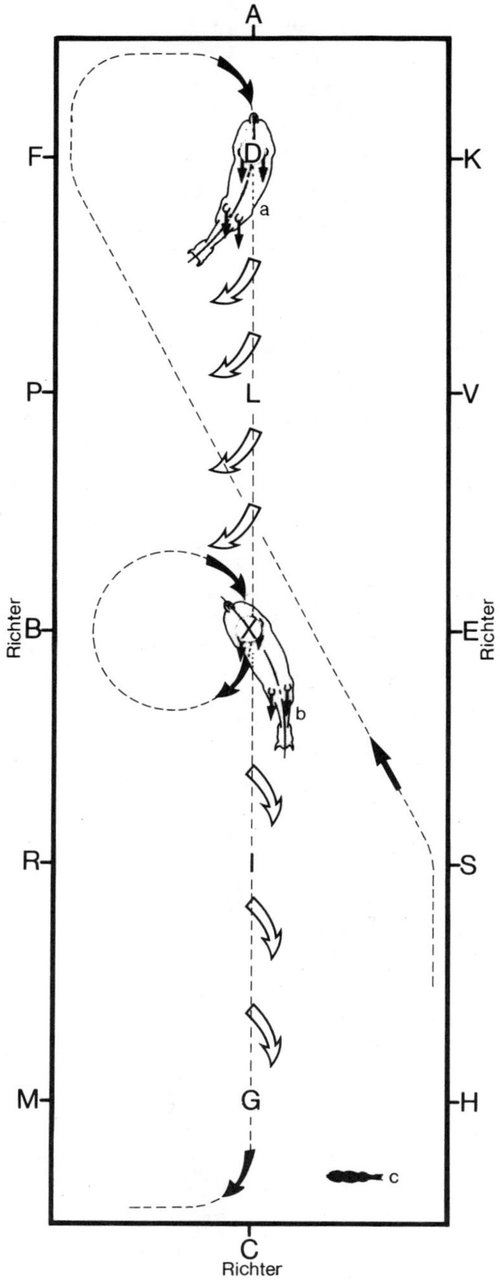

Abb. 35: a = Schulterherein rechts auf der Mittellinie; *b* = Volte in x und anschließend Renvers auf der Mittellinie; *c* = richtiges Größenverhältnis des Pferdes zum Dressurviereck

In der Reitkunst stehen eben nur die Ziele unverrückbar fest; die Wege sind zwar richtungsmäßig geordnet, bedürfen aber je nach Eigenart des jeweiligen Pferdes gewisser Modifikationen. Deshalb läßt sich nicht ohne weiteres angeben, welcher Fehler bei einer bestimmten

Lektion der größere oder kleinere ist. Geht zum Beispiel ein Pferd von Natur aus auf der Vorhand, so stellt vorübergehendes Hochdrücken einen kleineren Fehler dar als das Ausweichen nach unten. Bei einem Pferd, das sich beständig über dem Zügel trägt, verhält es sich umgekehrt. Deswegen sollte man immer nur sagen: Bei dem betreffenden Pferd ist dieser Fehler schwerwiegender oder geringer.

Die Konterlektion zum Travers wird Renvers genannt. Die FEI-Bestimmungen beschreiben diesen Seitengang knapp, aber völlig ausreichend: »Renvers (Kruppe zur Wand). Dies ist die entgegengesetzte Stellung zum Travers, mit der Kruppe anstelle des Kopfes zur Wand. Im übrigen wird Renvers nach den gleichen Grundsätzen und den gleichen Bedingungen wie Travers ausgeführt« *(Abb. 30 B, 34 B).*

Solange man auf gerader Linie reitet, sind die Hilfen die gleichen, nur muß auf die Weichheit der inneren Seite, die der Bahnaußenseite zugekehrt ist, noch sorgsamer geachtet werden. Geradeaus ohne Bande ergeben sich für das Pferd fast keine Unterschiede, denn ob der Seitengang in diesem Fall Travers oder Renvers heißt, hängt lediglich davon ab, ob man sich die Begrenzungslinie vor oder hinter dem Pferd denkt.

Ganz anders sieht es jedoch in den Wendungen und auf gebogenen Linien aus. Hier verkehren sich die Lektionen in ihr Gegenteil. Im Renvers ist die Hinterhand ebenso stark belastet wie im Travers, hat aber in den Wendungen den längeren Weg zu nehmen, und dies erfordert sowohl betonte Einwirkungen des Reiters als auch kraftvolle Arbeit seitens des Pferdes. Dazu kommt noch, daß die Seitwärtsbewegung der Nachhand entgegengesetzt zur Biegung verläuft. Darin liegt der »besondere Saft« dieser Übung, die in der Praxis leider viel zu selten angewendet wird. Ein Zirkel in Renversstellung macht dem Pferd unmißverständlich klar, was es heißt, die Nachhand bei jedem Tritt gehörig mitzunehmen. Die Vorhand bleibt dabei auf dem inneren, kleineren Kreis und wird auf diesem hauptsächlich durch den äußeren Zügel gehalten. Man besitzt daher in den Konterlektionen im allgemeinen und speziell im Renvers ein durchgreifendes Mittel, um das Pferd vermehrt an den äußeren Zügel zu bringen. In seinem Werk »Die klassische Reitkunst« bezeichnet Podhajsky zum Beispiel die Renversvolte als »ausgezeichnete Geschmeidigkeitsübung«, die sie auch tatsächlich ist. Man wird aber entweder weit gehen oder lange warten müssen, bis man irgendwo eine zu sehen bekommt. Woran das liegt? Für Durchschnittsreiter kommen solche Übungen nicht in Betracht. Die fortgeschrittenen Dressurreiter und Turnierstarter sind fast ausschließlich mit den Lektionen beschäftigt, die in den einzelnen Dressuraufgaben vorkommen. Zugegeben, diese sind schwierig genug. Um ein bestimmtes Ziel zu erreichen, braucht man aber manchmal Ergänzungs- und Verbesserungsmöglichkeiten (in der Strategie »flankierende Maßnahmen« genannt), und gerade dazu ist der Renvers auf gebogenen Linien hervorragend geeignet. Nahezu unentbehrlich wird er jedoch bei der Vorbereitung und Entwicklung der Galopp-Pirouetten, wie wir bei der Besprechung dieser Lektion noch sehen werden.

Im Renvers fällt es noch schwerer, die Tätigkeit und Biegung des inneren Hinterfußes zu kontrollieren. Ist dies gelungen, dann muß sich das Pferd nach der inneren, gebogenen Seite leichter wenden lassen als nach der äußeren, also zum Beispiel aus dem Renvers rechts leichter eine Volte nach rechts als nach links ausführen.

Es besteht eine Tendenz, bei Seitengängen die gerade Linie möglichst nicht zu verlassen. Wahrscheinlich deshalb, weil sie in keiner Dressurprüfung anders verlangt werden. Will man aber die volle gymnastische Wirkung erzielen, dann muß man Seitengänge auch auf gebogenen Linien üben.

Die Ausführung ist zwar schwieriger und stellt erhöhte Anforderungen an das Können von Reiter und Pferd, bringt aber auch mehr ein, und man kann daher nur raten, sich dieser Mühe zu unterziehen. Erst auf diesen Linien kommen die Kriterien und der spezielle Nutzen der verschiedenen Seitengänge zum Tragen. Die Steigerung in den Wendungen macht die Pferde auf den geraden Linien weitaus fleißiger und sicherer, weil sie nach den Anstrengungen auf den gebogenen Linien die Seitengänge auf geraden Linien als Erleichterung empfinden.

Die Anweisung »Renvers rechts« oder »Renvers links« für andere Linien als den äußeren Hufschlag stiftet manchmal Verwirrung.

Um es so einfach wie möglich zu sagen: Die Bezeichnung rechts oder links bei Seitengängen hängt weder von der eingeschlagenen Richtung noch von der Hand ab, auf der man sich befindet, sondern einzig und allein von der Längsbiegung des Pferdes. Die Art des Sei-

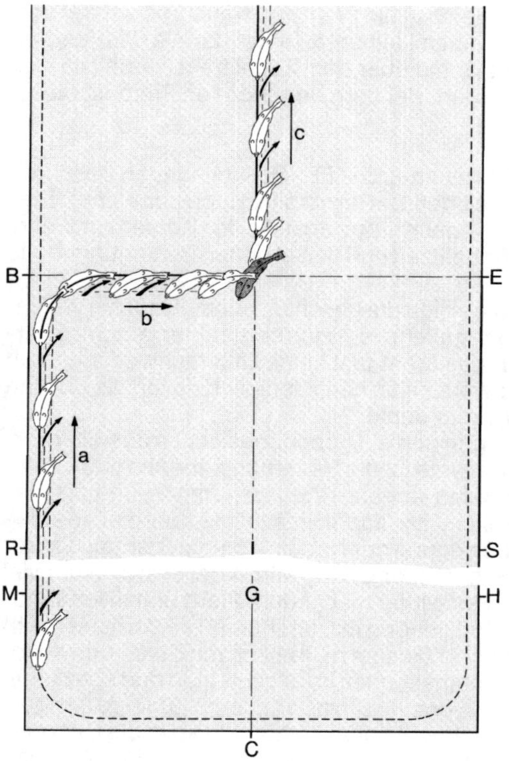

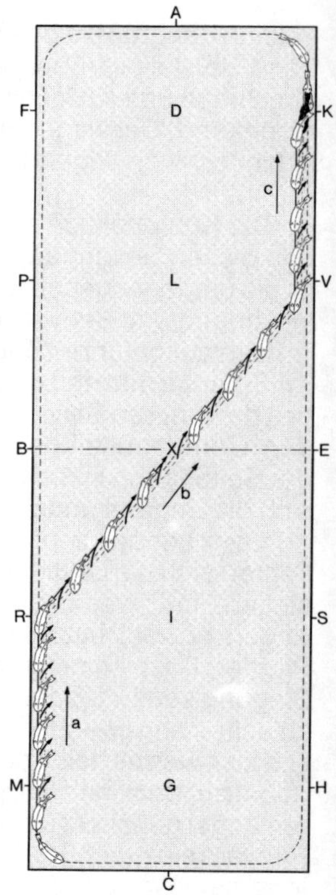

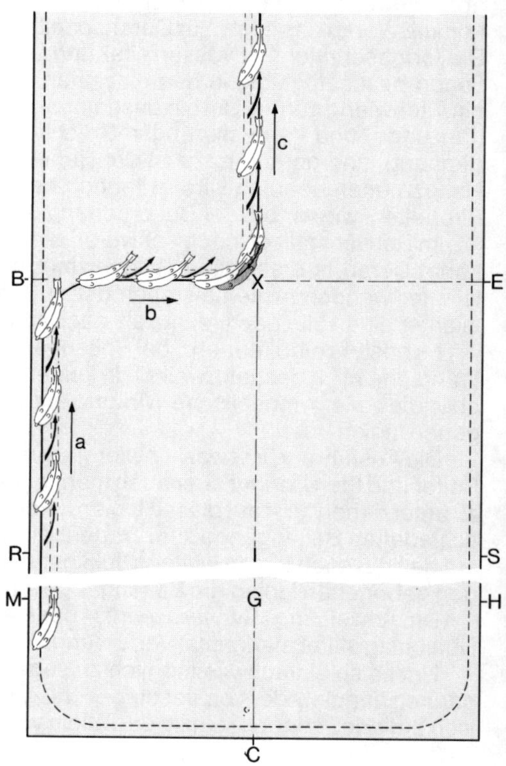

Abb. 36:

A = Schulterherein – Travers – Schulterherein

B = Schulterherein – Traversale – Konterschulterherein

C = Renvers – Schulterherein – Travers

Abb 37: Welche Übung führt dieses Pferd aus? Das hängt ausschließlich von der Bewegungsrichtung und den gedachten Linien ab. Hier die einzelnen Möglichkeiten:

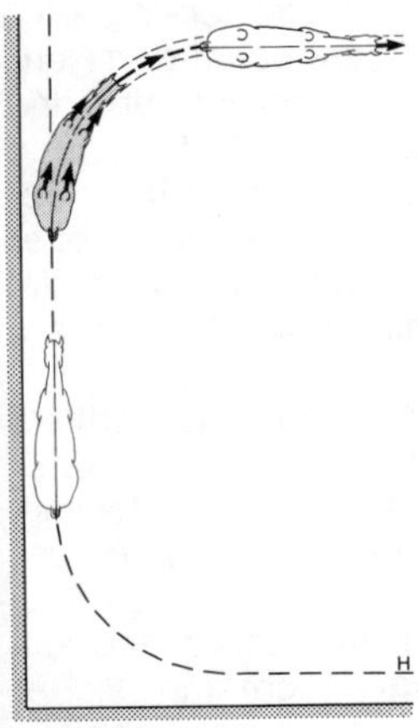

a) eine Wendung
(H = Hufschlag)

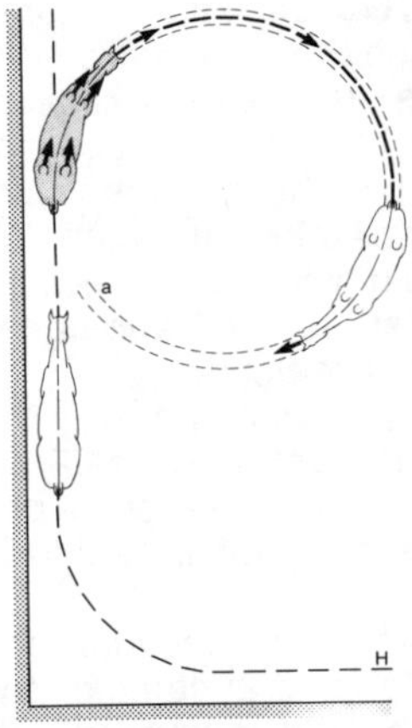

b) eine Volte
(H = Hufschlag,
a = Volte 6 m ∅)

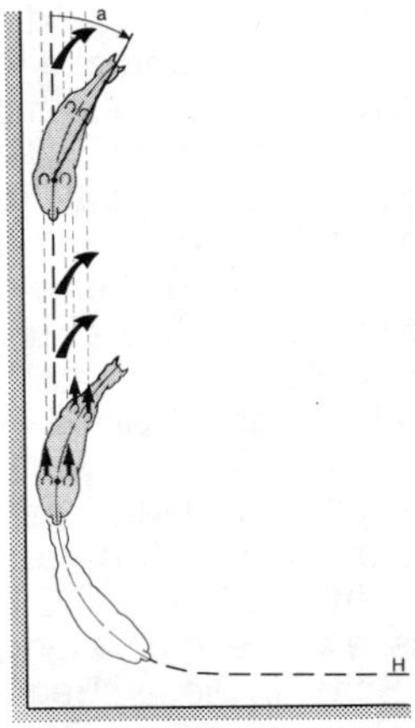

c) Schulterherein
(H = Hufschlag,
a = Abstellungswinkel ca. 30°)

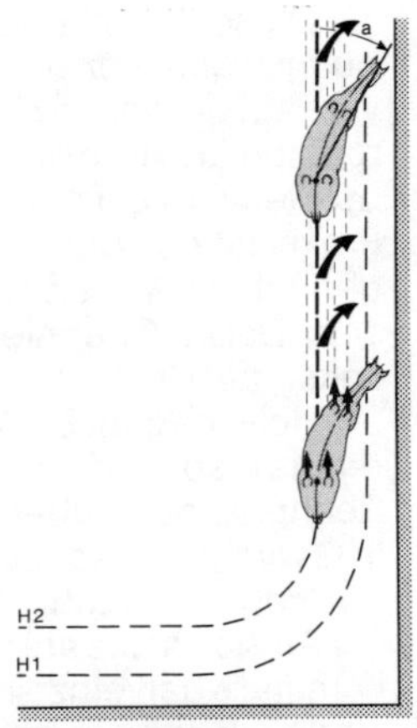

d) Konterschulterherein
(H1 = Hufschlag,
H2 = zweiter Hufschlag,
a = Abstellungswinkel ca. 30°)

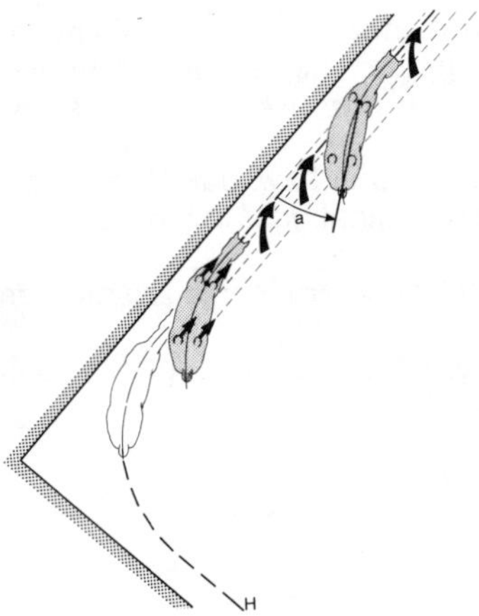

◀ e) Travers
(H = Hufschlag,
a = Abstellungswinkel ca. 30°)

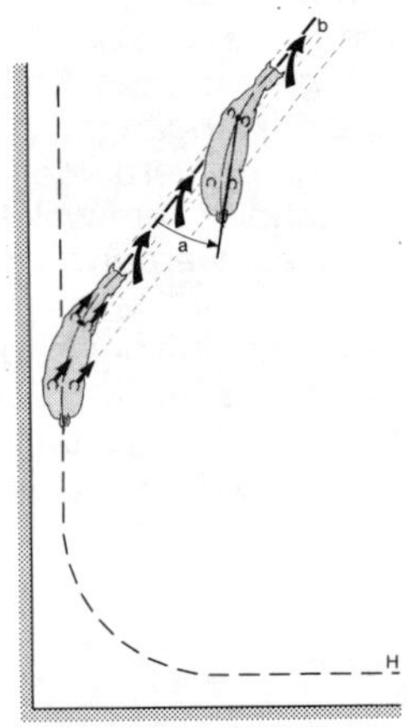

▶ f) Traversale
(H = Hufschlag,
a = Abstellungswinkel ca. 30°,
b = Wechsellinie)

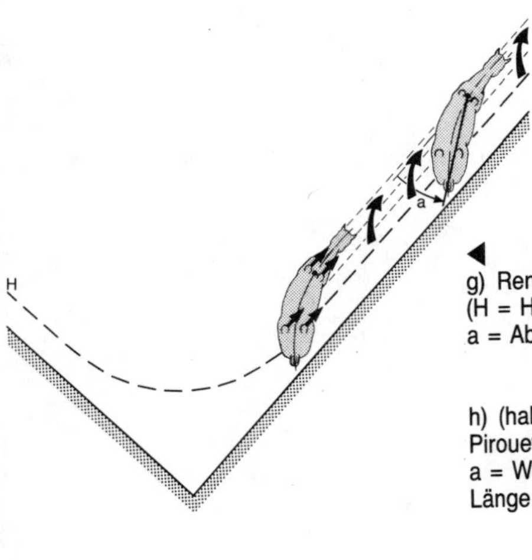

◀ g) Renvers
(H = Hufschlag,
a = Abstellungswinkel ca. 30°)

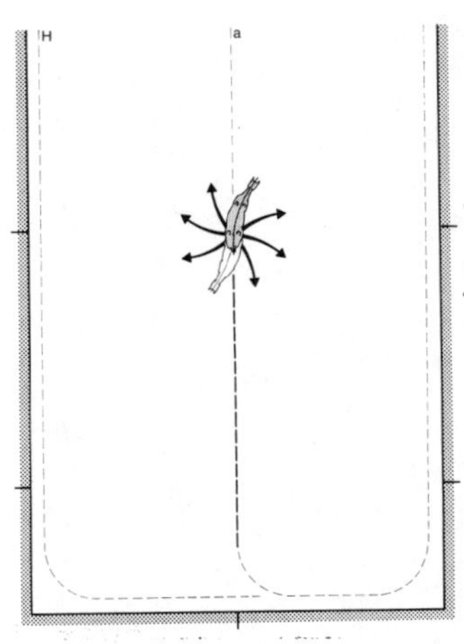

▶ h) (halbe oder ganze) Pirouette (H = Hufschlag,
a = Wechsellinie durch die Länge der Bahn)

tenganges wird von Biegung und Hufschlaglinie bestimmt. Im Schulterherein und Renvers gehen die Hinterbeine, im Konterschulterherein und Travers die Vorderbeine am Hufschlag. Schulterherein und Travers rechts kann man nur auf der rechten Hand, Konterschulterherein und Renvers rechts nur auf der linken Hand reiten und umgekehrt.

Diese Verwechslungen können nur bei den Gegenlektionen Konterschulterherein beziehungsweise Renvers entstehen. Wahrscheinlich deshalb, weil einige Fachbücher den Renvers auf der linken Hand kurz als »Renvers links« (gemeint ist »Renvers links herum«) und den rechten als »Renvers rechts« bezeichnen. Das ist jedoch nicht im Sinne des Erfinders, denn bei Renvers auf der linken Hand muß das Pferd rechts gebogen sein und umgekehrt. In der Praxis ist es aber gar nicht nötig, »rechts« oder »links« zu sagen; für den gebildeten Reiter genügt die Anweisung »Renvers«, und er wird hinsichtlich der Ausführung nicht im Zweifel sein. Bei La Guériniere wird der Renvers auf der rechten Hand ganz eindeutig als »Renvers links«, auf der linken Hand als »Renvers rechts« bezeichnet.

Heißt es zum Beispiel auf der Mittellinie, von A kommend: »In X Volte rechts und Renvers rechts«, so wird nach Beendigung der Volte die Vorhand des Pferdes bei unveränderter Rechtsbiegung über die Mittellinie hinausgeführt, die Hinterbeine bleiben auf der Mittellinie. In G wird geradegestellt und bei C geht es folgerichtig auf die rechte Hand. Jede andere Ausführung kann nicht als richtig gelten *(Abb. 35)*.

An sich sollte ab Klasse M über die Seitengänge absolute Klarheit herrschen. Es mag vorkommen, daß einzelne Reiter in diesen Begriffen und Zusammenhängen nicht ganz sicher sind. Daß es aber unter Dressurtrainern, Reitlehrern, Dressurrichtern und anderen Fachleuten darüber zu längeren Diskussionen kommen kann, läßt alle Beteiligten aufhorchen.

In den neuen FEI-Aufgaben kommt Renvers nicht mehr vor. Schade, daß eine so interessante, wirkungsvolle und lehrreiche Übung derzeit in keiner internationalen Dressurprüfung verlangt wird.

Eine große Hilfe bei der täglichen Arbeit des fortgeschrittenen Dressurpferdes bilden die Übergänge von einem Seitengang in den anderen. Das folgende Beispiel soll zeigen, wie sich mehrere Seitengänge ohne Wechsel der Biegung, einfach durch Änderung der Bewegungsrichtung, verbinden lassen *(s. Abb. 36 auf S. 76)*.

Je nachdem, auf welcher Seite dem Pferd die Längsbiegung bzw. das Seitwärtstreten schwerer fällt, werden für den individuellen Fall passende Kombinationsmöglichkeiten zu finden sein.

Zum Abschluß der Kapitel über die Seitengänge noch eine interessante Zusammenfassung *(s. Abb. 37 auf S. 77)*.

Mit dieser Darstellung werden sich vielleicht manche Fachfragen bezüglich Arbeit auf zwei Hufschlägen klären lassen.

Der Außen- oder Kontergalopp

Die Frage, ob diese Bewegung dem Pferd naturgemäß ist, soll uns hier nicht beschäftigen. Was, außer den Vitalbedürfnissen, ist schon naturgemäß? Ist die Arbeit dem Menschen naturgemäß? Ist das Tragen eines Reiters für das Pferd naturgemäß? Muß alles, was anstrengend ist, gleich als widernatürlich gelten? Sind Seitengänge, besonders Traversalen, natürliche Bewegungen – oder das Rückwärtstreten?

Fest steht, daß der Außengalopp keine Gebrauchsgangart, sondern ein reines Dressur-, das heißt Gymnastizierungsmittel darstellt.

Als solches bietet er unbestrittene Vorteile, die bereits seit einigen hundert Jahren bewährt sind, und deshalb hat er in unseren Ausbildungssystemen ebenso wie in den FEI-Aufgaben seinen festen Platz.

Welche Formungsmöglichkeiten verschafft uns der Außengalopp, die im Handgalopp nicht oder nicht im gleichen Maß anwendbar sind *(Abb. 38A und 39 oben)*?

Zunächst wird die Notwendigkeit der geraderichtenden Arbeit vor allem im Galopp wohl niemand bestreiten, und gerade dabei leistet der Außengalopp wertvollste Hilfe *(Abb. 38 B)*. Dadurch, daß die innere Seite des Pferdes nun der Bande zugekehrt ist, fällt es ihm wesentlich schwerer, mit dem inneren Hinterfuß nach der inneren Seite auszuweichen, was im Handgalopp bei manchen Pferden nur mit großer Mühe abzustellen ist. Dazu muß der Außengalopp aber auch richtig angelegt werden, das heißt das Pferd ist mit der inneren Schulter näher an der Bande zu führen als mit der inneren Hüfte, bekommt also eine Konterschulterhereinartige Richtung *(Abb. 39 Mitte und unten; siehe auch Seite 58, Kapitel »Schulterherein und Konterschulterherein«)*.

Nur in dieser Richtung, die besonders während der Wendungen sorgfältig beizubehalten ist, hat die Hinterhand keine Möglichkeit, von der ihr zugewiesenen Linie abzuweichen, wenn der äußere Schenkel durch entsprechende Gegenwirkung das Ausfallen verhindert.

Der äußere Zügel kann im Außengalopp an der Bande entlang die Vorhand genauer geradeaus führen, weil eben das Abweichen der Nachhand nach der entgegengesetzten Seite, wodurch sich die Pferde im Handgalopp den geraderichtenden Einwirkungen so gerne und erfolgreich entziehen, durch die Bande verhindert wird.

Darüber hinaus verschafft uns der Außengalopp die Möglichkeit, die Versammlung im Galopp zu erhöhen und zu verbessern. Dies ist der eigentliche Zweck und sozusagen seine Hauptaufgabe.

Eine Steigerung der Versammlung ist bekanntlich nur erreichbar, wenn es gelingt, die äußere Seite des Pferdes mehr zu verkürzen. Da nun bei allen Wendungen im Außengalopp die äußere Seite des Pferdes die innere Seite der Wendung zu nehmen hat, wird der äußere Zügel zum wendenden (die Tatsache, daß innere und äußere Seite des Pferdes von dessen Biegung bestimmt werden und mit den Reitbahnseiten nichts zu tun haben, darf als bekannt vorausgesetzt werden).

Durch seine konstante Wirkung und den etwas bestimmter anliegenden äußeren Schenkel, der den äußeren Hinterfuß genau in die Richtung des äußeren Zügels vortreibt, läßt sich das Pferd sehr nachdrücklich zusammenschieben. Besser gesagt, es schiebt sich selbst mehr zusammen, weil es nicht wenden kann, ohne bei jedem Sprung gegen den gleichmäßig anstehenden äußeren Zügel zu galoppieren. Hält man dabei das Tempo fleißig und gibt dem Pferd dadurch keine Gelegenheit, hinten auszubleiben, dann entsteht je nach Intensität der Einwirkungen der gewünschte Versammlungsgrad auf beinahe selbsttätige Weise.

Dieses wohlüberlegte Prinzip, von den Altmeistern mit ihrem feinen Reitertakt erdacht und

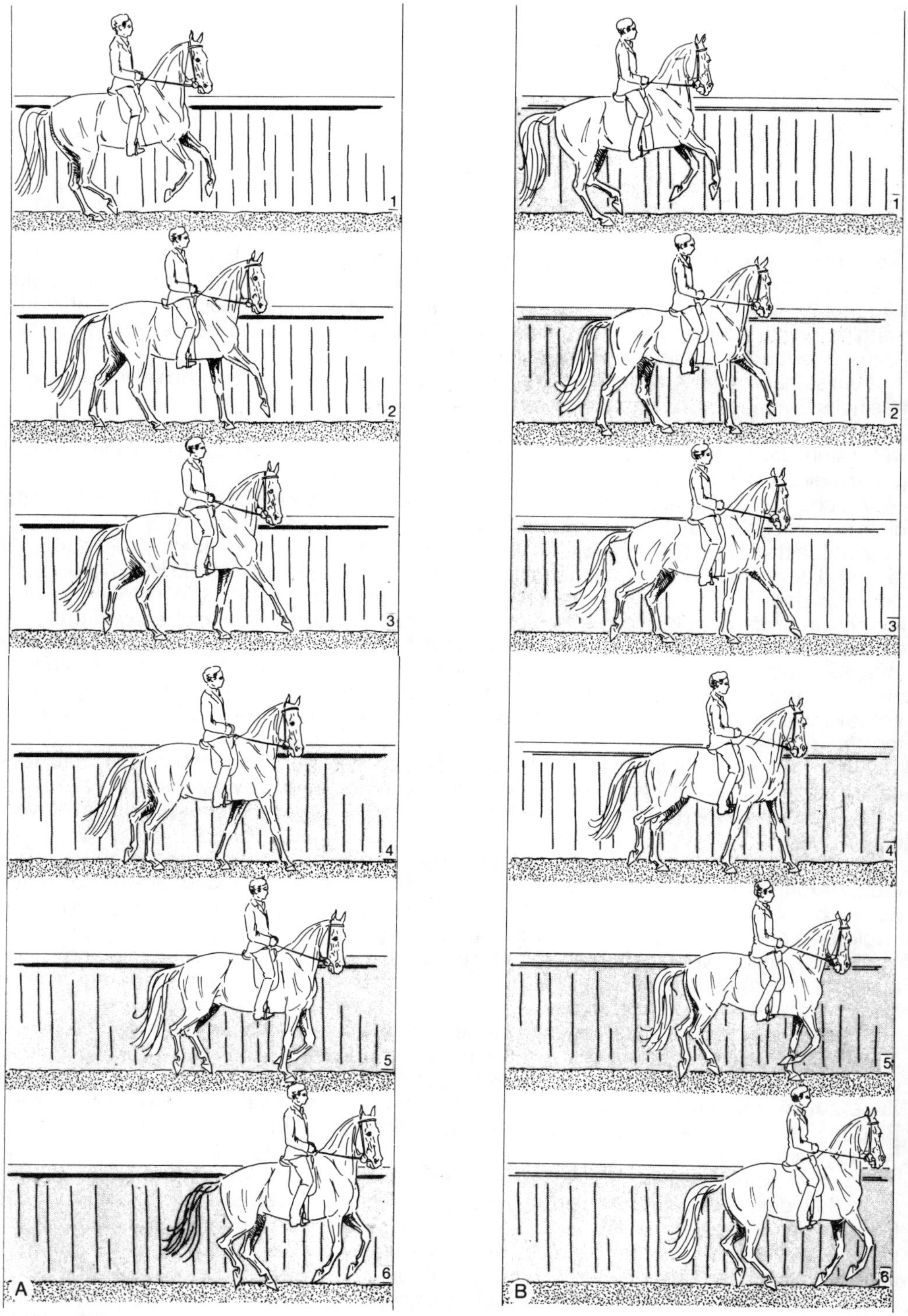

Abb. 38: A = Handgalopp rechts an der Bande; *B* = Außengalopp links (auf der rechten Hand) an der Bande

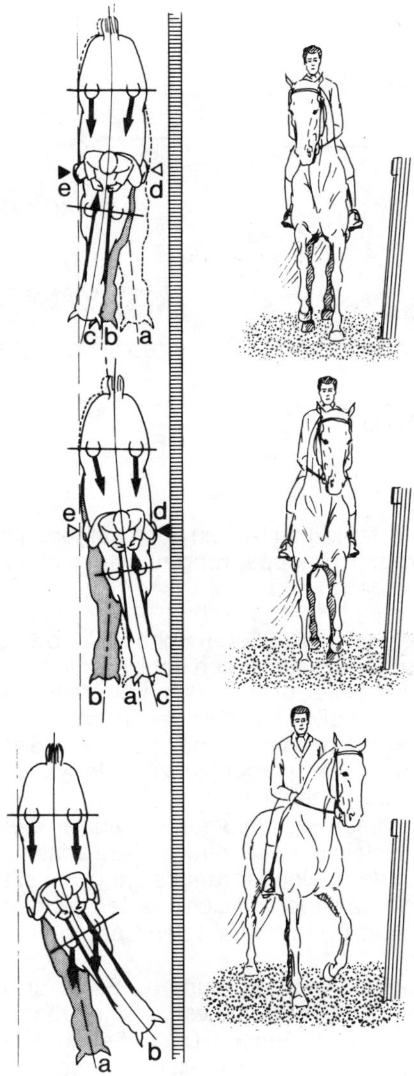

Abb. 39: Oben: Handgalopp rechts. *a* = natürliche Schiefe des Pferdes; *b* = geradegerichtetes Pferd; *c* = Stellung des Pferdes im Handgalopp; *d* = äußerer, verwahrender Schenkel; *e* = innerer, treibender Schenkel. Mitte: Außengalopp links. *a* = natürliche Schiefe des Pferdes; *b* = geradegerichtetes Pferd vor dem Angaloppieren im Außengalopp; *c* = Stellung des Pferdes im Außengalopp; *d* = innerer, treibender (im Handgalopp äußerer) Schenkel; *e* = äußerer, verwahrender (im Handgalopp innerer) Schenkel. *Unten: a* = Stellung des Pferdes im Kontergalopp; *b* = zum Vergleich: Konterschulterherein

entwickelt, hat seine Wirkung noch nie verfehlt, wenn es mit Verstand und Gefühl angewendet wurde.

Bei allen Übungen im Außengalopp bleibt das Pferd nach der Seite des jeweiligen Galopps gebogen, und beide Schenkel des Reiters haben darüber zu wachen, daß die Nachhand genau auf der Linie der Vorhand spürt. Von vorne betrachtet soll dabei der innere Vorderfuß den inneren Hinterfuß decken, der äußere Hinterfuß jedoch zwischen den Vorderbeinen sichtbar sein, wie es der korrekten Längsbiegung entspricht *(Abb. 39).*

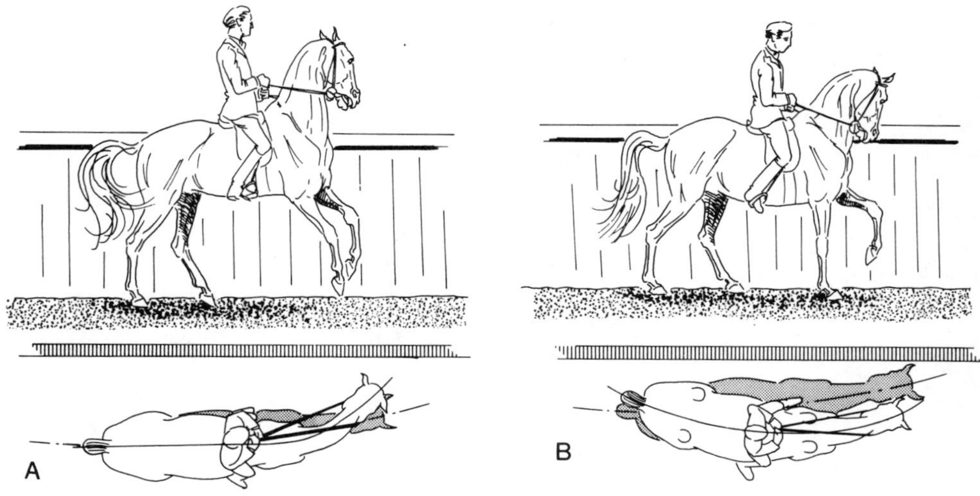

Abb. 40: Konterschulterherein, fehlerhaft. *A* = zu hoch aufgerichtet, im Rücken fest, unreine Fußfolge; *B* = zusammengezogen, Galoppsprung zu stark verkürzt, Stellung übertrieben

Ein übertriebenes Drücken mit dem äußeren Schenkel, wodurch das Pferd eine renversartige Richtung erhält und auf zwei Hufschlägen geht, gilt als grober Fehler; ebenso eine zu starke Biegung (vornehmlich im Hals), um das eventuell noch unsichere Pferd im Außengalopp zu erhalten *(Abb. 40)*. Der häufigste Fehler besteht jedoch darin, daß die Pferde, vom Hand- zum Außengalopp übergehend, das Tempo ändern und entweder schneller, oder, was weitaus bedenklicher ist, langsamer werden, wozu viele wegen der anfänglichen Unbequemlichkeit des Außengalopps neigen.

Es ist daher dringend zu empfehlen, von Beginn an auf ein gleichmäßig lebhaftes Tempo im Außengalopp – hauptsächlich in den Wendungen – zu achten.

Eine zu starke Verkürzung des Galoppsprunges bringt meist auch eine Verlangsamung mit sich, weil die wenigsten Pferde dabei von sich aus den gebotenen Fleiß behalten und die Reiter nur selten in der Lage sind, in stark verkürzten Sprüngen so viel zu treiben, daß deren volle Elastizität erhalten bleibt.

Die fehlerhafte Verkürzung hat eine Bewegung zur Folge, die nur mehr als »galoppähnlich« zu bezeichnen ist, bei der das Federnde verlorengeht und die Hinterbeine teils humpelnd, teils fast schon trabend nachschleppen. Der treffende Satz: »Nicht in der Kürze, sondern in der Schwunghaftigkeit liegt die Schönheit des versammelten Galopps« hat gerade im Außengalopp seine besondere Berechtigung *(Abb. 40)*.

Es wird öfter die Frage gestellt, wann man mit dem Außengalopp beginnen soll. Nach klassischer Auffassung müssen mehrere Voraussetzungen vorliegen.

Das Pferd soll im Handgalopp sein Gleichgewicht bereits gefunden haben. Auf den Linien und Hufschlagfiguren der Klasse A soll es ebenso befestigt sein wie in den Biegungen ersten und zweiten Grades. Auch sollte es sich aus dem geregelten, fleißigen Arbeitsgalopp schon ein wenig versammeln lassen. Eine »Testfigur«, die ziemlich genau erkennen läßt, ob das Pferd im Handgalopp so gründlich geschult ist, daß man ohne Bedenken die Arbeit im Außengalopp beginnen kann, ist das Viertel der Bahn (rechte Hand A-E-X-A oder C-B-X-C beziehungsweise linke Hand B-X-A-B oder E-X-C-E). Ist das Pferd imstande, dieses Rechteck in einem Tempo zu gehen, das man vielleicht am besten mit »verkürzter Arbeitsgalopp« bezeichnet (da beim Übergang von der Klasse A zu L der Galopp noch nicht versammelt sein kann), alle vier Wendungen in sauberer Längsbiegung und dazwischen gerade Verbindungslinien, dann muß es sich im Handgalopp bereits so weit regulieren und aufnehmen lassen, daß eine genügende Wendigkeit und Durchlässigkeit erreicht ist. Das Pferd muß seinem Reiter durch die Ruhe, Sicherheit und das Gleichmaß der Galoppsprünge das Gefühl geben,

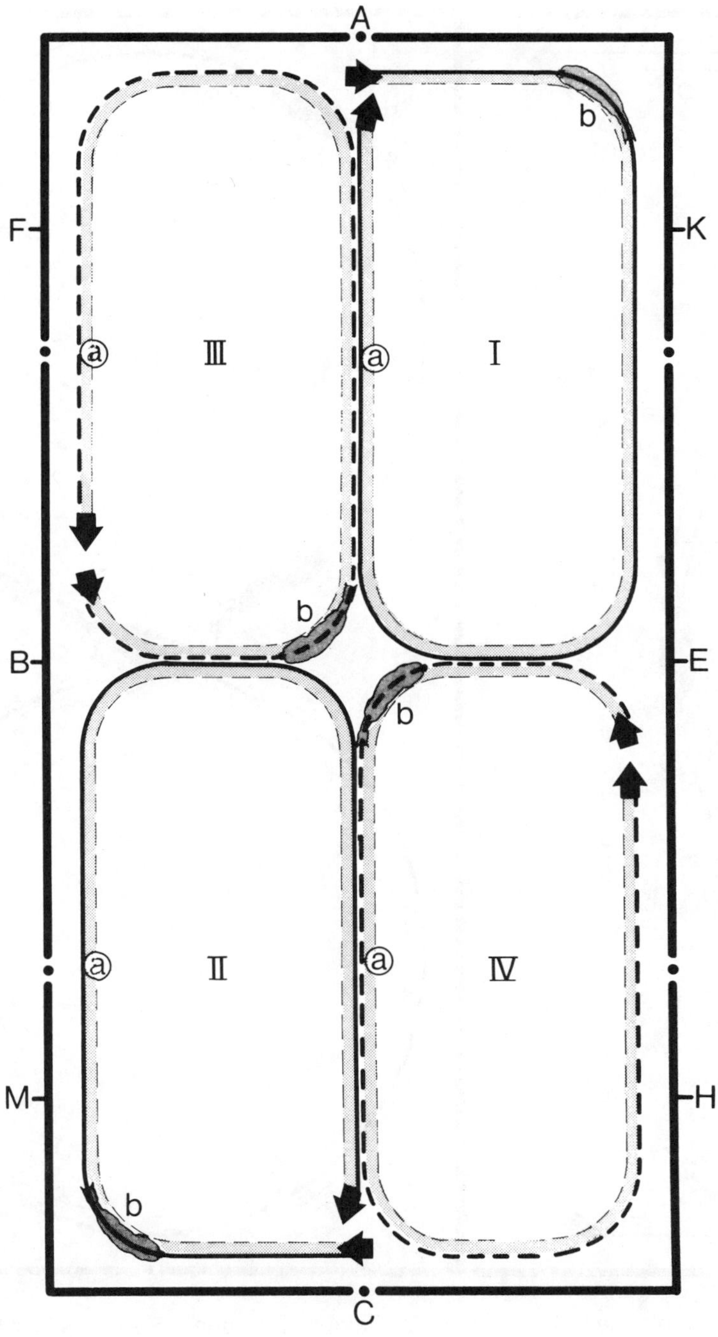

Abb. 41: »Testfigur«, ob Schulung im Handgalopp ausreicht, um Außengalopp beginnen zu können. *I, II, III, IV* = je ein Viertel der Reitbahn 20 x 40 m. a = innere Seite des Pferdes; *b* = Pferd im Handgalopp

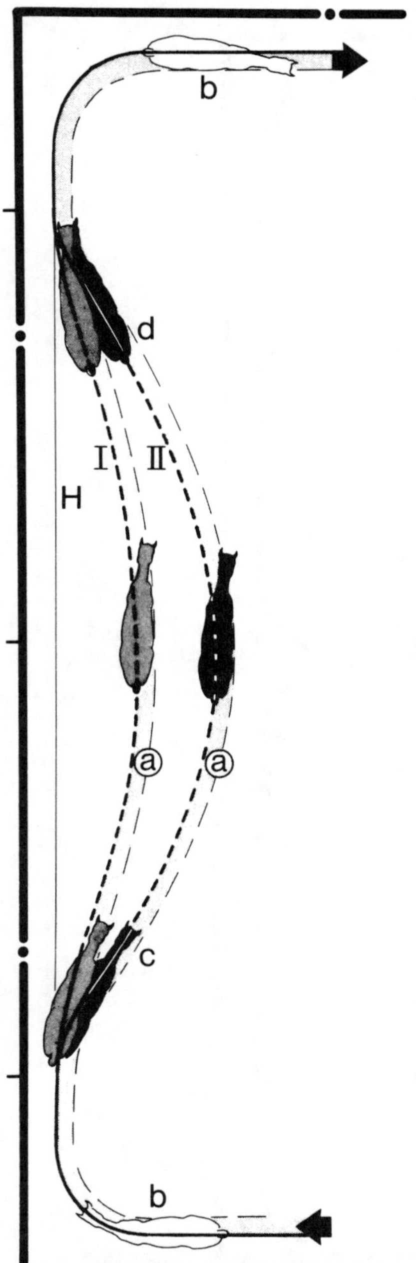

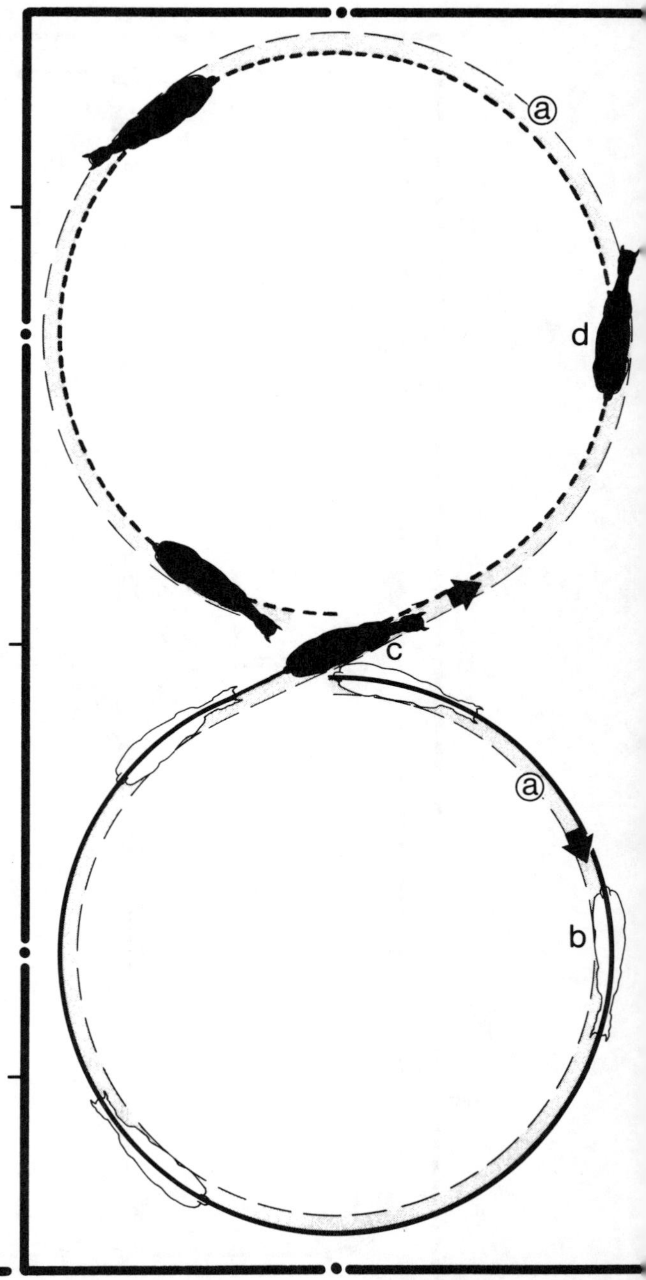

Abb. 42 (links): Einfache Schlangenlinie im Galopp. ⓐ = innere Seite des Pferdes; *H* = Hufschlag. *I* = flacher Bogen, bis 2,50 m vom Hufschlag entfernt; *II* = Bogen bis zu 5 m vom Hufschlag entfernt. *b* = Handgalopp; *c–d:* = Kontergalopp

Abb. 43 (rechts): Aus dem Zirkel wechseln ohne Galoppwechsel. ⓐ = innere Seite des Pferdes; *b* = Handgalopp; *c* = Wechsel (ohne Umstellen); *d* = Außengalopp

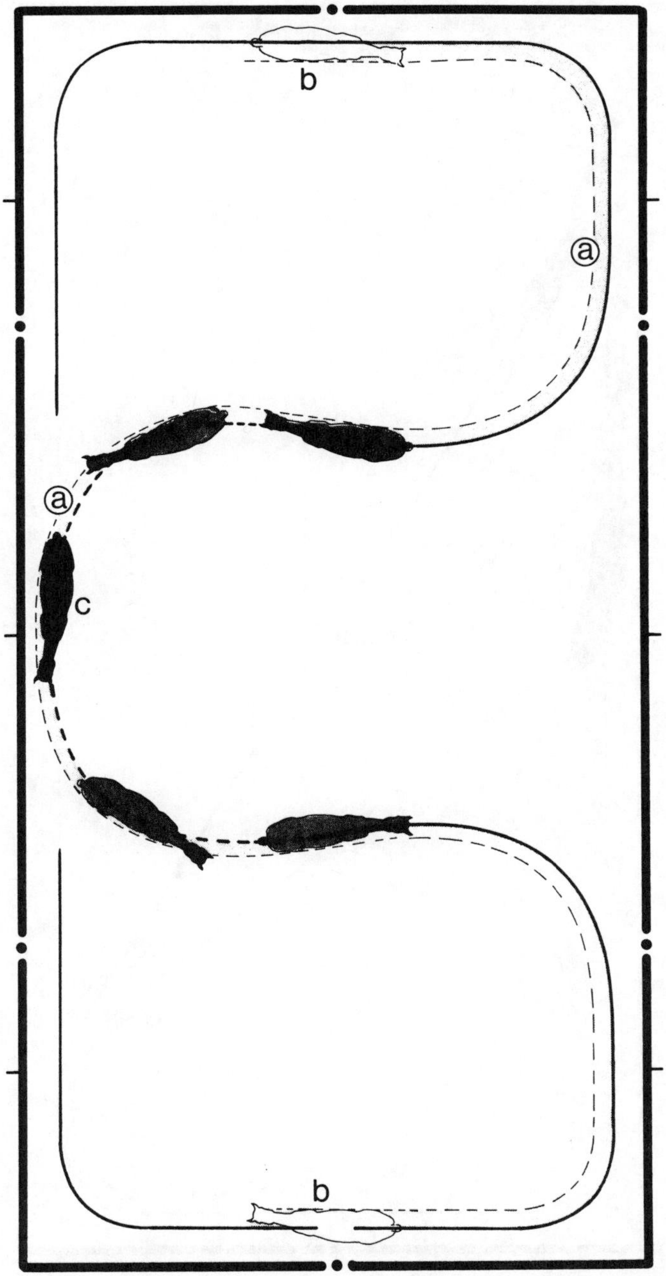

Abb. 44: Schlangenlinie durch die Bahn ohne Wechsel (drei Bogen). ⓐ = innere Seite des Pferdes; *b* = Handgalopp; *c* = Kontergalopp

»jetzt müßte ich auch nach der anderen Seite wenden können, ohne daß etwas passiert« *(Abb. 41)*.
Ob im Außengalopp Schwierigkeiten auftreten oder nicht ist eine Frage der Vorarbeit. War diese gewissenhaft, dann haben sich noch in keinem Fall nennenswerte Probleme ergeben.

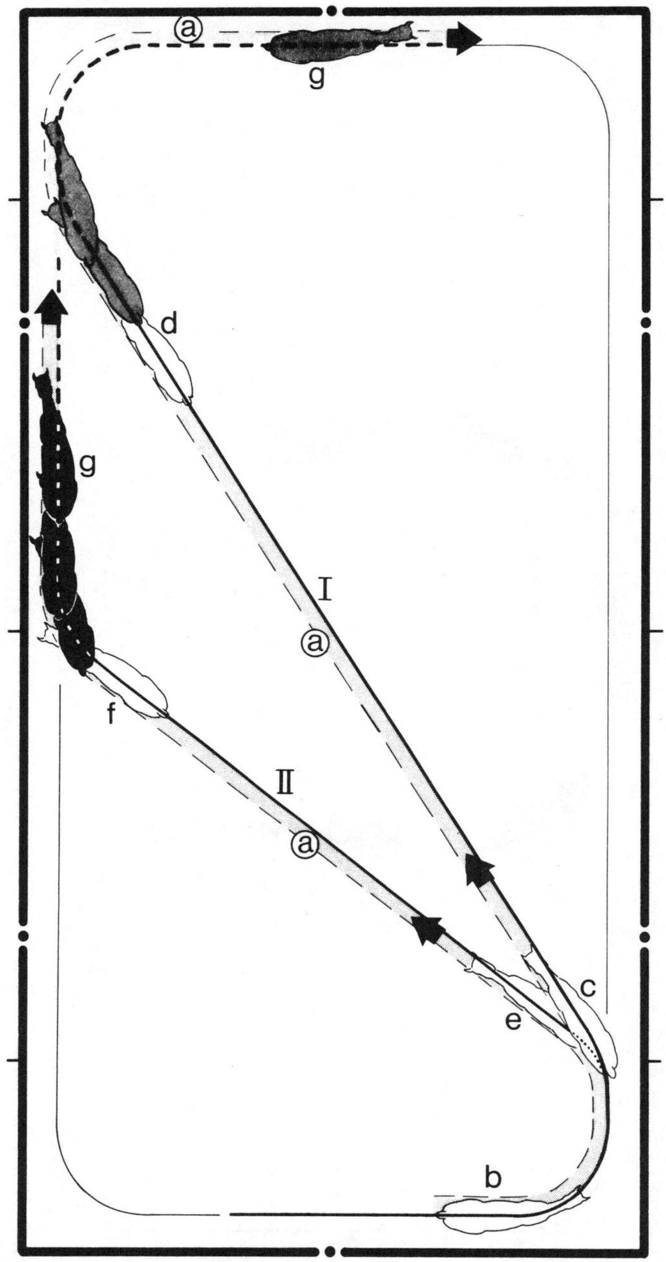

Abb. 45: Durch die ganze bzw. halbe Bahn wechseln ohne Galoppwechsel. *I* = Wechsellinie ganze Bahn; *II* = Wechsellinie halbe Bahn. ⓐ = innere Seite des Pferdes; *b, c, d* = Handgalopp; *d, g* = Außengalopp; *b, e, f* = Handgalopp; *f, g* = Außengalopp

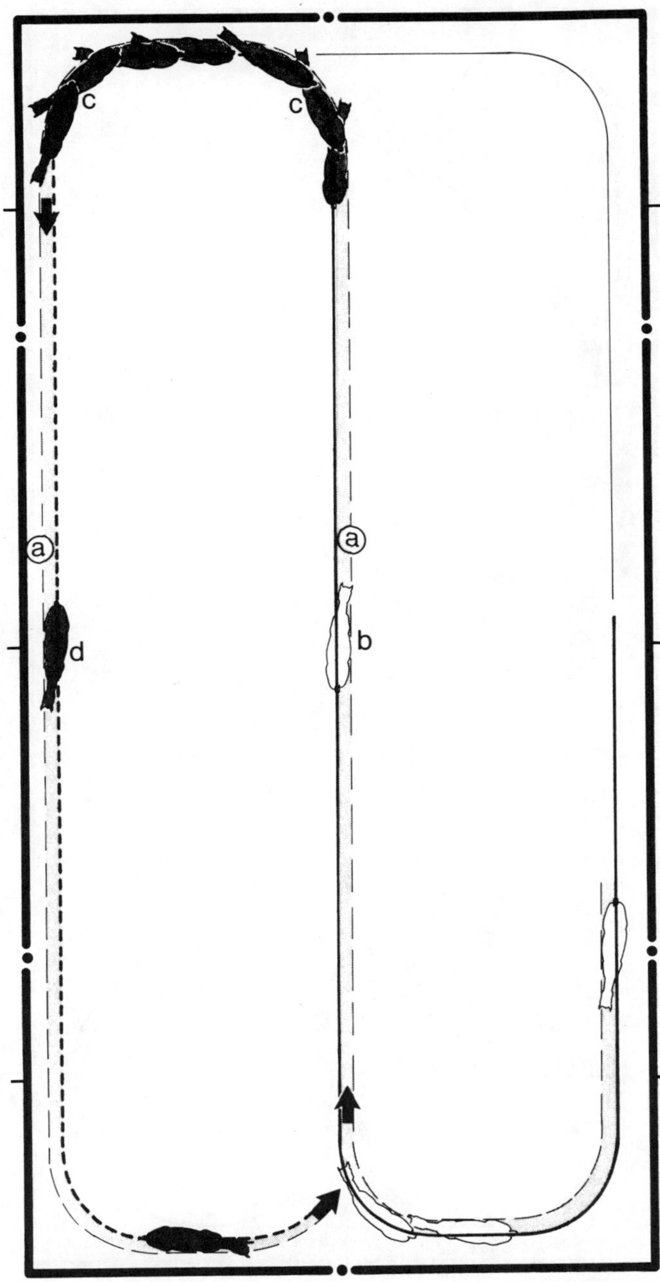

Abb. 46: Durch die Länge der Bahn wechseln. *a* = innere Seite des Pferdes; *b* = Handgalopp; *c–d* = Außengalopp

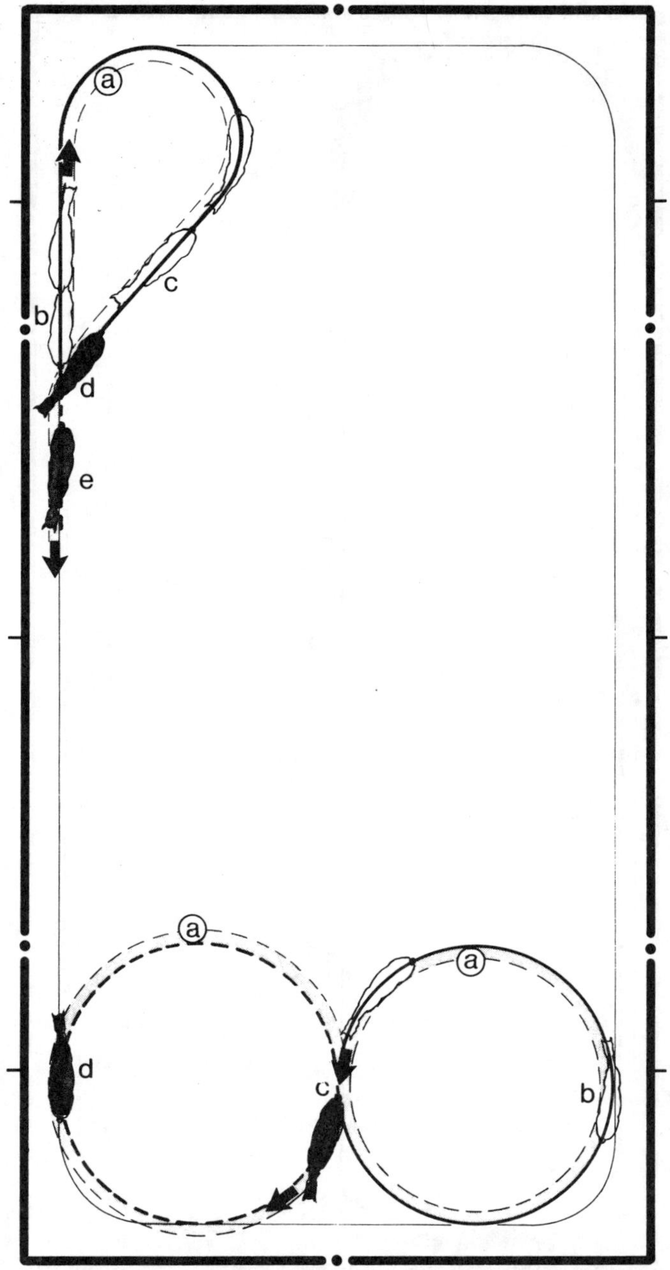

Abb. 47: Oben: Kehrtvolte. ⓐ= innere Seite des Pferdes; *b–c* = aus der Ecke kehrt im Handgalopp; *d–e* = Kontergalopp. *Unten:* Die Acht ohne Galoppwechsel (»Testfigur«, ob Außengalopp sicher). ⓐ∏= innere Seite des Pferdes; *b* = Handgalopp; *c* = zur geschlossenen Seite wechseln (ohne Galoppwechsel); *d* = Kontergalopp

Bei Korrekturpferden mit Unsicherheiten im Außengalopp stellte sich beim notwendigen »Zurückschalten« jedesmal heraus, daß im Handgalopp weder das Durchreiten der Ecken noch einfache Wendungen oder Volten (8 m Durchmesser) befriedigen konnten. Sobald dieses Kapitel nachgeholt war, stand dem stufenweisen Aufbau der Außengaloppübungen nichts mehr im Wege.

Wie geht man nun am zweckmäßigsten dabei vor? Die einfachste Übung, die leichteste Hufschlagfigur im Außengalopp, die nicht einmal einen Handwechsel erfordert, ist die einfache Schlangenlinie. Man legt sie am Anfang noch recht flach, fast wie unabsichtlich an, um das Pferd gar nicht merken zu lassen, daß es im zweiten Bogen schon im Außengalopp zur Wand zurückkehrt. Glückt dieser Versuch (womit, wie gesagt, bei guter Vorbereitung immer zu rechnen ist), dann kann man bei der Wiederholung das Pferd schon etwas weiter hereinführen, bis manchmal schon am ersten Tag, sicher aber nach einigen Tagen die Figur auf beiden Händen korrekt geritten werden kann. Danach folgen zum Beispiel die Kehrtvolte mit anschließend einer oder zwei gut abgerundeten Ecken, Wechslungen durch die halbe, später durch die ganze Bahn ohne Galoppwechsel, die Wechslung aus dem Zirkel mit nachfolgendem halben oder ganzen Zirkel im Außengalopp und die Schlangenlinien in drei oder mehr Bögen durch die ganze Bahn ohne Galoppwechsel. Erst wenn das Pferd schon sehr sicher ist, kann man die halbe Bahn oder durch die Länge der Bahn mit Handwechsel reiten. Dies ist deshalb schwierig, weil die halbe kurze Seite schon eine ziemlich enge Wendung verlangt *(Abb. 42–46)*.

Beendet werden die Übungen je nach Verhalten des Pferdes. Bleibt es im Tempo, im Gleichgewicht und ruhig, wechselt man nach ein bis zwei Wendungen oder einem Zirkel im Außengalopp wieder zurück zum Handgalopp. Wird es schneller oder gar heftig, empfiehlt sich eine Schrittparade, die eine versammelnde Wirkung ausübt; danach sollte man zum Handgalopp zurückkehren, einige Wendungen und Volten in kontrolliertem Tempo einlegen, um Haftung und Biegung zu verbessern, und danach mit gebotener Vorsicht wieder eine einfache und kurze Lektion im Außengalopp anschließen, nach deren Gelingen sogleich zu loben und eine Arbeitspause einzuschalten ist.

Sehr häufig liegt das Schnellerwerden der Pferde im Außengalopp daran, daß weniger geübte Reiter aus Besorgnis, ihr Pferd im Außengalopp nicht durchzubringen, die Einwirkungen unbewußt wesentlich verstärken, mit den Schenkeln (namentlich dem äußeren) fast klammern, viel zu schwer sitzen und übertriebene oder gar falsche seitliche Gewichtshilfen anwenden.

Ein noch so kräftiger äußerer Schenkel kann nicht nur nicht verhindern, daß das Pferd aus dem Außengalopp in den Trab fällt, er führt es sogar herbei, wenn er die Hinterhand auf den zweiten Hufschlag drückt, weil sich das wenig geschulte Pferd auf zwei Hufschlägen im Außengalopp schon gar nicht halten kann.

Das gleiche gilt für das starke Hereinhängen des Oberkörpers nach der Seite der Wendung. Hier ist das Gegenteil richtig: Wendet das Pferd zum Beispiel im Rechtsgalopp auf der linken Hand nach links, so gehört das Gewicht nach rechts, wie es der Biegung des Pferdes entspricht, und zu überwachen ist nicht nur der äußere, sondern besonders der innere, in unserem Fall rechte Hinterfuß. Tritt dieser (womöglich durch zu starke Einwirkung des Außenschenkels) rechts seitwärts weg, dann kann sich das Pferd sehr leicht aus dem Außengalopp befreien, und es ist teils Aufgabe des inneren Schenkels, teils der richtigen Schulterführung, dies zu verhindern.

So wie bestimmte Hufschlagfiguren erkennen lassen, ob das Pferd für die Arbeit im Außengalopp reif ist, gibt es natürlich auch solche, mit denen man die Perfektion im Außengalopp prüfen kann. Als geeignetste Übung ist die Acht ohne Galoppwechsel an der kurzen Seite anzusehen.

Man beginnt die Figur in der zweiten Hälfte dieser Seite, damit man zur geschlossenen Seite wechseln kann. Selbstverständlich werden beide 10-m-Volten wirklich rund und in gleicher Größe verlangt; ferner hat das Pferd das richtige Tempo, seine Versammlung und Biegung unverändert beizubehalten *(Abb. 47)*.

Gelingt dies auf beiden Händen mehrmals hintereinander, dann ist gediegene Arbeit geleistet und bestätigt worden.

Der einfache und der fliegende Galoppwechsel

Vorweg eine Bemerkung: Mit keiner Lektion aus der gesamten Reitlehre wird derzeit in manchen Reit- und besonders Verkaufsställen so viel *Mißbrauch* getrieben wie mit dem fliegenden Galoppwechsel. Machen ältere Pferde oft schon genug mit, wenn ihnen diese Übung beigebracht werden soll, so ist es geradezu haarsträubend, wie da und dort junge Pferde in diese schwierige Lektion förmlich hineingehetzt werden. Die nachstehenden Schilderungen sind keineswegs übertrieben und beruhen auf eigenen Wahrnehmungen.

Knapp vierjährige Pferde, erst seit einigen Monaten angeritten, bei denen von einem geregelten Galopp noch keine Rede sein kann, weil ihnen die ehrliche Trabgrundlage fehlt, werden zum Beispiel in hohem Tempo über die Wechsellinie gejagt; in der kommenden Ecke reißt man ihnen Kopf und Hals scharf herum, und wenn sie nun nicht auf die Nase fallen wollen, dann müssen sie, ihrem Gleichgewichtsinstinkt folgend, eine Ausgleichsbewegung machen. Meist ändern sie nach einigen Sprüngen die Fußfolge der Vorderbeine. Diesen »fliegenden Wechsel« unterstützen gewaltige Gewichtshilfen (weites, seitliches Hereinhängen), und wenn der Reiter das Pferd endlich im Kreuzgalopp hat, läßt er durch vehementes Abklopfen und laute »brav, brav« Rufe seine Absicht und volle Zufriedenheit mit dem Geschehen erkennen. Dies wiederholt sich häufig, auf beiden Händen, und füllt den Großteil der sogenannten Galopparbeit aus – nach dem Leitspruch: Was Hänschen nicht lernt, lernt Hans nimmermehr.

Die Ursachen für diesen Unfug sind leicht erklärbar. Zuschauer bekommen etwas zu sehen und sind überzeugt: Hier tut sich was. Der unerfahrene Pferdebesitzer ist hochzufrieden: Mein Pferd wird wirklich »gearbeitet«. Wer ein Pferd fliegende Wechsel lehren kann, gilt als großer Meister und erntet die uneingeschränkte Bewunderung der weniger fortgeschrittenen Reiter. Springt das Pferd tatsächlich um, wenn auch nur vorn oder auf Raten, dann läßt sich schon der sehr absatz- und preisfördernde Buchstabe M ins Verkaufsgespräch einflechten. Springt es gar wieder in den ursprünglichen Galopp zurück, versehentlich oder aus welchem Grund immer, dann kann auch der Prix Saint Georges nicht mehr weit und der Preis nochmals etwas höher sein.

»Wie geschickt sich dieses Pferd doch anstellt«, heißt es dann. »Na ja, perfekt ist der Wechsel natürlich noch nicht, kann er nach dieser kurzen Zeit auch noch gar nicht sein, aber so viel steht schon fest: In einigen Monaten ist der M fertig, denn alles andere ist für den doch kein Problem. In einem Jahr wird er wohl seine Vierer- und Dreiertempi gehen. Ja, es gibt eben sehr veranlagte Pferde, und wenn dann noch ein bißchen Reitenkönnen hinzukommt ...«

Solcher Unsinn wird nicht nur dahergeredet, sondern öfter als man annimmt geglaubt und sogar gekauft. Die Realität sieht dann ein wenig anders aus.

Alle diese und noch andere Gründe, die sich mit ein wenig Branchenkenntnis leicht erraten lassen, veranlassen die Schnelldresseure, die es bekanntlich in allem besonders eilig haben, mit dem fliegenden Galoppwechsel immer früher zu beginnen, was zu teils bedenklichen, teils lächerlichen, sicherlich aber unverantwortlichen Auswüchsen führt.

Nach diesem tristen, aber praxisnahen Vorwort nun zur Sache.

Der einfache Galoppwechsel

Vor einigen Jahren äußerte sich, weit entfernt von hier, ein Dressurausbilder, dessen Pferde auffallende Schwächen in dieser Lektion aufwiesen, wie folgt: »Wissen Sie, ich lege auf diese Übung keinen Wert, wozu auch? Ab Klasse M wird doch ohnehin nur mehr fliegend gewechselt.« Ja, das stimmt zwar – nur hat eigenartigerweise keines seiner Nachwuchspferde diese Klasse bis heute erreicht. Sapienti sat (dem Wissenden genügt's).

Beim einfachen Galoppwechsel, ausführbar auf allen Linien und an allen Stellen der Bahn (wenn auch mit recht unterschiedlichem Schwierigkeitsgrad), ist das Pferd aus dem Arbeits- oder versammelten Galopp zum Mittelschritt zu parieren, umzustellen und nach zwei bis drei Tritten wieder anzugaloppieren. Die Parade zum Schritt soll durchgehen, das heißt das Pferd ohne unklare Zwischentritte sogleich in einen reinen Schritt bringen, dabei aber jede Härte oder Stockung vermeiden; es folgen die Schritt-Tritte, ohne Unruhe oder Zögern, im Tempo und Raumgriff des Mittelschrittes mit klarer Fußfolge. Unmittelbar aus dem Schritt (kein trabähnlicher »Anlauf«) ist wieder anzugaloppieren. Das alles mit weitgehend geradegerichtetem Pferd, in guter Gleichgewichtshaltung und sicher am Zügel *(Abb. 48)*.

Legt man einen genaueren Maßstab an, dann ist der einfache Galoppwechsel in schöner Ausführung gar nicht so einfach und verlangt vor allem belastbare, willig und geschmeidig mitarbeitende Hinterbeine, von denen die für diese Übung nötige Durchlässigkeit größtenteils herkommt.

Wenn der einfache Galoppwechsel noch nicht ganz entspricht, so mag manchmal das Genick noch zu wenig gelockert sein. In der Mehrzahl der Fälle sieht man jedoch die Pferde im Trab und Galopp schon recht sauber am Zügel gehen. Sobald aber zum Schritt pariert wird, drücken die noch steifen Hinterbeine gegen die Hand, und das Gleiche läßt sich beim nachfolgenden Angaloppieren beobachten. Die Schwierigkeiten sind demnach meist in der Hinterhand zu suchen.

Um das Pferd bei der Parade aus dem Galopp zum Schritt genügend zu setzen, wird man diesen Übergang am Zirkel, später auf einer großen Volte (etwa 10 m) üben. Auf dieser muß das Pferd an und für sich gesetzter galoppieren und besonders den inneren Hinterfuß stärker als auf gerader Linie biegen, was sowohl dem Durchlassen der Parade als auch dem nachfolgenden Angaloppieren sehr entgegenkommt. Dieser Hinweis ist aber nicht dahingehend zu verstehen, daß rundenweises Galoppieren nur gelegentlich durch Schrittparaden unterbrochen wird. Es soll im Gegenteil möglichst oft pariert und wieder angaloppiert werden, ohne langen Zwischengalopp. Haben der Gang oder die Haltung durch die Schrittparade gelitten, dann ist erst wieder Ordnung zu schaffen und mit dem nächsten Angaloppieren zu warten, bis das Pferd wieder regelmäßig und in genauer Längsbiegung am Zirkel oder auf der Volte schreitet. Ist man nach mehrmaliger Wiederholung mit der Ausführung zufrieden, dann folgt die gleiche Übung auf der anderen Hand, wobei die schwierigere Seite etwas mehr Zeit beanspruchen darf.

Diese Vorübung wird das Pferd recht bald im Parieren und Angaloppieren so befestigen, daß man mit wenigen Schritt-Tritten auskommt, weil das Pferd sich ebenso leicht parieren wie auch angaloppieren läßt. Ist das erreicht, dann wird die Schrittparade vor den Handwechsel im Schnittpunkt zweier Zirkel oder der Acht auf der kurzen Seite gelegt und mit dem Umstellen das neue Angaloppieren verbunden *(Abb. 49)*. Die genaue Anzahl der Tritte ist anfänglich nicht das Wichtigste. Hauptsache bleiben zunächst eine geschmeidige Schrittparade und ein reaktionsschnelles Angaloppieren. Damit ist aber nicht gemeint, daß das Pferd nun plötzlich wie ein Frosch mit einem Aufwärtsbogen in den Galopp hineinspringt, sondern daß es auf die Hilfen sogleich ruhig und trotzdem energisch mehr vorwärts als aufwärts in den Galopp übergeht.

Dies wird nun in Verbindung mit Kehrtvolten, Schlangenlinien, Wechseln durch die ganze und halbe Bahn am Wechselpunkt und erst später, weil schwieriger, auf gerader Linie, zum Beispiel Mitte der langen Seite, geübt.

Erst wenn der einfache Wechsel an diesen Stellen, an denen die Bande das Geradehalten und Angaloppieren noch wesentlich erleichtert, wirklich »sitzt« und auch schon die vorgeschriebene Trittzahl eingehalten werden kann, sollte man den Wechsel auf gerader Linie ohne Hilfe der Bande vornehmen: am zweiten Hufschlag und in der Mitte der Wechsel- oder Mittellinie. Daß manche Reiter mit der Anzahl der Tritte nicht zurechtkommen und immer zu viele brauchen, liegt oft am zu wenig flexiblen Sitz. Sie parieren zum Schritt, setzen sich erst umständlich zurecht, bevor sie ihr Pferd umstellen, um danach ebenso betulich die Hilfen zum Angaloppieren zu geben. Bis dahin hat aber das Pferd schon etliche, jedenfalls aber mehr als drei Tritte hinter sich. Ein solches »Langzeitverfahren« kann man bestenfalls bei den ersten Versuchen dieser Übung gelten lassen. Später heißt es parieren, bereits während der

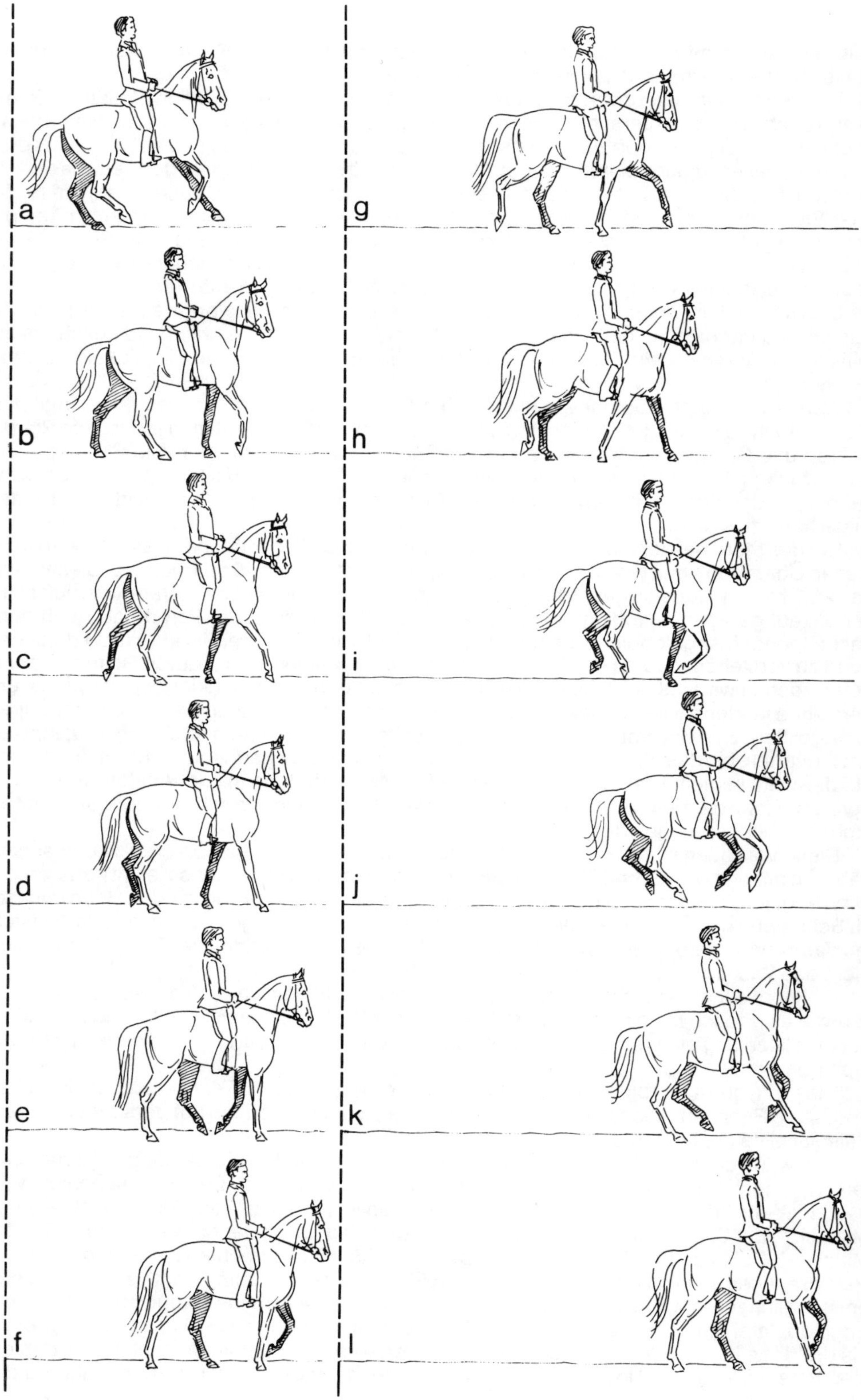
a
b
c
d
e
f
g
h
i
j
k
l

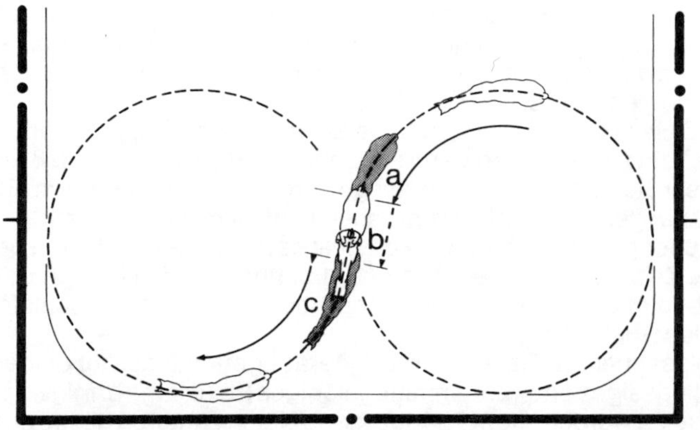

Abb. 49 (oben): Die Acht mit einfachem Galoppwechsel von links nach rechts. *a* = Linksgalopp und Parade zum Schritt; *b* = Zwischentritte; *c* = Rechtsgalopp

Parade umsitzen, ein oder zwei Tritte herauslassen und spätestens jetzt die Galopphilfen einsetzen, da das Pferd bis zu deren Befolgung wahrscheinlich noch einen Tritt folgen lassen wird. Die gesamte Bewegung soll fließend, aber ohne Hast ablaufen.

Eine deutliche Steigerung der Anforderungen liegt im einfachen Galoppwechsel von Innen- zu Außengalopp. Die Ausführung bleibt zwar grundsätzlich gleich, verlangt aber klar differenzierte Hilfen und eine subtilere Reaktion des Pferdes.

Die Perfektionsübung des einfachen Galoppwechsels besteht darin, das Pferd am zweiten Hufschlag der Bahn herumzureiten und dabei abwechselnd nach innen und außen angaloppieren zu lassen. Die Anzahl der Sprünge nach jeder Seite und der Zwischentritte wird vorher festgelegt, kann gleichbleiben, aber auch variieren, um die Folgsamkeit des Pferdes noch eingehender zu prüfen. Hierfür könnte die Anweisung etwa lauten: Abwechselnd im Hand- und Außengalopp einmal herum, je acht Sprünge mit drei Zwischentritten. Oder: Acht Sprünge rechts, vier Tritte, sieben Sprünge links, drei Tritte, sechs Sprünge rechts, zwei Tritte, usw.

Nur wenn der Reiter die Anzahl der Sprünge und Tritte exakt bestimmen kann, das Pferd dabei in sich gerade bleibt und auch die Linie, das heißt stets den gleichen Abstand zur Bande hält, gilt die Ausführung als schulgerecht. Bei ein bis zwei Zwischentritten haben wir es bereits mit einer wichtigen Vorübung für den als nächstes zu besprechenden fliegenden Galoppwechsel zu tun.

Der fliegende Galoppwechsel

Im Laufe der intensiven Schulung im Außengalopp wird es namentlich bei nervigen Pferden manchmal vorgekommen sein, daß sie sich der noch ungewohnten Arbeit durch Umspringen entziehen wollten. Diese vom Reiter unbeabsichtigten fliegenden Wechsel sind oft reiner als die ersten, die man später auf die Hilfen erwartet. Damit beweist das Pferd nicht nur seine Fähigkeit oder gar Veranlagung für diese Lektion, sondern auch, daß es den Wechsel vor allem dann richtig ausführen kann, wenn es selbst den Entschluß dazu faßt. Reagiert es später, vom Reiter aufgefordert, nicht oder nicht richtig, dann hat es entweder die Hilfen nicht verstanden oder in dieser Form nicht verstehen wollen.

Abb. 48 (links): Einfacher Galoppwechsel von rechts nach links. *a–c* = Rechtsgalopp; *d–f* = Schrittparade, 2–3 Zwischentritte mit Umstellen nach links; *g–l* = Linksgalopp

Der einsichtsvolle Reiter wird daher den Versuchen seines Pferdes, aus dem Kontergalopp umzuspringen, maßvoll entgegenwirken, am besten dadurch, daß er ruhig zum ursprünglichen Galopp zurückkehrt, aber von eigentlichen Strafen absehen, um dem Pferd nicht etwas zu verleiden, was er später von ihm haben will.

Die höheren Ziele vor Augen wird man es auch unterlassen, den Außengalopp über einen allzu langen Zeitraum im Pferd derart nachhaltig zu verwurzeln, daß jeder spätere Versuch, es aus dieser bereits zur Gewohnheit gewordenen Gangart durch fliegende Wechsel herausbringen zu wollen, mit großer Wahrscheinlichkeit mißlingen wird.

Sobald der Außengalopp seine Zwecke erfüllt hat und das Pferd darin genügend Sicherheit besitzt, ist es Zeit, den nächsten Schritt zu tun und mit dem Lehren der fliegenden Galoppwechsel zu beginnen. »Nichts überstürzen, aber auch nichts verschlafen« lautet die Devise des rationellen Ausbilders.

Nur ein losgelassenes, im Galopp wirklich geradegerichtetes, auf beiden Händen richtig gebogenes, durchlässiges und versammlungsfähiges Pferd kann erfolgversprechend in dieser Lektion gearbeitet werden. Gewiß hängt es von vielen Faktoren ab, wann man dieses Stadium erreicht – ganz gewiß aber nicht einige Monate oder gar Wochen nach dem Anreiten. Solche »Wunderkinder« finden wir auch unter Pferden nicht, und wenn es sie gäbe, dann wären gerade sie mit besonderer Vorsicht zu genießen.

Neben der körperlichen Durchbildung wird man bei dieser Übung, die zusammen mit anderen Kriterien über die Eignung für Klasse M und darüber entscheidet, ohne eine gewisse charakterliche und temperamentsmäßige Veranlagung nicht auskommen. Das Pferd kann zu dieser Bewegung nicht einfach gezwungen werden, sondern muß dazu innerlich bereit sein, sie als Entschluß oder Instinkthandlung vollziehen, was bei ausgesprochenem Phlegma nur selten der Fall sein wird. Auch die körperliche Geschicklichkeit, eine gewisse angeborene Bewegungsfreude spielen eine Rolle (tolpatschige Menschen können zum Beispiel trotz bedeutender Körperkräfte ihre Abneigung gegen bestimmte Turnübungen nicht überwinden, weil sie eine innere Stimme vor dem wahrscheinlichen Mißlingen warnt). Pferde, die für höhere Dressurstufen vorgesehen sind, brauchen nun einmal neben der (sehr geschätzten) Gelassenheit auch etwas Blut und frommes Feuer, denn mit Einwirkung oder, direkter gesagt, Kraft allein ist auf die Dauer nichts auszurichten.

Ein »starker« Reiter muß nicht unbedingt ein Herkules sein. Mit dem nötigen Nachdruck kann man natürlich manches aus einem Pferd herausholen, was ein schwächerer (soll heißen: weniger geübter) Reiter nicht schafft. Dabei stößt man aber sehr bald auf Grenzen. Es sind Fälle bekannt, in denen Pferde selbst unter den tüchtigsten Bereitern und Pädagogen »nicht ums Verrecken« zu einem reinen fliegenden Wechsel zu veranlassen waren. Ähnlich verhält es sich mit den Lektionen der hohen Schule. Wäre dies alles nur eine Frage unwiderstehlicher Einwirkungen, dann könnte man unter Einsatz hierfür geeigneter Reiter aus jedem Pferd ein Grand Prix-Pferd machen – das kann man aber (leider oder gottseidank) eben nicht.

Ob das Pferd so weit ist, daß man es im fliegenden Wechsel schulen kann, muß man hauptsächlich aus dem Verhalten im Kontergalopp und beim einfachen Wechsel herausfühlen. Es muß sich mühelos geradehalten lassen und im Ganzen genügend fein gestimmt sein, das heißt auf leichte Hilfen spontan und sicher reagieren.

Nun kommt aber beim fliegenden Wechsel eine Hauptschwierigkeit hinzu, die uns bei den bisherigen Lektionen nicht oder nicht in dieser Form entgegentrat: Zur Einübung gibt es zahlreiche, teils sehr wenig bekannte Möglichkeiten beziehungsweise Methoden, von denen es die für das betreffende Pferd geeignetste herauszufinden gilt. Dazu gehört reichliche Erfahrung, Einfühlungsvermögen und auch ein bißchen Intuition. Bedingt durch die Verschiedenheit der Pferde verhält es sich beinahe wie bei der Verordnung von Medikamenten: Was dem einen hilft, bringt den anderen fast um.

Das Lehren des einfachen Galoppwechsels ist beispielsweise mehr eine handwerkliche, das des fliegenden eine mehr künstlerische Angelegenheit, weil nicht nur technisch komplizierter, sondern auch psychologisch anspruchsvoller. Wenn man sich in der Wahl der Mittel vertut, muß man mit großen Schwierigkeiten bis zu totalem Mißerfolg rechnen. Die Besonderheiten des Temperamentes und des Exterieurs, speziell die daraus resultierende Galoppbewegung sind jedenfalls sorgfältig zu berücksichtigen.

Grundsätzlich kann man das Pferd nach entsprechender Vorbereitung und individuellen

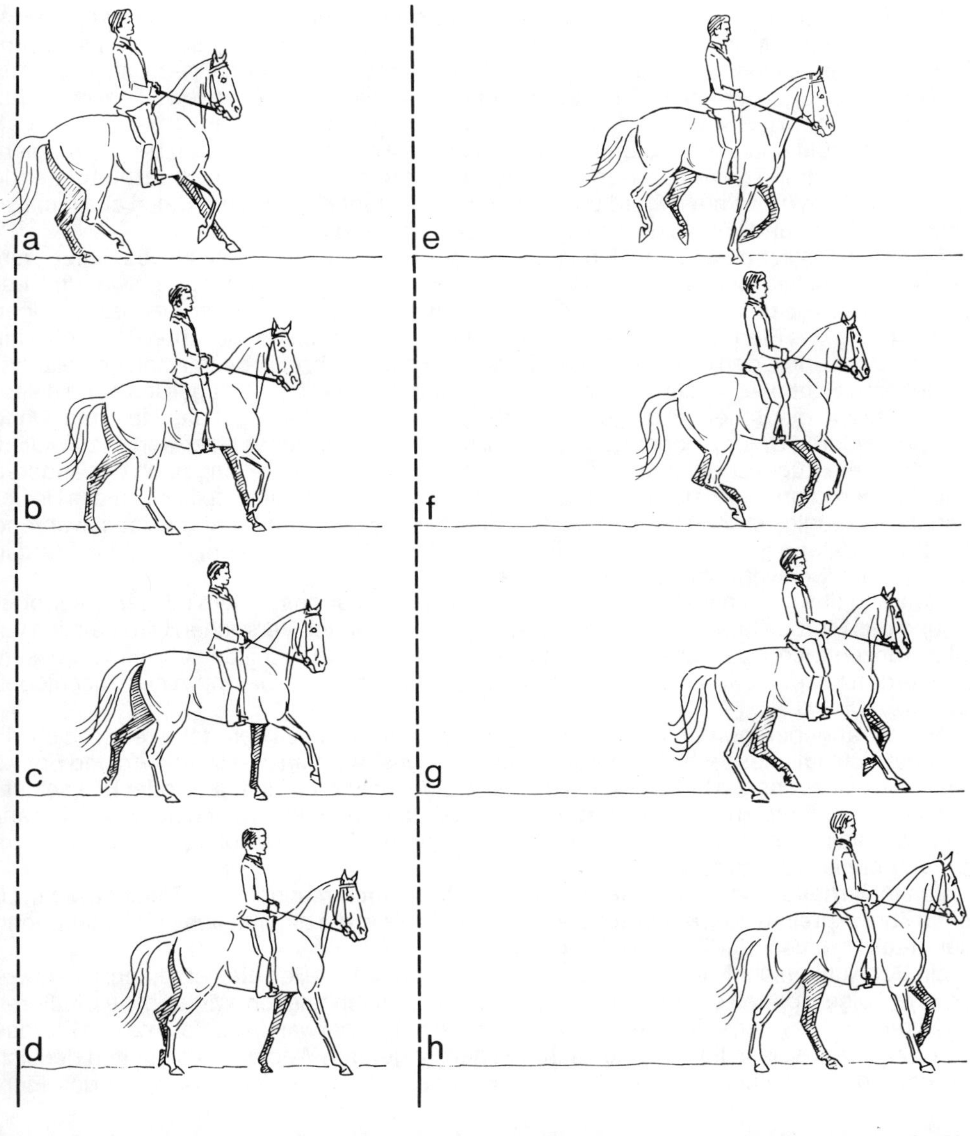

Abb. 50: Fliegender Galoppwechsel von rechts nach links. *a–e* = Rechtsgalopp; *e–f* = Umstellung; *f* = Umspringen während der Schwebephase; *g–h* = Linksgalopp

Vorübungen, die das Ge- oder Mißlingen sehr stark beeinflussen, zum fliegenden Wechsel auf gerader oder gebogener Linie auffordern, ganz spezielle Linien wählen, die Bande zu Hilfe nehmen, die Versammlung erhöhen oder wenn nötig auch vermindern, das Tempo mäßigen oder steigern usw. Manchen Pferden wird das Umspringen im Anschluß an eine Traversale leichtfallen; die Vor- und Nachteile aller Möglichkeiten ergeben sich immer nur aus dem Verhalten des gerade in Arbeit befindlichen Pferdes.

Deshalb sei hier davon abgesehen, eine bestimmte Vorgangsweise als zielführend zu empfehlen. Maßgebend ist, daß der Ausbilder die ihm zu Gebote stehenden Maßnahmen kennt und entsprechend anwendet. Das Pferd wird sehr bald anzeigen, ob man die richtige Methode gewählt hat. Wenn auf dem eingeschlagenen Weg keine Fortschritte zu erwarten sind, dann scheue man sich nicht, ihn alsbald zu verlassen und einen erfolgversprechenderen einzuschlagen. Man sei niemals hartnäckig in bezug auf den Weg, sondern immer nur hinsichtlich des Zieles. Schwierige Pferde können sogar ein mehrmaliges Umstellen des Lehrvorganges erfordern, das sich natürlich innerhalb reiterlicher Grenzen zu bewegen hat und nicht zu einem fortwährenden Herumexperimentieren ausarten darf.

Feines Gefühl und scharfes Beobachten, wie und worauf das Pferd am besten reagiert, sind gerade während der Anfangszeit unerläßlich. Das kontrollierende, nicht zu entbehrende Auge des Fachmannes sieht Pferd und Reiter stets als Einheit, was vom Sattel aus nicht so leicht möglich ist, und kann daher auch die verbessernden Hilfen angeben.

Als rein technische Seite der Übung, die nur ein wenig Geschicklichkeit des Reiters verlangt, kann man die Hilfen am geschulten Pferd, das den fliegenden Wechsel einwandfrei beherrscht, wie folgt zusammenfassen: Knapp vor dem Punkt, an dem der Wechsel erfolgen soll, bekommt das Pferd eine halbe Parade. Danach greift der bisherige innere Schenkel mit etwas Druck zurück, den Galoppwechsel fordernd. Fast gleichzeitig nimmt man den bisherigen äußeren Schenkel an den Gurt vor, begleitet von der Gewichtsverlagerung nach seiner Seite. Während die Schenkel umgelegt werden, stellen auch die Zügel das Pferd um. Ohne es in den anderen Galopp oder in die eventuell neue Richtung ziehen oder werfen zu wollen, gibt der innere Zügel soviel nach, daß der bisherige äußere die Stellung nach der anderen Seite nehmen kann. Der Hals bleibt dabei gerade, am Widerrist festgestellt. Alle diese Bewegungen sind zügig, aber nicht überfallartig, sondern fein aufeinander abgestimmt während des letzten Galoppsprunges vor dem fliegenden Wechsel auszuführen, damit das Pferd in der folgenden Schwebephase die Fußfolge ändern kann.

Während des gesamten Vorganges muß die Mittelpositur des Reiters mit der Galoppbewegung des Pferdes harmonisch mitschwingen. Bei den ersten Versuchen wird nämlich vor lauter Konzentration auf Schenkelumlegen, Gewichts- und Zügelhilfen sehr oft vergessen, das Pferd mit Kreuz und innerem Sitzknochen in den anderen Galopp hineinzuschieben *(Abb. 50)*.

Aus der angeborenen Galoppbewegung und Empfindsamkeit der Pferde ergibt sich ein sehr unterschiedliches Verhalten bei dieser Lektion, weshalb man die Hilfen in Art und Stärke jedem Pferd anzupassen hat. Bei solchen, die zu einer gewissen Heftigkeit oder Eile neigen, wähle man das Tempo und vor allem die Stelle mit Bedacht (eventuell vor einer Ecke), bei anderen, die sich dabei gern verhalten, wird ein vorheriges Schwungholen, vielleicht in Form von Tempounterschieden, nützlich sein.

Das fehlerhafte Hochwerfen der Kruppe entsteht durch mangelndes Gleichgewicht, zu weites Zurückgreifen des neuen äußeren Schenkels bis in die empfindliche Flankengegend oder durch »bremsende« Zügeleinwirkung *(Abb. 51)*.

Ein Schwanken der Nachhand, das sich bis zum Schrägstellen steigern kann, ist entweder eine Folge des fehlenden inneren oder einer zu nachhaltigen Wirkung des äußeren Schenkels. Tritt es nur nach einer Seite auf, dann ist möglicherweise die Schiefe des Pferdes noch nicht restlos beseitigt (das bei mehrmaligen fliegenden Wechseln von hinten deutlich wahrnehmbare, abwechselnde Stellen der Kruppe, wie es der Längsbiegung des Pfer-

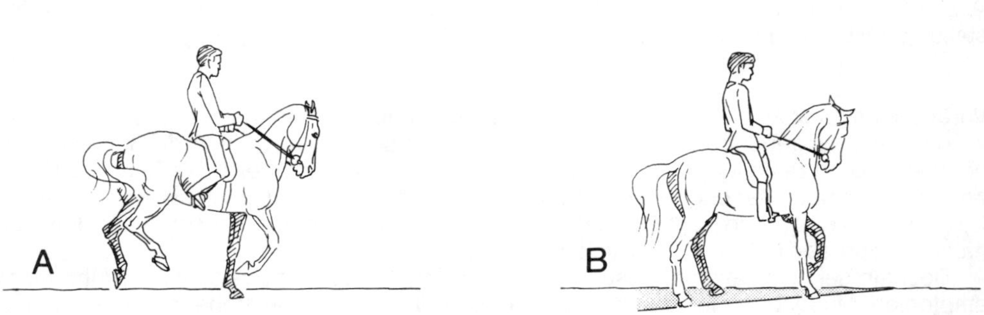

Abb. 51: Fehler beim fliegenden Galoppwechsel. *A* = Hochwerfen der Kruppe; *B* = Schrägstellen der Nachhand

des entspricht, kann nicht als Schwanken bezeichnet werden, wenn der innere Hinterfuß dabei auf der Linie des gleichseitigen Vorderfußes bleibt).

Wenn das Pferd geteilt umspringt, das heißt zuerst vorne und dann hinten oder umgekehrt, dann kann es am Reiter oder am Pferd liegen. Im ersten Fall fehlt es entweder an der Übereinstimmung der Hilfen oder man hat versäumt, das Pferd genügend zu »schließen« *(Abb. 52)*.

Für den zweiten Fall kommen viele Ursachen in Betracht, die sich hier nur kurz streifen lassen. Wenn zum Beispiel die Fußfolge des Galopps Fehler enthält, wie schleppende oder übereilte Nachhand etc., so entsteht daraus fast immer ein analoger Fehler in den fliegenden Wechseln. Das Erfassen der Galoppbewegung, noch mehr der darin enthaltenen Unregelmäßigkeiten, bleibt dem kundigen Auge vorbehalten; den »zerlegten« Wechsel sehen zwar nicht alle, mit Sicherheit aber zuschauende Konkurrenten.

Zur Behebung ist zunächst der Galoppsprung an sich, das heißt die Fußfolge in Ordnung zu bringen (Tempo regulieren, Nachhand mehr be- oder entlasten). Springt das Pferd zuerst vorne um, dann empfiehlt sich beim Wechsel eine traversartige, wechselt es hinten zuerst, eine schulterhereinartige Richtung.

Alle beschriebenen Fehler und noch einige dazu können auftreten, wenn das Pferd die Übung lernt. Was tun, wenn alle bekannten Mittel versagen? Selbst ausgekochte Experten standen dabei schon vor einem Rätsel. Wie sagte Otto Digeon von Monteton vor mehr als hundert Jahren? »Ehe Sie sich nicht gänzlich ratlos fühlen, haben Sie keinen Anspruch darauf, ein Reiter zu sein.«

Nebenbei: Ehrliche Könner erkennt man unter anderem daran, daß sie ihre Schwierigkeiten richtig einschätzen und auch zugeben. Sie wissen die Meinung oder den Rat ihrer Fachgenossen sehr wohl zu schätzen, während die Dilettanten selbstverständlich niemals Probleme haben, daher auch keine Hilfe brauchen, in Wirklichkeit aber nicht mehr weiterkönnen.

Gewalt bringt, wie wir wissen, nichts ein; höchstens kann man dem Pferd einen derartigen Widerwillen gegen die Übung hineinprügeln, daß es schon beim geringsten Ansatz dazu rebelliert oder passiv widerstrebt, was weitaus schlimmer ist. Es hilft nur nachdenken, geduldiges Wiederholen und die Voraussetzungen verbessern: Losgelassenheit, Geraderichtung und Durchlässigkeit.

Nur in der Geraderichtung, wie sie der Galoppstellung entspricht, lassen sich die Hinterbeine von den Schenkeln des Reiters so genau kontrollieren, daß sie der Aufforderung zum Wechsel folgen werden, wenn es gelungen ist, dem Pferd die Bedeutung der Hilfen begreiflich zu machen. Bei dieser Gelegenheit sei vielleicht ein Grundsatz für die gesamte Ausbildungstätigkeit angemerkt:

Es ist nicht so sehr Sache des Pferdes, den Reiter zu verstehen; vielmehr ist es Aufgabe des Reiters, sich dem Pferd verständlich zu machen.

Darin liegt ein wesentlicher Unterschied.

Als nächstes müssen Tempo und Art der Galoppade stimmen. Von mühsam nachschleppenden Hinterbeinen ist kein kraftvoller Impuls für einen ausdrucksvollen fliegenden Wechsel zu erwarten.

Gleichgewicht und Versammlungsgrad sind individuell richtig zu bemessen. Übertriebene Aufrichtung mit festem Rücken verhindert ein geschmeidiges Umspringen ebenso wie eine stark überlastete Vorhand (bei Schlaufzügelpferden häufig zu beobachten).

Dann ist herauszufinden, an welcher Stelle, auf welcher Hand und in welchem Tempo dem Pferd die Übung anfangs am leichtesten fällt. Diese Stelle ist allerdings zu verlassen, sobald eine zufriedenstellende Reaktion erreicht ist oder das Pferd versucht, dem Reiter zuvorzukommen.

Sind die beiden Seiten des Pferdes noch stark ungleich, das heißt verfügt es über eine ausgeprägte hohle und steife Seite, dann ist mit Schwierigkeiten beim Wechsel nach der steifen Seite zu rechnen. Gründliches Geraderichten der hohlen und Biegen der steifen Seite muß erst den sogenannten Seitenausgleich bewirken, der zu einer gleichmäßigen Anlehnung an beide Zügel führt.

Abb. 52: Fehler beim fliegenden Galoppwechsel. Geteiltes Umspringen in den Linksgalopp nach der Schwebephase

Was die Intensität der Einwirkungen betrifft, so ist man fast immer besser dran, sich mit leichteren Hilfen erst einmal heranzufühlen, als das Pferd durch unerwartete Überfälle zu irritieren. Der äußere Schenkel kann selbstverständlich durch den Sporn verstärkt werden (eventuell auch zweimal schnell hintereinander), gegebenenfalls ist auch die Gerte unterstützend einzusetzen oder das Pferd nachdrücklicher um den neuen inneren Schenkel zu biegen. Macht sich der im ursprünglichen Galopp innere Hinterfuß frei, dann wird der Schenkel allein dies kaum verhindern, und es empfiehlt sich, mit beiden Zügeln die Schulter nach dieser Seite zu führen.

Zeigt sich trotz aller Bemühungen überhaupt kein Erfolg, dann ist das Pferd für diese Übung entweder ungeeignet (was sich aber erst nach mehrmaligen Wiederholungsversuchen mit monatelangen Intervallen endgültig herausstellt) oder noch nicht reif. Das kann eine Frage des Alters, des Auffassungsvermögens oder der Rittigkeit sein.

Dem von Pferd zu Pferd stark unterschiedlichen Reifeprozeß kommt große Bedeutung zu. Erfahrungen haben gezeigt, daß hochveranlagte Pferde selbst während des dritten Ausbildungsjahres trotz gewissenhaftester Vorbereitung und routinierten Reitern nicht zu einem verwertbaren fliegenden Wechsel zu bewegen waren, so daß man schon am Talent zu zweifeln begann, diesen aber nach einer längeren »schöpferischen« Pause auf einmal fast spielend erlernten.

Vergleiche mit begabten Schulkindern drängen sich auf, denen nach anfänglicher Wirrköpfigkeit plötzlich »der Knopf aufgeht«. Man muß also auch die Zeit ein wenig für sich arbeiten lassen. Wem übrigens drei Jahre Lernzeit für ein M-Pferd lang erscheinen, der sei daran erinnert, daß nur ganz wenige Reiter diese Klasse in gleicher Zeit schaffen. Außerdem liegt zwischen den ersten, mit allen Erleichterungen gelungenen Versuchen, fliegend zu wechseln, und der lässigen Sicherheit, mit der später an jedem beliebigen Punkt und auch in höherem Tempo changiert wird, noch ein recht langer Weg.

Ist der einmalige, fliegende Wechsel auf beiden Händen in Ordnung, auch von Außen- zu Außengalopp, dann kann man an die Wechsel nach bestimmter Sprungzahl herangehen, die wir nicht zu erörtern brauchen, da das Prinzip der Ausführung gleichbleibt. Es handelt sich dabei mehr um ein stufenweises Belehrungsverfahren, in dessen Verlauf allerdings auch mit einigen Hindernissen zu rechnen ist. Erst wenn die Einerwechsel, die nicht jedes Pferdes Sache sind, mit souveräner Sicherheit fließen, kann man das ganze Kapitel als abgeschlossen betrachten.

Die Pirouette im Galopp

Sie entstammt der kriegsmäßig angewandten Reitkunst und war für die Wendigkeit des Pferdes im Einzelgefecht von ausschlaggebender Bedeutung. Wir finden diese Wendung wenngleich in etwas anderer Form – aber auch im Repertoire des Stierkämpfers zu Pferd und des Cowboys, also überall dort, wo schnelle Richtungsänderungen zum überleben, zur Arbeit oder zu welchem Zweck immer gebraucht werden.

Man legte daher in allen Lehrsystemen der Reitkunst, besonders in der klassischen Schule, auf die Perfektion der Pirouetten seit jeher größten Wert.

Welche Übung die schwierigste der gesamten Reitkunst ist, läßt sich nicht festlegen, weil die individuelle Veranlagung der Pferde dabei eine wesentliche Rolle spielt. Zweifellos gehört die Pirouette dazu und kann manchmal eine größere Klippe darstellen als zum Beispiel die Piaffe, die Passage oder der Einerwechsel, die manche Pferde fast von selbst anbieten, sobald sie die Bewegung sicher beherrschen. Eine saubere Pirouette aber geht kein Pferd von selbst.

Wir haben es hier mit einem unerbittlichen Prüfstein für Versammlung, das heißt ehrliche Hankenbeugung, Schwung, Trag- und Federkraft der Hinterbeine sowie vollständige Übereinstimmung aller reiterlichen Einwirkungen zu tun. Ein »Durchschwindeln« ist bei der geforderten Anzahl von 6–8 Sprüngen gänzlich ausgeschlossen. Da heißt es die Karten auf den Tisch legen. Nach jahrzehntelanger Dressurerfahrung faßte Oberst Podhajsky dieses Thema in einem knappen Satz treffend zusammen: »Einerwechsel, Piaffen und Passagen kann man kaufen; eine Pirouette muß man reiten.«

Damit ist der Unterschied zumindest für diejenigen Reiter, die ihre Pferde nicht selbst ausbilden, hinlänglich charakterisiert.

Haben gekonnte Pirouetten früher vielleicht zum Sieg im Reiterkampf verholfen, so können sie auch heute, im »friedlichen« Wettstreit am Dressurviereck (die Anführungszeichen gelten für Kenner der Verhältnisse), einiges dazu beitragen. Ausdrucksvolle Pirouetten, die ganz hohe Noten verdienen, besitzen nämlich Seltenheitswert. Da sie in allen schweren Prüfungen nach jeder Seite, also zweimal verlangt worden und außerdem (im Gegensatz zu Piaffen, Passagen und Einerwechsel) berechtigterweise einen Koeffizienten besitzen, können sie ein Punkteplus einbringen, das bei den oft sehr geringen Bewertungsdifferenzen plazierungsentscheidend sein kann.

Eine in mehrere Punkte gegliederte Definition der Pirouette finden wir in den einschlägigen FEI-Bestimmungen:

Artikel 412 – Ganze und halbe Pirouette

1. Die Pirouette (halbe Pirouette) ist ein Kreis (Halbkreis) auf zwei Hufschlägen, dessen Radius der Länge des Pferdes entspricht und in der die Vorhand einen Kreis um die Hinterhand beschreibt.
2. Die Pirouetten (halben Pirouetten) werden normalerweise im versammelten Schritt oder Galopp, können aber auch in der Piaffe ausgeführt werden.
3. In der Pirouette (halben Pirouette) bewegen sich die Vorderfüße und der äußere Hinterfuß um den inneren Hinterfuß, der den Drehpunkt bildet. Dieser Fuß, der sich bei jedem Schritt oder Galoppsprung hebt, muß an derselben Stelle oder etwas davor wieder auffußen.
4. In welcher Gangart die Pirouette (halbe Pirouette) auch ausgeführt wird, muß das leicht in die Bewegungsrichtung gestellte Pferd bei leichter Verbindung »an den Hilfen« stehen. Es muß sich geschmeidig wenden lassen, dabei aber den genauen Rhythmus und die Regelmäßigkeit dieser Gangart beibehalten.

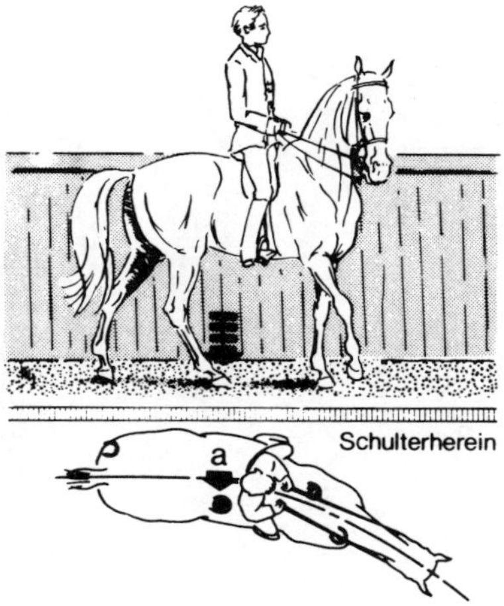

Abb. 53: Schulterherein rechts im Galopp. *a* = Vor- und Untertreten des inneren Hinterfußes

5. Während der gesamten Bewegung der Pirouette (halben Pirouette) muß das Pferd seinen Schwung behalten. Es darf niemals die geringste Rückwärtsbewegung andeuten oder sich von seiner Achse entfernen.
   Wird der innere Hinterfuß nicht im gleichen Rhythmus angehoben wie der äußere Hinterfuß und fußt er nicht in der gleichen Weise auf, ist die Gangart nicht mehr regelmäßig.
6. Die Pirouette (halbe Pirouette) wird nach der Geschmeidigkeit, der Leichtigkeit, dem Takt und der Regelmäßigkeit sowie nach der Genauigkeit und Geschmeidigkeit der Übergänge bewertet; in den Galopp-Pirouetten muß ebenfalls Übereinstimmung zwischen dem Gleichgewicht, der Erhabenheit und der Zahl der Galoppsprünge bestehen (6–8 Galoppsprünge für die Pirouette, 3–4 für die halbe Pirouette sind wünschenswert).

Aus dem ersten Absatz ergibt sich bereits die Generallinie für die vorbereitende Arbeit.

Wenn es richtig ist, daß ein Kreis bzw. eine Volte auf zwei Hufschlägen um so schwerer zu reiten ist, je kleiner der Durchmesser wird, dann muß der kleinste Kreis, dessen Radius nur mehr einer Pferdelänge entspricht, der komplizierteste sein. Dies führt zu dem Schluß, daß bei einem stufenweisen Fortschreiten der Ausbildung vom Leichten zum Schwierigeren das Pferd erst größere Volten auf zwei Hufschlägen einwandfrei beherrschen muß, bevor man die kleinste Volte auf zwei Hufschlägen, die Pirouette, von ihm verlangen kann.

Mit diesen Vorübungen, den Volten auf zwei Hufschlägen, wollen wir uns ein wenig beschäftigen.

Vor einiger Zeit beklagte sich ein Dressurreiter im vertraulichen Gespräch darüber, daß sein Pferd praktisch alles aus der Klasse S beherrsche, nur die verflixten Pirouetten nicht. Daß das Pferd keine Pirouetten konnte, stellte sich anläßlich eines Besuches als richtig heraus. Bei näherem Hinsehen allerdings auch etwas anderes: Bei den Schrittpirouetten war die Trittfolge zögernd, die Längsbiegung einfach nicht vorhanden. Dem Pferd gelangen auf keiner Hand 6-m-Volten im Galopp; es fiel stark aus und verlor zusehends an Tempo. Zuletzt führten auch exakt ausgerittene Ecken im versammelten Galopp zu Komplikationen infolge unzureichender Längsbiegung. Von einer Volte auf zwei Hufschlägen, egal welchen Durchmessers, konnte unter diesen Umständen natürlich keine Rede sein. Es lag somit (wie so oft) nicht an der Lektion, sondern an der vernachlässigten Vorarbeit.

Eine Zeitlang kann man (ausbildungsmäßig gesprochen) von den Mitteln des Pferdes leben – um so besser, je mehr sie mitbringen – und sich über geduldige Detailarbeit nonchalant hinwegsetzen; aber irgendwann bekommt man – spätestens in den höheren Stufen – die Rechnung präsentiert, bleibt bei bestimmten Übungen hängen, und dann heißt es nachzahlen – oder den Ausgleich anmelden.

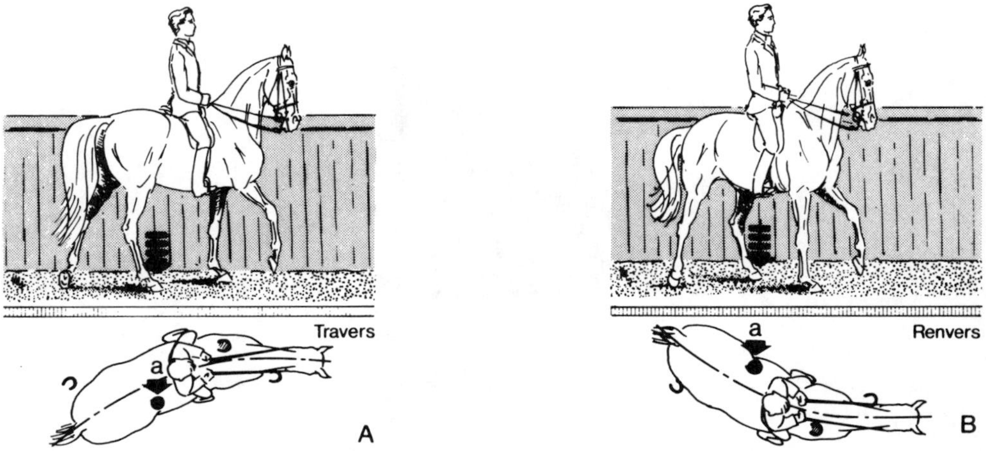

Abb. 54: A = Traversgalopp rechts; *B* = Renversgalopp rechts. *a* = Vor- und Untertreten des inneren Hinterfußes

Ungenauigkeit, Oberflächlichkeit, Bequemlichkeit usw. schaffen ebensolche Pferde, und es wird kaum einen Ausbilder mit anerkannten, großen Dauererfolgen geben, der sich nicht durch Gründlichkeit und Gewissenhaftigkeit auszeichnet.

Soll das Pferd kleine und kleinste Kreise auf zwei Hufschlägen galoppieren, dann muß es zuvor die Seitengänge im Galopp auf gerader Linie und danach auf größeren Kreisen lernen. Ob und wann diese Kreise verkleinert werden können, hängt ganz von den Fortschritten des Pferdes ab. Wird der Galopp auf dem kleineren Kreis schleppend, unrein oder hört das Pferd überhaupt auf zu galoppieren, dann ist es für kleinere Durchmesser zu früh. Leidet der Gang, so ist das stets ein sicheres Zeichen dafür, daß das Pferd eine gesteigerte Anforderung noch nicht verträgt *(Abb. 53, 54)*.

Die Arbeit beginnt im Schulterherein- und Traversgalopp an der Bande und führt über Galopptraversalen in genügender Abstellung und Biegung zum Zirkel verkleinern – vergrößern. Diese Übung gymnastiziert abwechselnd beide Hinterbeine. Beim Vergrößern hauptsächlich das innere, das sich in Wendungen oft steift und ohne dessen willige Biegung eine geschmeidige Pirouette undenkbar ist (Zirkel verkleinern – vergrößern bildet daher eine ganz wichtige Übung, aus der sich bei stufenweiser Steigerung bereits Pirouetten herausarbeiten lassen).

Bei den nun folgenden Volten auf zwei Hufschlägen empfiehlt sich ein Verfahren, das zwar nicht sehr verbreitet zu sein scheint, seine Wirkung bei konsequenter Anwendung jedoch noch nie verfehlt hat.

Zur Erleichterung der Linienkontrolle legt man diese Volten zunächst quadratisch an und wählt für die ersten Übungen einen Durchmesser von etwa 10 m. Auf diesem Quadrat galoppiert man in leichter Renversstellung. Die Abstellung von 1–2 Hufbreiten sollte nicht überschritten werden, damit das Tempo besonders in den vier Wendungen gleichmäßig flüssig bleibt. Der Renvers ist deshalb zweckmäßig, weil sich das Pferd nicht so leicht schiefmacht wie im Traversgalopp, wenn diesem die entsprechende Biegung fehlt; außerdem lernt es, seine Nachhand auf dem längeren Weg während der Wendung gehörig mitzunehmen, wenn der äußere Schenkel des Reiters dies energisch genug fordert *(Abb. 55)*.

Sobald das Pferd die Renversvolte fleißig und versammelt galoppiert, geht man zur Volte im Traversgalopp über, was ohne Umstände von der gleichen Linie weg möglich ist. Die Traversvolte (ebenfalls in geringer Abstellung) wird nun nach und nach verkleinert, wobei man die Wendungen abrundet, was schließlich zu einer normalen Volte, allerdings auf zwei Hufschlägen, führt.

»Warum nicht gleich«, könnte man fragen, »wozu der Umweg über das Quadrat?« Er hat gute Gründe. Wie bei den Wendungen im Gang bereits besprochen, bringen quadratische

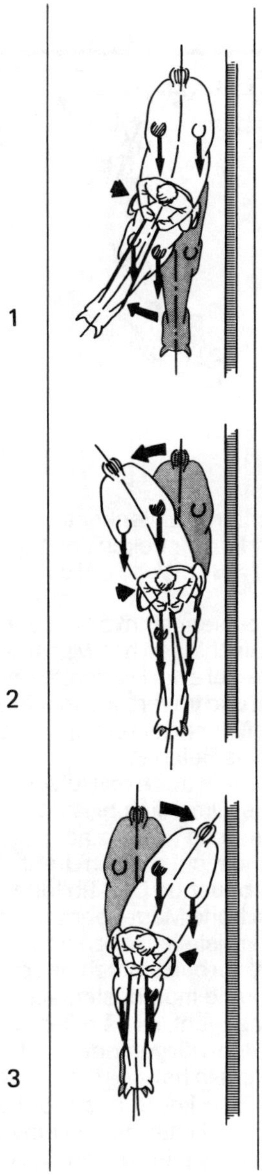

Abb. 55: Seitengänge im Galopp, Abstellung im Vergleich zum geradeausgehenden Pferd. *1* = Schulterherein rechts; *2* = Travers rechts; *3* = Renvers links

Volten ein genaueres Ergebnis und bieten im vorliegenden Fall die Möglichkeit, die Ecken schon als Viertelpirouette zu reiten; eine Vorübung, die man zwischendurch einlegen kann *(Abb. 56)*.

Da alles, was über die Pirouette gesagt wird, sinngemäß auch für die halbe Pirouette gilt, kann man natürlich zuerst auch halbe Volten auf zwei Hufschlägen reiten, bevor man an die ganze herangeht.

Ein gewisser Einfallsreichtum beim Aufbau und der Kombination einzelner Übungen, dem betreffenden Pferd angepaßt, kennzeichnet jedenfalls den erfolgreichen Ausbilder, der sein Metier beherrscht und sich in seine Arbeit wirklich hineindenken kann. Es läßt sich zum Bei-

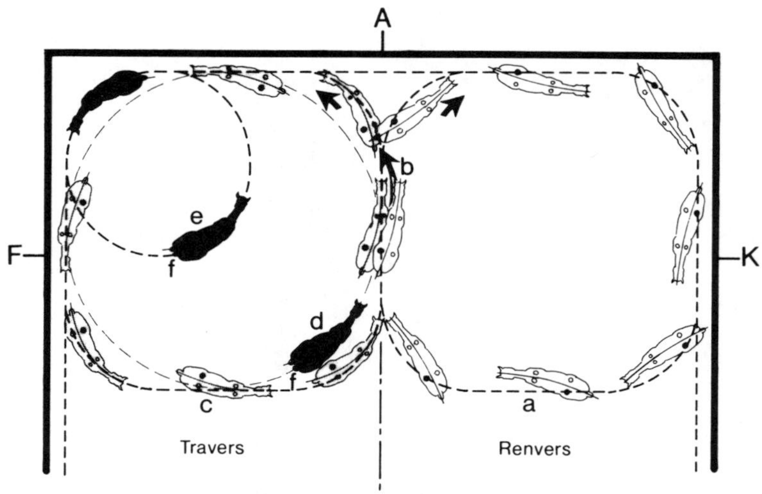

Abb. 56: Die Quadratvolte (zur leichteren Linienkontrolle). *a* = Renversgalopp; *b* = Übergang zum Traversgalopp; *c, d, e* = Abrunden der Ecken und Verkleinern der Volte bis zur 6-m-Volte auf zwei Hufschlägen; vergleiche *f* = 6-m-Volte auf einem Hufschlag

spiel die Volte auf zwei Hufschlägen sehr sinnvoll mit der Traversale verbinden, weil man in dieser das Pferd schon auf zwei Hufschlägen hat. Man traversiert vom Wechselpunkt zur Mittellinie, beginnt dort die halbe Volte auf zwei Hufschlägen, kann nebenbei leicht überprüfen, ob sie auf der Mittellinie auch endet und traversiert anschließend auf der Wechsellinie zurück. Am Wechselpunkt gelangt man mit fliegendem Galoppwechsel auf die andere Hand und setzt auf dieser die Übung fort. Das nur als Beispiel.

Hat das Pferd einmal gelernt, Volten auf zwei Hufschlägen sicher und regelmäßig zu galoppieren, dann wird sich der Kreis allmählich bis zum gewünschten Durchmesser verkleinern lassen. Dann ist die wahre Pirouette (= Volte auf zwei Hufschlägen) entstanden, auf der das Pferd tatsächlich galoppiert und nicht einfach dreht.

Mit einem Pferd ohne diese aufbauende Durchbildung gleich Pirouetten reiten zu wollen kommt der Absicht gleich, eine 2 m hohe Mauer ohne steigernde Vorarbeit zu springen. Nur: Bei der Mauer sieht man die Hindernisteile fliegen und hört es krachen (wenn es das Pferd nicht verständlicherweise vorzieht, vorbeizulaufen oder stehenzubleiben); bei der Pirouette sieht der Laie nichts und hören könnte man bestenfalls das Knacken in den Beingelenken. Deswegen aber, weil es hier leiser zugeht, ist es reiterlich nicht überzeugender, wenn auch ungefährlicher, und artet in ein Herumwürgen oder -schleudern auf der Stelle aus, das mit einer eleganten Pirouette nichts gemein hat.

Bei dem beschriebenen Verfahren findet das Pferd während der gesamten Vorbereitungsarbeit keine Möglichkeit, mit den Hinterbeinen am Boden haften zu bleiben und lediglich zu drehen. Es muß durchwegsgaloppieren, und das ist schließlich die Hauptsache.

Das Drehen ist immer wieder zu beobachten, wenn von ungenügend vorgeschulten Pferden gleich Pirouetten auf der Stelle gefordert werden. Die Pferde folgen zwar gewohnheitsmäßig den Wendehilfen, wissen aber nicht, was sie eigentlich machen sollen und ersparen sich das anstrengende Galoppieren während der Wendung. Eine gute Pirouette wird überhaupt nie ganz auf der Stelle geritten, ebenso wie eine Schrittpirouette oder eine Piaffe immer ein zentimeterweises Vorrücken enthält. Man muß während der Pirouette vielmehr daran denken, die Galoppbewegung zu fördern und mit den Hinterbeinen einen wenn auch noch so kleinen Kreis zu beschreiben.

Die Hilfen des Reiters entsprechen sinngemäß denen bei der Kurzkehrtwendung oder Schrittpirouette, die bereits ausführlich besprochen wurden und daher hier weggelassen werden können. Es sollen nur die Besonderheiten, die sich durch die Ausführung der Wendung im Galopp ergeben, herausgestellt werden.

Als erstes sind die Sprünge des versammelten Galopps knapp vor dem Punkt, an dem die Pirouette geritten werden soll, noch etwas zu verkürzen, weil mit der normalen Sprunglänge des versammelten Galopps der Radius der Pirouette natürlich nicht zu schaffen ist und eine übergangslose Parade beim ersten Sprung der Lektion das Pferd aus dem Rhythmus bringen könnte.

Der Beginn wird mit einer halben Parade am äußeren Zügel deutlich markiert und das Pferd in 6–8 Sprüngen auf dem gedachten, kleinen Kreis regelmäßig herumgaloppiert. Das Tempo, in dem man die Vorhand herumführt, muß mit der Hinterhand genau übereinstimmen. Der äußere Zügel fängt zusammen mit dem inneren Schenkel jeden einzelnen Sprung auf, der vom äußeren Schenkel gebracht wird, so daß man nach jedem Sprung auch geradeaus weiterreiten könnte. Dadurch wird ein selbständiges Herumwerfen des Pferdes oder ein Überdreher nach dem letzten Sprung verhindert *(Abb. 57)*.

Spezielle Beachtung verdient der Sitz des Reiters: Die Mittelpositur muß schiebend wirken und vor allem der innere Sitzknochen das Pferd bei jedem Sprung genügend vordrücken. Da die Schenkel die Wendung zu veranlassen haben und die Zügelhilfen zur Erhaltung der Gangart nichts beitragen können (außer: nicht stören), bleibt allein der Sitz zur Förderung des Galoppsprunges übrig, der auch sofort abstirbt, wenn die schiebende Wirkung des Kreuzes aufhört. Zur Beendigung erfolgt wieder eine halbe Parade am äußeren Zügel; fast gleichzeitig drücken beide Schenkel und das Kreuz das Pferd in die gewünschte Richtung vor. Die Sprünge sind sogleich wieder auf das Normalmaß und Tempo des versammelten Galopps zu bringen. Soll wenige Sprünge nach der Pirouette ein fliegender Galoppwechsel folgen, wie zum Beispiel in den internationalen Dressuraufgaben, dann wird dieser mit großer Wahrscheinlichkeit zu kurz geraten, wenn es nicht gelingt, auf der dazwischenliegenden, ziemlich kurzen Strecke etwas Schwung zu holen.

Auch bei der Pirouette als Wendung im Galopp wiegen Gangfehler am schwersten. Das Schlimmste, was überhaupt passieren kann, ist das »Abreißen« des Galoppsprunges. Damit versagt das Pferd die verlangte Gangart, und der Fehler ist genauso groß, als ginge es vergleichsweise eine Volte im Schritt statt, wie verlangt, im Galopp (deshalb wird eine etwas größere – natürlich in Grenzen – aber durchgesprungene Pirouette im allgemeinen besser bewertet). Die Ursache kann entweder darin liegen, daß das Pferd in kleineren Volten auf zwei Hufschlägen zu wenig Übung hat; oder die Nachhand ist durch übermäßiges Versammeln und Rückneigen des Reiters so überlastet, daß die Hinterbeine das Gewicht nicht mehr »derstemmen«. Eventuelle Versuche, die dann folgenden, bäumenden Hebungen als »erhabene Sprünge« zu verkaufen, werden dem fachlichen Ansehen des Reiters nicht gerade förderlich sein.

Zu den Gangfehlern gehören ferner zu langsame oder zu schnelle Sprünge (herumgeworfene Pirouette). Wenn das Tempo schon nicht stimmt, dann ist es immer noch besser, es wenigstens beizubehalten, als auch noch Unregelmäßigkeiten (langsame und schnelle Sprünge wechseln ab) zu dulden.

Als nächstes ist die Gewichtsverteilung sorgfältig zu beachten. Pirouetten auf der Vorhand, in unzureichender Versammlung und Selbsthaftung entsprechen nicht den Regeln der Kunst, weil sie den Hauptzweck, das Beugen des Hinterbeines, vollständig verfehlen; ebenso gilt eine zu hohe Aufrichtung, die die Rückentätigkeit unterbindet, als mangelhaft.

Steckt wenig Energie und Elastizität in den Hinterbeinen, dann neigen solche Pferde dazu, den Hilfen folgend einfach zu drehen, ohne zu springen.

Man hüte sich davor, in der Pirouette das Pferd mit vorherrschenden, betont seitwärtswirkenden Zügelhilfen wenden zu wollen. Sie begünstigen höchstens das Drehen und Vorauseilen der Vorhand. Sitz und Schenkel besorgen die Hauptarbeit. In dem Bestreben, das Pferd möglichst auf der Stelle zu halten, wird es mit den Zügeln oft viel zu stark »gebremst«. Dadurch erstickt der Sprung, die Hinterbeine kleben, die zusammengezogenen Pferde spannen sich und drücken bäumend gegen die Hand oder weichen einfach nach hinten aus.

So wie bei scharf rückspannenden Zügeln zum Beispiel auch keine Piaffetritte entstehen können, weil die Hand das Treten nicht ermöglicht, so muß man in der Pirouette ebenfalls jeden Sprung herauslassen. Das richtig versammelte Pferd wird während der Pirouette nicht weglaufen und braucht zur vollen Entfaltung eine eher leichte Anlehnung.

Auch übertriebene Gewichtshilfen, wie weites Zurück- oder Seitwärtshängen, bringen außer Gleichgewichtsstörungen nichts ein und zeigen nur, daß unzulängliche Schulung nun durch forcierte Einwirkungen ersetzt werden soll.

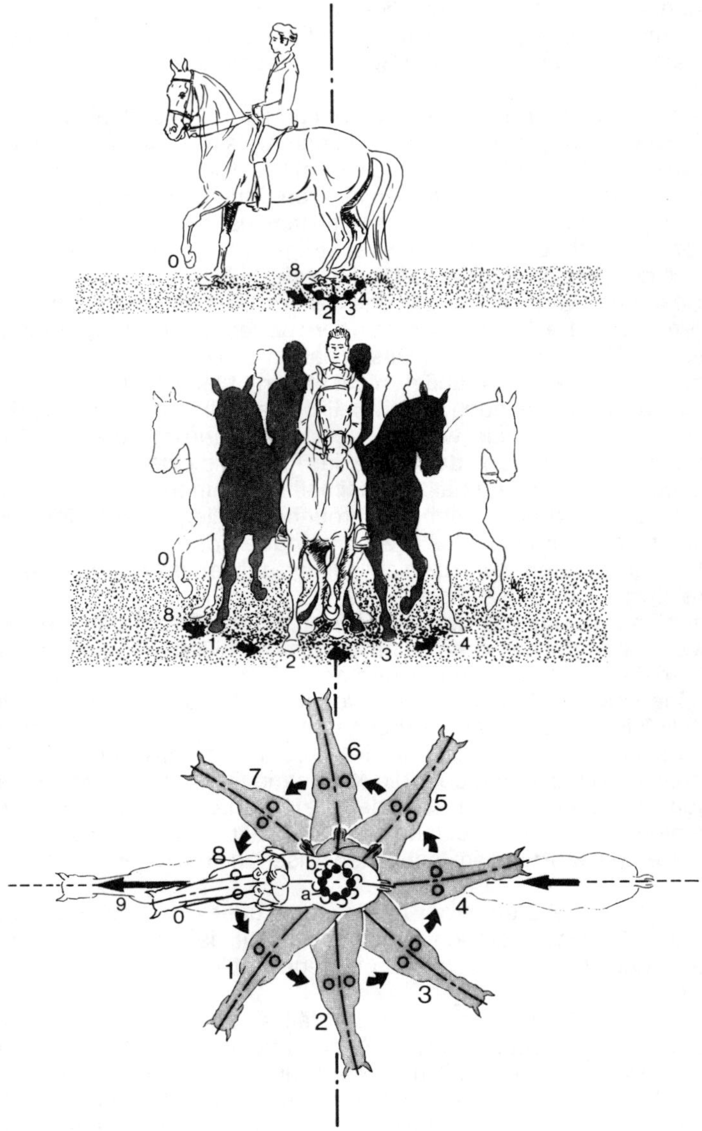

Abb. 57.: Die Pirouette im Galopp. Bei *0* = Einleitung (identisch mit Sprung 8), *9* = nach Beendigung geradeaus weitergaloppieren. *a* = innerer Hinterfuß (Hauptstütze); *b* = äußerer Hinterfuß

Drittens: Da die Pirouette nun einmal eine traversartige Wendung auf der Nachhand darstellt, muß das Pferd eine ausreichende Längsbiegung annehmen und in den Vorübungen gelernt haben, sich die Kruppe – wenn auch nur leicht – während der ganzen Wendung hereinhalten zu lassen; andernfalls riskiert man, daß vornehmlich gegen Ende der Pirouette die Nachhand ausfällt oder das Pferd kreuzt beziehungsweise umspringt.

Diese geringe Traversstellung darf jedoch erst zu Beginn der Pirouette sichtbar werden und nicht dazu führen, daß das Pferd schon vorher auf zwei Hufschlägen geht. In dem vor- und nachherigen Geradehalten, das selbstverständlich der Galoppstellung entspricht, liegt eben eine zusätzliche Schwierigkeit.

Zur Schulung, besser noch zur Korrektur lassen sich die Pirouetten natürlich auch mit Traversalen verbinden. Die Vorteile: Man befindet sich bereits auf zwei Hufschlägen, wenn man zur Pirouette ansetzt; die anschließende Traversale besitzt auch erzieherischen Wert, weil sie dem Pferd verdeutlicht, daß es sich die Hinterhand gegebenenfalls auch nach der Pirouette verstärkt mitnehmen lassen muß.

Es kann aber auch vorkommen, daß die Pirouette mißlingt, weil der innere Hinterfuß zu wenig Last aufnimmt und sich seitwärtstretend der Wendung entgegenspreizt. In diesem Fall sind die bereits bekannten Maßnahmen zur stärkeren Beugung des inneren Hinterfußes im Galopp anzuwenden. Auf der Linie vor der Pirouette gibt man dem Pferd eine schulterhereinartige Richtung, aus der sich die Pirouette leicht entwickeln läßt, und treibt vom ersten Sprung an mit dem inneren Schenkel so viel vor, daß auch in den folgenden der innere Hinterfuß nicht ausweichen kann und das Gewicht sowohl auffangen als auch abfedern muß. Danach setzt man das Schulterherein ein Stück auf gerader Linie fort.

Nun zu den Möglichkeiten, die Pirouette mit steigendem Schwierigkeitsgrad einzustudieren. Man beginnt nach der besprochenen Vorbereitung mit ein – zwei »Testsprüngen«, die nur zeigen sollen, ob das Pferd, im Galopp fast auf der Stelle bleibend, bereits traversartig wenden kann. Nähert man sich am Zirkel der Mittellinie, dann bekommt das Pferd eine halbe Parade und wird auf der Nachhand zur Mitte der kurzen Seite gewendet, wozu nur 2–3 Sprünge nötig sind. Diese sollen mühelos, fast spielerisch herausgaloppiert werden. Man reitet auf der Mittellinie weiter und wendet zu einer eventuellen Wiederholung des Versuches auf die gleiche Hand ab.

Den nächsten Schritt bildet die halbe Pirouette in 3–4 Sprüngen, die man unter anderem ebenfalls am Zirkel anlegen kann. Reichen Versammlung oder Längsbiegung noch nicht aus, dann wird sie eine Volte, an beliebiger Stelle das Zirkels eingebaut, verbessern helfen. Durch die erste halbe Pirouette, die man am besten an der geschlossenen Seite anlegt, gelangt man in den Außengalopp, aus dem sich dann im Verlauf der offenen Seite die zweite halbe Pirouette entwickeln läßt, die wieder zum Handgalopp führt. Vom Wechselpunkt zur Mitte traversieren, halbe Pirouette und zurücktraversieren wird anfangs manchen Pferden leichter fallen als die gleiche Übung auf gerader Linie, wie im St.-Georgs-Preis enthalten.

Halbe Bahn und eine Pferdelänge vor der langen Seite halbe Pirouette ist eine praktische Möglichkeit, die optische Begrenzung der Bande auszunützen, und bewährt sich vor allem bei Pferden, die stark vorwärtsdrängen.

Wer glanzvolle Pirouetten anstrebt, sollte nicht gleich den Sprung von der halben zur ganzen wagen, sondern zum Ausfeilen die Zwischenstufe der Dreiviertelpirouette benützen.

Man bediene sich dabei der Vorteile des Renversgalopps, die bereits eingehend beschrieben wurden und uns nun bei der Pirouette sehr zustatten kommen. Gelangt man, am zweiten Hufschlag der langen Seite galoppierend, zur nächsten Ecke, so wird das Pferd noch ein wenig aufgenommen und die Dreiviertelpirouette nach außen gesprungen; anschließend geht es am zweiten Hufschlag weiter bis zur nächsten Ecke usw. Die Zweckmäßigkeit dieser Variante ist ohne weiteres einleuchtend und bedarf keiner Erklärung. Bei dieser Arbeit muß dem Reiter stets bewußt sein, daß die Pirouette als eine der anstrengendsten Dressurlektionen gilt und daher die Ermüdung des Pferdes einzurechnen ist, die sehr häufig manche Fehler verursacht. Linie und Längsbiegung werden im Renversgalopp am zweiten Hufschlag besonders genau kontrolliert; die Fortsetzung in gleicher Art verhindert wirksam ein Überdrehen; der Reiter wird zu ganz exakter Führung veranlaßt und kann den Verlauf der Linie durch den stets gleichen Abstand zur Bande leicht überwachen.

Als Krönung des Fleißes werden dann die ganzen Piroutten auf der Wechsel- und zuletzt auf der Mittellinie kaum noch nennenswerte Schwierigkeiten bereiten. Der erste kleine Halbkreis, den die Hinterbeine beschreiben, führt von der Linie weg, der zweite zu ihr zurück, so daß bei gelungener Ausführung der Ausgangspunkt wieder erreicht wird.

Durchgearbeitete und veranlagte Pferde werden durch die souveräne Leichtigkeit, mit der sie die Übung beherrschen, ihren Reiter gelegentlich zu doppelten oder auch mehrfachen Pirouetten verleiten. Es ist dies sicher ein eindrucksvoller Rittigkeits- und Geschicklichkeitsbeweis, den man allerdings nicht übertreiben sollte. Reitertakt und die stets gegenwärtige Mahnung, Lektionen des Dressurreitens (das ohnehin in dem Ruf steht, vom Showbusiness nicht allzuweit entfernt zu sein) nicht ins Zirzensische abgleiten zu lassen, ziehen hier gewisse Grenzen.

Rückwärtsrichten und die Schaukel

Eine der schwierigsten Lektionen (wenn nicht die schwierigste überhaupt) stellt das schulmäßige Rückwärtsrichten dar. Eine Feststellung, die für Reiter, die sich nur in den unteren Regionen der Kunst bewegen, zunächst etwas Befremdendes haben mag; von denjenigen aber, die in das Wesen der Ausbildung eines Pferdes bis in höhere Stufen eingedrungen sind, wird sie immer wieder bestätigt. Es erscheint deshalb der Mühe wert, sich mit dieser Übung einmal etwas intensiver zu befassen.

Um zu erkennen, worin eigentlich die besonderen Schwierigkeiten bestehen, müssen wir uns die Tatsache vor Augen halten, daß das Rückwärtstreten dem Pferde sehr gegen die Natur geht, und danach den Sinn der Übung sowie die Anforderungen untersuchen, die an ein im dressurmäßigem Sinn korrektes Rückwärtstreten zu stellen sind.

Zunächst hat man zu unterscheiden zwischen dem Rückwärtstreten eines Pferdes für den praktischen Gebrauch und dem Rückwärtsrichten als Dressurmittel. Bei dem einen dürfte es genügen, wenn das Pferd, bequem an den Hilfen bleibend, in geregelten, diagonalen Tritten willig, ruhig und auf gerader Linie rückwärtstritt, sobald es der Reiter verlangt. Die Notwendigkeit kann sich gelegentlich ergeben und auch das Gebrauchspferd sollte in der Lage sein, diese Aufgabe mit Anstand zu lösen.

Ganz anders verhält es sich beim schulmäßigen Rückwärtsrichten. Hier ist der Zweck durchaus nicht das Rückwärtstreten, sondern die Steigerung der Versammlung durch verstärkte Beugung infolge höherer Belastung der Hinterbeine sowie Verfeinerung der Durchlässigkeit. Das Rückwärtsrichten ist in diesem Fall nicht Selbstzweck, sondern ein Mittel zum Zweck.

Wenn von einer Erhöhung der Versammlung die Rede ist, so kann das nur heißen, daß sie vorher schon vorhanden sein muß. Ganz richtig, nämlich in der vorangehenden ganzen Parade. Von deren Ausführung wird es weitgehend abhängen, ob das anschließende Rückwärtsrichten zufriedenstellend gelingt oder nicht. Wir werden daher auch diese in unsere Betrachtungen miteinbeziehen müssen. Doch davon später.

Wie sieht nun ein im dressurmäßigen Sinn korrektes Rückwärtsrichten aus? In der ganzen Parade ist das Pferd stark zu versammeln. Vor allem werden die Hinterbeine bis an die Hüftlinie herangestellt. Danach tritt es mit gesenkter Kruppe, also mit genügend belasteten Hinterbeinen und daher kleinen, regelmäßigen Tritten, etwa im Tempo des versammelten Schrittes, in diagonaler Fußfolge auf schnurgerader Linie rückwärts. Dabei soll es die Beine heben, nicht schleifen, den Hals in einer der starken Versammlung entsprechenden Aufrichtung schön gewölbt tragen, das gebogene Genick (Stirnlinie annähernd senkrecht) loslassen und mit geschlossenem Maul kauen. Die vom Reiter verlangte Trittzahl wird selbstverständlich genau eingehalten. Will man das Rückwärtsrichten durch eine ganze Parade beenden, so läßt sich das Pferd ganz leicht wieder schließen *(Abb. 58)*.

Soweit das Idealbild dieser Lektion, dem man natürlich nur mit einem völlig durchgearbeiteten, in seiner Gesamtausbildung fertiggestellten und ehrlich losgelassenen Pferd nahekommen kann, das jeden Widerstand in den Hinterbeinen, im Genick und im Maul aufgegeben hat.

Wodurch aber entsteht die Bewegung des Rückwärtstretens? Ziehen die rückwärtstretenden Hinterbeine die Vorderbeine mit sich? Oder drängen die rückwärtstretenden Vorderbeine die Hinterbeine nach hinten hinaus? Warum entspricht es nicht der natürlichen Veranlagung des Pferdes? Welche Einwirkungen des Reiters sind erforderlich, um es richtig auszuführen? Viele Fragen, die der Reihe nach beantwortet werden sollen.

Grundsätzlich kann ein Pferd auf sehr verschiedene Arten rückwärtstreten und wird das auch tun, wenn es nur halbwegs geritten ist und man es dazu auffordert. Mit einem schul-

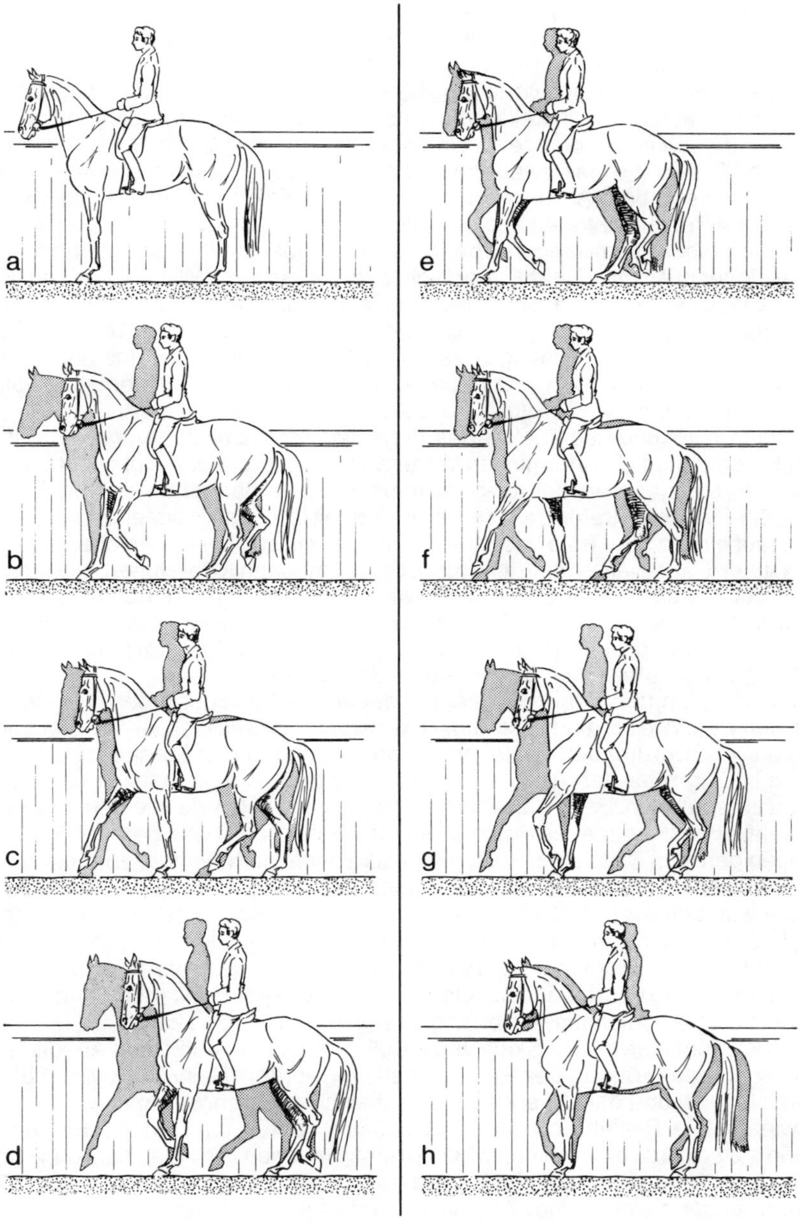

Abb. 58: Das Rückwärtsrichten. *a–f* = korrekter Bewegungsablauf bei den einzelnen Rückwärtstritten mit *g–h* = anschließendem Halten

mäßigen Rückwärtstreten hat das oft nicht viel zu tun. Die Arten der Ausführung, die meisten davon wie gesagt unzureichend, sind abhängig vom Gleichgewicht, besser gesagt, vom Verhältnis der Gewichtsverteilung auf Vorhand und Hinterhand, sowie vom Grad der Geraderichtung, der Durchlässigkeit und der Versammlung. Beim Rückwärtsrichten für Gebrauchszwecke mag es genügen, wenn die Vorhand den Rumpf und die Hinterbeine zurückschiebt. Beim Rückwärtstreten als Dressurmittel zum Zweck verstärkter Hankenbiegung, also bei bereits vorher richtig gebeugten Hinterbeinen, nimmt die Hinterhand die Vorhand mit, oder mit anderen Worten, das gebeugte Hinterbein hebt das Vorderbein auf. Die entlasteten Vorderbeine werden deshalb bei dieser Ausführung auch höher gehoben als die stärker belasteten Hinterbeine. Je nachdem, wie die Gewichtsmasse von Reiter und Pferd auf dessen Vorder- und Hinterbeine verteilt ist, können diese der Diagonalbewegung ein wenig voraus sein oder nachfolgen. In Zeitlupenaufnahmen sieht man das gelegentlich, und es ist auch nicht weiter schlimm, solange es sich nur um geringfügige zeitliche Verschiebungen handelt, das heißt solange die Bewegung dem freien Auge diagonal erscheint. Die winzigste, kaum noch wahrnehmbare Abweichung von der diagonalen Fußung bei einem im ganzen ausdrucksvollen Rückwärtstreten sogleich als Fehler zu bewerten, hieße die Genauigkeit in der Beurteilung dieser schwierigen Übung zu weit treiben. Millimetermaß und Apothekerwaage sind sicher nützliche Geräte, aber nicht zum Messen und Wiegen von Leistungen der Reitkunst, die Gott sei Dank auch ohne Mikromaßstäbe auskommt. Das soll einmal von einem Dressurrichter ganz offen ausgesprochen werden. Man darf dabei nämlich nicht vergessen, daß in der genau diagonalen Fußfolge des richtigen Trabes die Beine abstoßen, beim Rückwärtstreten jedoch abgehoben werden, und daß der Abstoß viel leichter einen vollkommen diagonalen Bewegungsablauf ergibt als das Abheben.

Warum die Bewegung des Rückwärtstretens dem Pferde nicht naturgemäß ist, läßt sich aus seiner körperlichen und innerlichen Veranlagung erklären. Dem gut gezogenen Pferd ist der Vorwärtstrieb angeboren, der auf dem immer noch vorhandenen Instinkt des Fluchttieres basiert. Ein Rückwärtstreten des Pferdes in Freiheit ist nur sehr selten zu beobachten und bleibt meist auf ein bis zwei Tritte beschränkt, die sich mit seitlich ausweichenden, möglichst wenig belasteten Hinterbeinen vollziehen. Die Skelettmechanik der Hinterbeine, das heißt die Anordnung der Knochenhebel und Gelenkswinkel, ist darauf ausgerichtet, den Pferdekörper vorwärts zu schieben oder mit großer Kraft abzuschnellen. Nach hinten kann der Mechanismus nicht im gleichen Maß wirken. Deshalb sind die Takte im richtigen Rückwärtstreten stets kürzer als diejenigen des versammelten Schrittes.

Nun zu den Hilfen und Einwirkungen, mit denen die Bewegung des Rückwärtstrottens hervorgerufen wird. Wieder einmal sei darauf verwiesen, daß es fast bei allen Lektionen mehrere Arten der Ausführung gibt (je nachdem, ob es sich um das Stadium des Lehrens, der praktischen Übung oder der Vervollkommnung handelt), die den einzelnen Ausbildungsabschnitten entsprechen. Es soll uns hier gleich die ganze Parade, die dem Rückwärtsrichten vorangeht, als willkommenes Beispiel dienen. Während wir uns beim A-Pferd mit einem einigermaßen geraden Stillstehen auf gleichmäßig belasteten Beinen, aber noch nicht ganz herangeschlossener Hinterhand und auch noch nicht restlos am Zügel begnügen, verlangen wir vom weit geförderten Dressurpferd, daß es mit richtig untergeschobenen und belasteten Hinterbeinen in vollkommener Aufrichtung und Genickbiegung bei gleichmäßiger, leichter Anlehnung am Zügel kauend, eine Zeitlang unbeweglich steht. Es versteht sich von selbst, daß eine solche Parade nur von einem sorgfältig durchgerittenen Pferd, dessen Ausbildung nahezu abgeschlossen ist, verlangt und geleistet werden kann.

Dazwischen liegt eine ganze Skala von Möglichkeiten, die eben vom Ausbildungsstand des Pferdes und dem Können des Reiters bestimmt werden. Beim Rückwärtstreten verhält es sich ganz ähnlich und daraus erklären sich die scheinbaren Widersprüche in der Hilfengebung, wie sie die Reitlehren und der praktische Unterricht fordern. Ein verzweifelter Schüler: »Ja wie soll man es denn nun wirklich richtig machen? Der eine sagt entlasten, Oberkörper vor, der andere sagt sitzenbleiben oder gar zurückneigen; einmal heißt es wechselseitige, dann wieder gleichseitige Zügelhilfen. Und so geht das weiter!«

Der Schüler hatte recht – aber die Lehrer auch, denn es ist nun einmal ein großer Unterschied, ob das Rückwärtstreten von einem jungen Pferd geleistet werden soll, bei dem man froh und zufrieden ist, wenn es überhaupt rückwärtstritt, sobald es wechselseitige Zügeleinwirkungen, die durch deutliche Kopfstellung zusammen mit dem gleichseitigen Schenkel ein zu starkes seitliches Ausweichen der Hinterbeine zu verhindern versuchen, dazu einladen. Dabei wird ihm die Entlastung der Hinterbeine durch leichtes Vorneigen des Oberkörpers das Eingehen in die Bewegung erleichtern.

Ganz anders beim schulmäßigen Rückwärtstreten aus der ganzen Parade in der beschriebenen Ausführung. Zunächst sollte es möglich sein, das Pferd für kurze Zeit in dieser vollen Versammlung zu behalten, die schon eine Probe auf das willige Belasten der Hinterbeine darstellt, die eigentlich vor dem noch schwierigeren Rückwärtstreten vorzunehmen

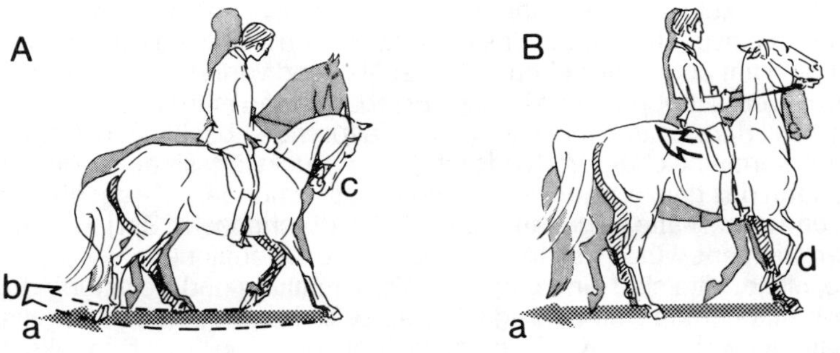

Abb. 59: A, B = fehlerhaftes Rückwärtstreten. *a* = Rückwärtstreten auf gerader Linie (zum Vergleich); *b* = seitliches Abweichen von der Linie; *c* = auf der Vorhand, zusammengezogen; *d* = Widerstand, über dem Zügel, weggedrückter Rücken; die Tritte »bleiben stecken«

wäre (bei Pferden, die mit den Hinterbeinen in die Parade nicht gern weit genug unter den Schwerpunkt treten, empfiehlt es sich, diese aus einem schwungvollen Trab auszuführen, was die Hinterhand meist besser heranbringt). Der Schenkel gibt nun als erstes den Impuls zum Anheben der Hinterbeine. Sobald dieses fühlbar wird, leitet die Hand durch gleichmäßige Wirkung beider Zügel (das Rückwärtsrichten muß ja auch mit Zügel in einer Hand möglich sein) die entstehende Bewegung in ein Rückwärtstreten um. Das Gewicht bleibt dabei selbstverständlich belastend auf die Hinterhand, das heißt der Oberkörper des Reiters senkrecht zur Rückenlinie des Pferdes gerichtet, die durch die gesenkte Kruppe leicht nach hinten geneigt ist, wodurch der Oberkörper ein wenig zurückgenommen erscheint.

Durch ein solches Rückwärtstreten werden die Hinterbeine besonders in den Hanken derart stark gebeugt, daß es, richtig angewendet, für die Vorbereitung und Entwicklung der Piaffe und Passage von ganz besonderem Nutzen ist. Auch der vorige Grand Prix enthielt eine solche Stelle, siehe Position 34: »A auf die Mittellinie gehen, L halten, vier Tritte rückwärtsrichten, daraus sofort anpassagieren«, und sehr oft kommen die Pferde aus dem Rückwärtstreten mit einem deutlich verbesserten Ausdruck der Passage heraus. Außerdem zeigen gerade solche Übergänge, daß unsere Dressurprüfungen die Verbindung zur klassischen Reitkunst keineswegs verloren haben, wie manchmal fälschlich behauptet wird. In der neueren Fassung des Grand Prix (Ausgabe 1987) ist das Rückwärtstreten hingegen nicht mehr enthalten – weder als Schaukel noch als Einzelübung in Verbindung mit anderen Lektionen oder Obergängen. Der fachkundige Leser mag sich am Schluß des Kapitels selbst ein Urteil über diese Maßnahme bilden.

Wenn nun eine Übung wie das Rückwärtsrichten einerseits so große Vorteile bietet, andererseits aber dem Pferd so viel abverlangt, so ist es nur allzu verständlich, daß dieses jede sich bietende Möglichkeit wahrnehmen wird, sich solchen Anstrengungen wenigstens teilweise zu entziehen. Auf die häufigsten Mängel und deren Abhilfe soll kurz eingegangen werden.

Der größte Fehler, der vorkommen kann, ist wohl der, daß das Pferd die Hilfen einfach ignoriert und überhaupt nicht rückwärtstritt. Es »stellt sich fest«. Was nun? Die Ursache kann sowohl in der Vorhand als auch in der Hinterhand liegen. Man beobachte zuerst die Hinterbeine. Stehen diese zu weit nach hinten hinaus, ist ein Rückwärtstreten fast unmöglich. Leistet das Pferd jedoch den Zügeleinwirkungen im Genick, Hals oder mit dem Unterkiefer Widerstand, kann es auch nicht oder jedenfalls nicht geregelt rückwärtstreten. In allen diesen Fällen muß zuerst die Gesamtdurchlässigkeit, im besonderen die Qualität der ganzen Parade mit Schwerpunkt auf der richtigen Stellung der Hinterbeine verbessert werden, bevor man das Rückwärtstreten neuerlich verlangen kann.

Ein unangenehmer, unter Umständen nicht leicht abzustellender Fehler ist das »Rückwärtsfliehen«. Dabei läuft das Pferd bereits bei der geringsten Zügeleinwirkung, ohne sich zusammenstellen zu lassen, in viel zu schnellen Tritten rückwärts *(Abb. 59)*.

Wenn gegenwirkende, vortreibende Hilfen, eventuell unterstützt durch eine Hilfsperson in der Reitbahn, zu keinem Erfolg führen, so bleibt zunächst nichts anderes übrig, als ruhig in die Bewegung einzugehen, wenn das Pferd auch eine ziemliche Strecke rückwärtslaufen sollte, es danach am Zügel stillstehen und anschließend vortreten zu lassen, bis es die vortreibenden und verhaltenden Hilfen befolgt. Erst dann kann man wieder einige, eher wenige Rückwärtstritte verlangen und mit einer guten Haltparade abschließen. Ganz verkehrt aber wäre es, zur vermeintlichen Verhinderung des Rückwärtsfliehens die Zügel wegzuschmeißen, denn das ganze Manöver des Pferdes ist ja nur darauf gerichtet, vom Zügel loszukommen, und damit hätte es genau seinen Willen durchgesetzt. Bei jedem neuen Versuch des Rückwärtsrichtens würde der Tanz wieder von vorne beginnen.

Zu große, eilige Tritte sind eine Frage der Versammlung und Belastung der Hinterhand, Zögern verrät mangelnde Durchlässigkeit. Das seitliche Ausweichen der Hinterbeine läßt sich im Zusammenwirken der Kopfstellung mit dem gleichseitigen Schenkel meist leichter korrigieren als mit dem Schenkel allein; auch das häufige Üben an der Wand (ausweichender Hinterfuß an die Bande, Schulter-vor-Stellung) wird zweckmäßig sein.

Nach diesem Einblick in das Wesen des Rückwärtstretens kann man sich eine Vorstellung von den Tücken der Schaukel machen, die eine so schwierige Lektion wie das Rückwärtsrichten mit einer so komplizierten Gangart wie dem versammelten Schritt kombiniert; noch dazu in der Form, daß nach jeder Richtung eine bestimmte Trittzahl verlangt wird und sowohl die Rückwärts- als auch die Vorwärtsbewegung unmittelbar ineinanderfließen müssen – und das mehrmals hintereinander. Während dieser Lektion darf das Pferd keinen Moment zum Halten kommen (die Hinterbeine dürfen nie nebeneinander stehen). Alles hat sich in hoher Versammlung zu vollziehen.

Aus dem stark versammelnden Rückwärtstreten muß das Pferd in den erhabenen Tritten des versammelten Schrittes heraustreten (läßt man es beim Vorreiten im Schritt nur eine Kleinigkeit »auseinanderfallen«, wird es kaum möglich sein, die Schrittbewegung ohne Halten in ein reines Rückwärtstreten umzusetzen), sich unmittelbar daraus in die noch höhere Versammlung des Rückwärtstretens führen lassen, um aus dem letzten Tritt des Rückwärtstretens ohne jede Verzögerung die gewünschte Gangart anzunehmen. (Sollte diese Gangart »zufällig« der starke Schritt sein, so wird sich jetzt zeigen, ob es der Reiter verstanden hat, sein Pferd trotz hoher Versammlung in allen Teilen losgelassen zu erhalten; andernfalls wird es sich weder dem verlängerten Zügel nachstrecken noch den erforderlichen Raumgriff entwickeln und wahrscheinlich auch unrein treten.)

Haltung, Aufrichtung, Genickbiegung, Maultätigkeit bleiben fast unverändert, ebenso das Zeitintervall der Rückwärts- und Vorwärtstritte; das Ganze auf gerader Linie, ohne jede Unregelmäßigkeit, in höchster Versammlung, und doch nicht zusammengezogen.

Da ist also schon »einiges drin«. Natürlich kann man von allen gerittenen Pferden eine Art Schaukel verlangen. Die Schwierigkeit liegt fast ausschließlich in der Richtigkeit der Ausführung.

Es gibt wohl kaum einen unerbittlicheren Prüfstein auf Geraderichtung, Durchlässigkeit – und zwar sowohl in Richtung der treibenden als auch der verhaltenden Hilfen – und die Versammlung.

Den Beweis lieferten fast alle internationalen Dressurprüfungen, bei denen sich immer wieder beobachten ließ, daß selbst Pferde, die die Übungen der höheren Schule wie zum Beispiel Piaffe, Passage, Pirouetten und Galoppwechsel zu einem Tempo einwandfrei beherrschen, in der Schaukel erhebliche Schwierigkeiten hatten, wovon speziell die Seitenrichter ein Lied zu singen wissen.

Es kommt nämlich ein Umstand hinzu, der bisher noch nicht erwähnt wurde: Bei allen vorhin genannten Lektionen spielt der Schwung eine wesentliche Rolle und kommt dem Reiter entscheidend zu Hilfe. Bei der Schaukel hingegen kann man davon leider kaum Gebrauch machen. Sie wurde (als einzige Lektion des Grand Prix außer dem Anreiten zu Beginn) aus der Unbeweglichkeit der ganzen Parade eingeleitet. Bei einer Bewegung nach hinten kann von Schwung überhaupt keine Rede sein, und im versammelten Schritt läßt er sich auch nicht entfalten.

Die Mittel für eine saubere Ausführung können daher ausschließlich aus der Grundrittigkeit kommen. Man hat schon Pferde passagieren, pirouettieren und à tempo changieren gesehen, um die es in dieser Hinsicht nicht zum besten bestellt war.

Bei der Schaukel aber ist ein »Durchmogeln« ohne Losgelassenheit, Durchlässigkeit usw.

ziemlich ausgeschlossen. Die Richter haben die Möglichkeit, jeden einzelnen Tritt in Ruhe zu verfolgen. Da muß man schon Farbe bekennen.

Es wäre daher zu überlegen, ob man diese Lektion nicht doch in den nächsten Grand Prix Spécial aufnehmen und möglicherweise sogar mit einem Koeffizienten versehen sollte. Will man dem Prinzip treu bleiben, im Grand Prix Spécial noch eine gewisse Steigerung der Schwierigkeiten gegenüber dem Grand Prix zu schaffen, könnte man die Schaukel mit Zügel in einer Hand ausführen lassen. (Hoffentlich wird es jetzt nicht heißen, man hätte wieder eine Teufelei ersonnen beziehungsweise die Dressurkommission der FEI auf eine neue Idee gebracht, wie man den Dressurreitern das ohnehin schwere Leben noch schwerer machen kann.)

Eine Möglichkeit, mit dieser Lektion auch gleich die Durchlässigkeit auf die seitwärtstreibenden Hilfen zu prüfen, besteht darin, in die Schaukel Kurzkehrtwendungen einzubauen.

Die Übung, bei uns im Stall unter der Bezeichnung »Kombischaukel« gelegentlich geritten, geht etwa so: Fünf Tritte rückwärts, vier Tritte vorwärts, drei Tritte rückwärts, daraus Kurzkehrt rechts, drei Tritte rückwärts, vier Tritte vorwärts, fünf Tritte rückwärts, Kurzkehrt links, daraus im starken Schritt anreiten.

Doch nun Ende, bevor man uns noch gänzlich »verschaukelt« ...

Piaffe und Passage

Diese werden gemeinsam behandelt, obwohl der innere Zusammenhang nicht so stark ist, wie es auf den ersten Blick scheinen mag. Die gesetzte, erhabene Piaffe ist ein Produkt der sinnvoll entwickelten Tragkraft, verbunden mit Schwung, wobei der Begriff »Schwung« richtig aufzufassen ist und nicht mit Gang verwechselt werden darf.

Je nach dem Verhältnis dieser beiden Kräfte wird die eine oder die andere Übung dem Pferde leichter oder schwerer fallen. Es gibt Pferde mit glanzvoller Passage, denen man kaum einen kadenzierten Piaffetritt zu entlocken vermag, und auch das Umgekehrte ist zu finden – trotz allen Fleißes und Könnens des Reiters.

Das allein beweist, daß Piaffe und Passage einander nicht beinhalten müssen und die direkte Wechselwirkung »habe ich das eine, dann habe ich auch das andere« nicht gegeben erscheint.

Selbst wenn beide Lektionen für sich schon zufriedenstellend herausgearbeitet sind, können die Übergänge noch ein besonderes Problem und Arbeit für weitere Monate oder gar Jahre bedeuten, ohne Gewähr für jemals restloses Gelingen. Pferde, die beide Lektionen in gleich guter Qualität samt den dazugehörigen Übergängen beherrschen, bringt auch der internationale Turniersport nur alle Jahrzehnte hervor.

Warum eigentlich? Ist es denn so über die Maßen schwierig, Pferden piaffieren und passagieren zu lehren? Durchaus nicht – wenn man die Möglichkeit hat, dazu hochveranlagte Individuen heranzuziehen; man denke zum Beispiel an die feurigen Andalusier mit ihrer vorzüglich gewinkelten, tragfähigen Hinterhand, hohen Aktion und natürlicher Aufrichtung, verbunden mit Nerv und Gehlust; oder an ihre Verwandten, die Lipizzaner der Spanischen Reitschule.

Da nun in den jetzigen Dressurprüfungen die Qualität der Grundgangarten eine erhebliche Rolle spielt, worunter man nach Reinheit und Regelmäßigkeit im allgemeinen den Raumgriff versteht, braucht man dafür einen anderen Typ. Ein Pferd aber, das im Mittel- und starken Trab mit ellenslangen Tritten »die Wechsellinie frißt«, wozu neben energischem Schub auch eine entsprechende Skelettmechanik nötig ist, wird in der darauffolgenden Piaffe-Passagereprise kaum wie ein Barockpferd vom Boden loskommen, weil dieses eben wieder andere Exterieurfaktoren voraussetzt.

Es sagt zwar die Reitlehre ausdrücklich, man könne nicht von jedem Pferd die gleiche Piaffe und Passage verlangen, aber das Gleiche gilt schließlich auch für die Grundgangarten, und es bleibt fraglich, wie weit diese Tatsache bei der Beurteilung im Wettbewerb Berücksichtigung findet.

Gottseidank sind die Pferde derzeit noch sehr verschieden, und darin liegt ein gewisser Reiz, was jeder bestätigen wird, der viele verschiedene Pferde geritten hat. Sollte es (wer weiß?) in ferner Zukunft doch zu einer so starken Vereinheitlichung des Reitpferdetyps kommen, daß fast eine Standardform entsteht, dann werden die Dressurprüfungen viel von ihrem Zauber eingebüßt haben.

Vieles ist über Piaffe und Passage geschrieben worden; seit langer Zeit existieren sowohl genaue Beschreibungen als auch detaillierte Ausbildungsanleitungen der alten Meister, deren Perfektion in diesen Übungen wir aus obigen Gründen kaum erreichen werden. Auch an modernen Definitionen, Ausbildungsrichtlinien kompetenter Fachleute usw. herrscht kein Mangel. Was soll hinzugefügt werden, wo es doch genügte, das vorhandene Material zu nützen?

Doch auch auf anderen Wissensgebieten füllen die bisherigen Erkenntnisse ganze Regale und trotzdem wird jede neue Publikation von den Fachleuten sorgfältig studiert. Nicht nur umwälzende Neuerungen – auch Einzelheiten, oft gerade diese, die persönlichen Erfahrungen jedes einzelnen sind hochinteressant. Deshalb liest jeder Ausbilder gern über die Arbeit eines anderen, erfährt von gleichen oder ähnlichen Schwierigkeiten, stößt auf Besonderheiten, die andere Reaktionen bewirken, vergleicht mit den eigenen Ergebnissen, versucht da und dort eine kleine Arbeitsumstellung – es muß nicht gleich eine verschiedene Methode sein. Schon eine veränderte Vorgangsweise kann (kleine Ursachen, große Wirkungen) gerade bei dem gegenständlichen Pferd bessere Erfolge bringen, und so lernt einer vom anderen, wie es in schwierigen Kunstrichtungen immer üblich war.

Es empfiehlt sich im allgemeinen, die Ausbildung des Turnier-Dressurpferdes mit der Passage abzuschließen. Die Gründe hierfür sollen nur kurz gestreift werden: erstens kann die vorher erlernte Piaffe für die Entwicklung der Passage wertvollere Dienste leisten als umgekehrt. Zweitens kann sich der versammelte Trab durch intensive Passagearbeit vorübergehend verschlechtern, das heißt schwebend werden, und drittens leidet zu Beginn manchmal auch die Losgelassenheit, bis die Pferde gelernt haben, sich auch in dieser Übung zu entspannen. Die Piaffe hingegen wird den versammelten Trab nachhaltiger als alle anderen Lektionen fördern.

Selbstverständlich gibt es Fälle, in denen man die Passage mit Vorteil schon viel früher beginnen kann: Wenn zum Beispiel das Pferd zu einem laufenden, eiligen »versammelten« Trab neigt, der dann durch die Vorübungen zur Passage beziehungsweise durch diese selbst wesentlich an Kadenz gewinnen wird. Dieser Weg gehört jedoch zu den Ausnahmen.

Die internationalen Dressurprüfungen der FEI – man mag über Einzelheiten dieser Aufgaben sagen, was man will – enthalten jedenfalls einen ausbildungsmäßig logischen Aufbau und verlangen daher ganz richtig in der zweiten Zwischenprüfung nur die Piaffe, die regelrecht im Vorrücken ausgeführt werden kann, um die Reiter nicht davon abzuhalten, beim Anpiaffieren ihre Pferde genügend vortreten zu lassen. Durch anfänglich zu starkes Verhalten und zu frühes Üben auf der Stelle entstehen nämlich große Nachteile, auf die wir noch zu sprechen kommen werden.

Folgerichtig enthält erst der Grand Prix die Passage. In der jetzigen Fassung erfolgt das erste Anpassagieren unmittelbar nach dem starken Trab, dessen vermehrte Schubkraft sich zur Entwicklung betont kadenzierter Tritte vorzüglich nützen läßt.

Mit Pferden, die zwar als Dressurpferde gelten, aber keinem wettbewerbsmäßigen Vergleich unterzogen werden, läßt sich alles Mögliche machen, was sich ein Turnierreiter nicht erlauben darf. Man kann entwickeln, was die Pferde anbieten, und das bereits frühzeitig, kann einiges umgehen, was ihnen nicht liegt, und hat recht bald ein Pferd »herzuzeigen«, dessen Ausbildungslücken dem Laien verborgen bleiben.

Ganz anders der Turnierreiter auf seinem beschwerlichen Weg von der Klasse A bis zum Grand Prix. Er kann seinem Pferd weder fliegende Wechsel gestatten, bevor der Außengalopp sitzt (es sei denn, er verzichtet auf Starts in der sehr wichtigen Klasse L), noch im M-Stadium passageartige Tritte zulassen, die den Fleiß und die Reinheit des versammelten Trabes in Frage stellen; er muß nach dem (an sich sehr gesunden) Grundsatz arbeiten: Alles zu seiner Zeit, während der andere unbekümmert auffängt, was ihm das Pferd zuwirft, Fehlendes nicht vermißt und das mühelos Erlernte stolz vorführt. Wer von den beiden wohl das leichtere Leben hat? In einer Disziplin zu wirken, in der jeder Tritt, jede Linie, unter Umständen sogar jede Bewegung (Kopfnicken, Schweifschlagen etc. während der verlangten Unbeweglichkeit) bewertet wird, ist eben nicht jedermanns Sache und verlangt eine gehörige Portion Selbstbeherrschung.

Es soll daher, dem Normalweg der Ausbildung entsprechend, zuerst die Piaffe und anschließend die Passage behandelt werden. Um den beträchtlichen Umfang, den dieses Kapitel beansprucht, wenigstens teilweise einzugrenzen, wollen wir auf Definitionen, Beschreibung des Bewegungsablaufes und vieles andere, was ohnehin immer wieder zu hören und zu lesen ist, verzichten und uns hauptsächlich mit dem Vorgang befassen, wie diese Übungen einzustudieren sind, welche Fehler es dabei zu vermeiden gilt und welche verbessernden Hilfen beziehungsweise »Reparaturmittel«. dem Reiter zu Gebote stehen, wenn nicht alles nach Wunsch verläuft oder sich bereits Fehler eingeschlichen haben.

Man kann manchen besonders veranlagten Pferden die Piaffe gleich unter dem Sattel und ohne Hilfspersonen oder -mittel lehren. Im Normalfall empfiehlt es sich jedoch, das Pferd ohne Reitergewicht mit dieser neuen Anforderung vertraut zu machen (siehe nächstes Kapitel).

Sobald die Pferde, denen das Erlernen auf diese Art fast immer wesentlich leichter fällt, die Piaffebewegung an der Hand tadellos beherrschen, wird sie ihnen unter dem Reiter kaum nennenswerte Schwierigkeiten bereiten. Es besitzen aber viele Reiter, die bei der Handarbeit zuschauen, davon eine ganz falsche Vorstellung; besonders dann, wenn sie hauptsächlich das Endstadium beobachten, in dem sich die Piaffe schon der Fertigstellung nähert. Dabei entsteht nämlich der (an sich richtige) Eindruck, als brauchte man bloß gemütlich beim Pferd zu stehen, es vorne leicht zu halten, hinten ein bißchen nachzuhelfen, und schon ist alles im schönsten Fluß. Mithin eine kinderleichte Angelegenheit und zur Nachahmung für jedermann bestens empfohlen. Dieser Schein trügt; wenn es auch tatsächlich leicht ist, ein an der Hand gut piaffierendes Pferd in dieser Lektion vorzuführen (ein bißchen Geschicklichkeit vorausgesetzt), so ist der Weg dorthin zwar sehr interessant, aber mühsam.

Man beginne vor allem nicht zu früh, wenn man Widersetzlichkeiten und Kämpfe vermeiden will. Das Pferd wird bei der Handarbeit ausgebunden, am besten so, wie es seinem Rahmen im versammelten Trab entspricht. Die dafür erforderliche Durchlässigkeit dürfte somit kaum vor der Ausbildungsstufe M erreicht sein.

Die Ausbinder können am Sattel oder am Longiergurt befestigt werden. Ober das Trensen- oder Kandarenzaumzeug kommt zweckmäßigerweise ein Kappzaum, in dessen mittleren Ring man einen nicht zu langen Führzügel einschnallt. Die rechte Hand führt den Tupfer (Länge etwa 2 m). Schon die Bezeichnung dieses Gerätes sagt einiges über seine richtige Verwendung aus, die mehr im elektrisierenden Antippen als in einem kraftvollen Draufschlagen besteht.

Nun ein paar Worte zu diesen Hilfsmitteln. Jeder Facharbeiter weiß, daß zu bestimmten Arbeiten ein ganz spezielles Werkzeug gehört, und auch bei der Handarbeit ist es so, daß nicht jedes zufällig im Stall herumliegende Gerät dafür geeignet ist.

Der eigentliche Kappzaum unterscheidet sich ganz wesentlich von den Attrappen, die jetzt im Handel zu finden sind, und besitzt ein durchgehendes Nasenstück ohne Mittelgelenk. Er soll dem Pferd genau passen und fest zugeschnallt sein. Nur der mittlere Ring ist drehbar.

Ausbindezügel ohne Gummizwischenringe haben sich besser bewährt, weil man die Halslänge genauer bestimmen und begrenzen kann. Außerdem veranlassen sie das Pferd viel eher zum Abstoßen am Gebiß *(Abb. 60).*

Der Führzügel ist an einem Ende mit einem Karabiner, am zweiten praktischerweise mit einer Handschlaufe versehen, die man spätestens dann vermißt, wenn einem das Pferd den

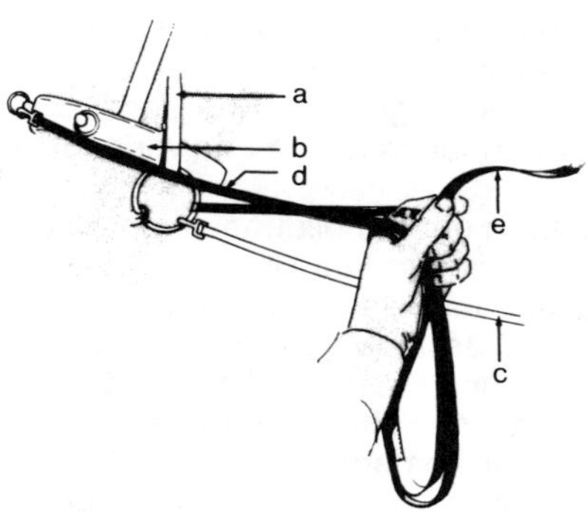

Abb. 60: Zäumung für die Arbeit an der Hand. *a* = Backenstück des Trensenzaumzeuges; *b* = Nasenstück des Kappzaumes; *c* = Ausbindezügel; *d* = Führzügel (mit Handschlaufe); *e* = Trensenzügel (hinter den hochgezogenen Bügeln versorgen)

Abb. 61: Touchieren der Hinterbeine im oberen Bereich zum Vortreiben des Pferdes. *a* = auf der Kruppe in Höhe des Hüftknochens; *b* = in Höhe des Sitzbeinknochens; *c* = in Höhe des Kniegelenks

ziemlich kurzen Zügel mit einem Ruck aus der Hand gezogen und sich anschließend selbständig gemacht hat.

Der Tupfer ist sorgfältig auszuwählen; abgebrochene Longierpeitschen, Holzlatten etc. tun es wirklich nicht. Bei der aus Gründen der Technik und Sicherheit erforderlichen Länge soll er ziemlich leicht sein, über einem festen Unterteil genügend spitz zulaufen, damit man ihn bei leichter Führung mit lockerem Handgelenk an das Pferd heranwippen lassen kann.

Grundbedingung bleibt, daß das Pferd diese Arbeitsgeräte kennt, respektiert, aber nicht fürchtet. Jede Handarbeit wird gefährlich beziehungsweise unmöglich, wenn das Pferd beim bloßen Anblick des Tupfers in Panik gerät und entweder wie wild auszuschlagen beginnt, steigt oder davonspringt.

Fehlendes Vertrauen und große Furcht sind in diesem Fall deshalb katastrophal, weil das renitente Pferd an der Hand kaum zu beherrschen ist und seine vermeintlichen Widersacher zur völligen Hilflosigkeit herabwürdigen kann.

Übrigens sei man besonders anfangs eher vorsichtig und darauf gefaßt, daß das Pferd auf die möglicherweise als Bedrohung empfundene Annäherung durch ganz unerwartete, plötzliche Abwehrbewegungen reagieren kann. Nur jemand, der im Umgang mit empfindsamen Pferden von den Stall- und Pflegearbeiten her geübt ist, wird diese blitzartigen, reflektorischen Reaktionen gewissermaßen vorausahnen und sich aus Erfahrung richtig verhalten können. Damit sei gleichzeitig allen, die ihre Sache bei Pferden nicht von Grund auf gelernt und sich dabei »eine Hand für Pferde« erworben haben, von der Handarbeit aus Sicherheitsgründen dringend abgeraten.

Man wird also das Pferd mit dem Tupfer bekannt und vertraut machen müssen, und zwar zunächst durch ruhiges Bestreichen am ganzen Körper zu Beginn und eventuell auch am Ende der Reprise, verbunden mit gleichzeitigem, beruhigenden Halsklopfen, Reichen von Leckerbissen usw. Dazu stellt man sich am besten an die Wand der langen Reitbahnseite, linke Hand (wenn keine besonderen Gründe dagegen sprechen). Bleibt das Pferd trotz aller Aufmerksamkeit ruhig und gelassen, dann wird es durch Berühren mit dem Tupfer entweder in der Gurtenlage oder an den Hinterbeinen zum Vorwärtsgehen aufgefordert *(Abb. 61)*.

Gleich zu Beginn durch Verhaften und Nachtreiben piaffeartige Tritte erreichen zu wollen, wäre verfrüht. Das Pferd weiß noch nicht, was von ihm verlangt wird und würde sich dem ungewohnten Touchieren der Hinterbeine mehr oder weniger heftig widersetzen. Der nächste und sehr wichtige Schritt besteht vielmehr darin, das Pferd an der Hand fleißig, dabei aber sehr versammelt traben zu lassen, in so kurzen Tritten, daß der Reiter daneben möglichst nicht zu laufen braucht. Spätestens jetzt wird sich herausstellen, ob das Pferd für die Arbeit an der Hand reif ist. Durch die bisherige Dressurausbildung müßte nämlich ein solcher Durchlässigkeitsgrad erreicht sein, daß sich das Pferd am Kappzaum durch die führende linke Hand entsprechend verkürzen läßt (wobei man gelegentlich den linken Trensenzügel zu Hilfe nehmen kann), ohne in den Schritt zu fallen.

Dazu gehört eine sehr bereitwillige Nachgiebigkeit im Genick, und wenn diese noch nicht ausreicht, soll man die Handarbeit lieber auf später verschieben und die Durchlässigkeit durch zweckdienliche, tägliche Übungen unter dem Sattel verfeinern.

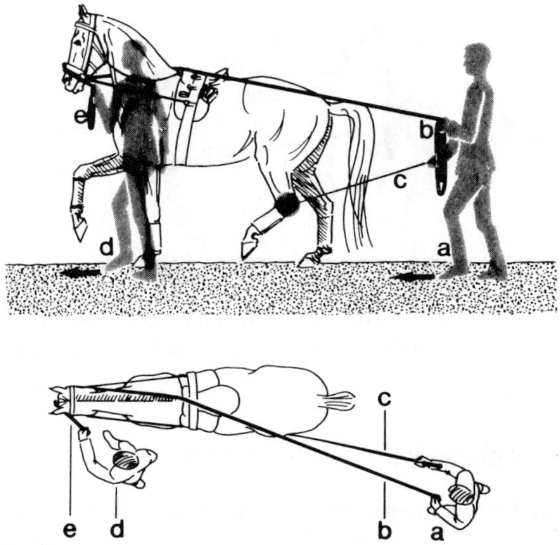

Abb. 62: Arbeit an der Hand mit Gehilfen. *a* = Ausbilder, dem geführten Pferd folgend; *b* = Longe; *c* = Tupfer; *d* = Gehilfe, vortretend; *e* = Führzügel

Bei manchen Pferden werden zu Beginn der Handarbeit zwei Personen zweckmäßig sein. Ein Gehilfe führt das Pferd, der Ausbilder läßt eine Longe vom rechten Trensenring über den Sattel nach links hinten laufen und besorgt von dort aus angemessener Entfernung das wohldosierte, eher sparsame Nachtreiben. Dieser Gehilfe ist aber nicht dazu da, das im Genick festgehaltene und kaum zu verkürzende Pferd womöglich mit zwei Händen am Führzügel zu bändigen. Seine Aufgabe besteht vielmehr darin, das Pferd auf dem Hufschlag zu führen, es in richtiger Entfernung von der Wand zu halten und das Tempo zu regulieren, bis das Pferd die neue Aufgabe kennt. Der Gehilfe arbeitet nach den ruhigen Anweisungen des Ausbilders, sollte ebenfalls über einige Sachkenntnis, Gefühl und Erfahrung verfügen und sehr bald entbehrlich werden, wenn das Pferd wirklich zum Anpiaffieren reif ist *(Abb. 62)*.

Das Zusammenwirken der Hilfen gestaltet sich bei zwei Beteiligten immer etwas schwieriger, weil der Ausbilder nur ungefähr sehen, aber nicht fühlen kann, wieviel der Gehilfe in der Hand hat. Sobald Führzügel und Tupfer von einer Person gehandhabt werden, läßt sich das Zusammenspiel genau kontrollieren, und der routinierte Reiter wird sich von hinten her nicht mehr auf die Hand treiben, als er vorne leicht gegenhalten kann.

Überhaupt kommt es jetzt darauf an, das Pferd mit Hilfe des sparsam eingesetzten Tupfers möglichst versammelt an den Führzügel herantreten zu lassen, das heißt an diesem eine konstante, weder zu feste noch zu leichte Anlehnung zu gewinnen und so das Pferd zwischen vortreibenden und verhaltenden Hilfen »einzurahmen«, die je nach Betragen des Pferdes anzuwenden sind.

Nur in ganz seltenen Fällen kann dieses Stadium übersprungen werden. Wer sogleich versucht, aus dem stark verkürzten Schritt oder gar aus dem Halten das Pferd zum Piaffieren zu bewegen, lehrt es mit großer Wahrscheinlichkeit das Kleben auf der Stelle oder rückwärts ausweichen – Wehrmittel, die später nur schwer zu korrigieren sind. Jede gute Piaffe muß die Tendenz zum Vorwärtsgehen enthalten und das Pferd, wenn auch nur zentimeterweise, vorwärtsbringen, und deswegen ist das vorbereitende Traben an der Hand so wichtig. Zugegeben, man ist anfangs dabei selbst ziemlich viel in Bewegung, aber die Mühe wird sich reichlich lohnen.

Läßt sich das Pferd im versammelten Trab an der Hand einmal zu einigen halben Tritten verkürzen und behält dabei (notfalls unterstützt durch leichtes Touchieren) seinen Schwung und Vorwärtstrieb, dann ist schon viel gewonnen. Die Trabreprise wird nun verkürzt, das heißt das Hauptaugenmerk liegt auf unmittelbarem Antraben aus dem Halten in kurzen, federnden

Tritten, zunächst ausgelöst durch Berühren mit dem Tupfer; nach einigen guten Tritten wird wieder zum Halten pariert, um durch diesen raschen Wechsel das Pferd aufmerksam, durchlässig und empfindlich zu machen. Während der Haltepausen stellt man sich am besten vor den Kopf des Pferdes, reicht nach zufriedenstellender Reaktion Leckerbissen und belohnt es durch Streicheln und Klopfen. Dies wirkt auch beruhigend und entspannend. Bei anstrengenden Pferden werden auch dem Reiter diese kurzen Pausen willkommen sein. Sobald das Pferd zu verstehen beginnt, was man von ihm will, wird aus dem Halten heraus ein rasches Seitwärtstreten in Höhe seiner Schulter, ein leichter Zungenschlag und das etwas ruckartige Erheben des Tupfens schon zum energischen, verkürzten Antreten genügen.

Der gesamte, einige Zeit in Anspruch nehmende Lernprozeß hat sich in aller Ruhe zu vollziehen. Das Pferd gleitet in steter Anlehnung am Führzügel und lebhaften, halben Tritten neben seinem rückwärts-seitwärts-schreitenden Ausbilder dahin, wird erforderlichenfalls zu etwas mehr Fleiß oder Energie animiert, nach besonders schönen Tritten wie angegeben im Halten belohnt (man muß es schließlich »bei Laune halten«), um es danach sogleich wieder in die halben Tritte zu versetzen.

Es versteht sich wohl von selbst, daß bei einer derart anstrengenden Tätigkeit (zehn Minuten Kniebeugen sind weit kraftraubender als eine Stunde Spaziergang) die Dauer der Reprisen mit Verständnis für die Leistungsfähigkeit zu bemessen ist und eine Ermüdung des Pferdes unter allen Umständen vermieden werden muß.

Waren wir bisher mit der willigen Mitarbeit des Pferdes zufrieden, so ist es jetzt höchste Zeit zu beobachten, wie es die verlangten Tritte ausführt, um daraus die Verbesserungsmöglichkeiten abzuleiten. Beim Bestreichen der Hintergliedmaßen wird man bereits die empfindsamsten Stellen entdeckt haben – wenn nicht, ist dies durch Abtasten mit dem Tupfer nachzuholen. Ferner ist zu prüfen, ob sich die Hinterbeine genügend beugen, zu wenig oder vielleicht sogar zu viel untertreten, und danach ist die Art des weiteren Nachhelfens einzurichten.

Allgemein gilt, daß das Touchieren weiter oben (Hinterseite des Oberschenkels zwischen Knie und Sitzbeinhöcker) auf das ganze Pferd belebend und vortreibend wirkt, während das Berühren an tieferliegenden Stellen (Röhrbein, Fesselkopf) die Hinterbeine zu weiterem Vor- und Untertreten bringt *(Abb. 63)*. Daneben sind noch Sonderfälle denkbar, in denen etwa das Touchieren auf der Kruppe oder an anderen Stellen bessere Resultate bringen kann. Ein zu weites Unterlaufen der Hinterbeine kann durch Antippen auf der Vorderseite der Hinterröhre verhindert werden usw. Die praktische Übung und Erfahrung ist hier der beste Lehrmeister.

Sehr wichtig ist die richtige Gewichtsverteilung. Liegt zum Beispiel durch zu starkes Ausbinden zu viel Last auf den Schultern, werden die Vorderbeine kaum vom Boden loskommen, die wenig belasteten Hinterbeine hingegen bei Anlegen des Tupfers immer höher und schneller treten.

Abb. 63: Touchieren der Hinterbeine im unteren Bereich zum weiteren Untertreten. *a* = Sprunggelenk; *b* = Fesselgelenk

Sind infolge zu hoher Aufrichtung die Gelenke der Hinterbeine zu stark gebeugt und neigt das Pferd dazu, durch zu weites Untersetzen seine Nachhand selbst zu überladen, dann wird die Tätigkeit der Hinterbeine zu wünschen übrig lassen.

In allen diesen Fällen ist es Sache des Zusammenwirkens der vortreibenden und verhaltenden Hilfen, für die der individuellen Skelettmechanik angepaßten Gleichgewichtshaltung zu sorgen, wobei die führende linke Hand durch Höher- oder Tieferstellen von Kopf und Hals regulierend wirken muß. »Repetitio est mater studiorum« (Wiederholung ist die Mutter des Erlernens): Dieser Satz gilt ganz besonders bei der Handarbeit – und zwar für Reiter und Pferd. Man warte geduldig ab, bis der Wiederholungseffekt sowie die Assoziation Leistung-Belohnung ihre Wirkung tun und erachte gerade den letzten Punkt nicht als unbedeutend; die Pferde bleiben innerlich ausgeglichen, in »Arbeitsstimmung«, und gar manches hat schon für einen ihm besonders mundenden Leckerbissen von sich aus etwas angeboten, was es auf die reiterliche Einwirkung entweder nicht oder nicht sogleich oder nicht so gerne getan hätte. Wer die Zirkusarbeit kennt, der weiß, wovon hier die Rede ist. Selbstverständlich gilt dies nicht als Methode, alles beim Pferd zu erreichen, bietet aber eine nicht zu unterschätzende Hilfe.

Läßt sich das Pferd aus dem Halten gleich in halbe Tritte versetzen und ist es bereits so durchlässig, daß man auch diese noch ohne Schwungverlust verkürzen kann, dann ist es Zeit, aus dem Halten durch Touchieren und gefühlvolles Gegenhalten, worunter ein etwas verzögertes Herauslassen der Tritte zu verstehen ist, die ersten Piaffetritte zu verlangen.

Die Hauptrolle spielt dabei nicht das Draufklopfen, wie fast jeder anfangs zu glauben geneigt ist, sondern die weiche Anlehnung am Führzügel. Wie unter dem Sattel muß die linke Hand das Nachgeben im Genick spüren, die Vorwärtsbewegung um ungefähr Hufeslänge erlauben, vielleicht sogar fördern. Ein aufmunternder Zungenschlag, das Zeigen beziehungsweise Wippenlassen des Tupfers mit seinem charakteristischen Geräusch können bei aufmerksamen Pferden als Hilfen durchaus genügen. Manchmal kommen die Beine nur deshalb nicht vom Boden los, weil der Unerfahrene schwer im Führzügel hängt, ohne sich dessen bewußt zu sein, seine Beobachtungen ausschließlich auf die Hinterbeine konzentriert und ein Weglaufen vorn verhindern zu müssen glaubt. Ein Pferd aber, das dieses Stadium erreicht hat und an der Hand ordentlich versammelt ist, mit lockerem Genick und herangeschlossenen Hinterbeinen, läuft nicht mehr weg, wenn es zum Treten aufgefordert wird, sondern antwortet mit kadenzierten Tritten und will dabei leicht geführt werden.

Drei bis vier schwingende, diagonale Tritte sind fürs erste vollkommen genug. Durch langsames Steigern, in dessen Verlauf das Pferd Vertrauen behält, kommt man, wenn auch allmählich, doch insgesamt schneller zum Ziel als durch zu frühes Steigern der Anforderungen, die das Pferd physisch und eventuell auch psychisch überfordern, verstören und den ganzen, mühsam genug erarbeiteten Fortschritt wieder in Frage stellen.

Ein weiterer Hauptfehler, in den man zu Beginn leicht verfällt, besteht darin, jeden einzelnen Tritt mit dem Tupfer »herausklopfen« zu wollen, somit das Pferd unausgesetzt zu touchieren, wodurch mehrere Nachteile entstehen. Erstens kann man das Pferd dadurch derart abstumpfen, daß diese wichtige Hilfe ihren Wert fast völlig verliert; es gewöhnt sich an das ständige Nachhelfen unter Umständen so stark, daß es zunächst ohne dieses und zu guter Letzt auch mit Touchieren keinen Tritt mehr macht.

Zweitens kann sich das Pferd für seinen Fleiß und guten Willen nahezu bestraft fühlen (die Engländer sagen ganz richtig: Never spur a willing horse). Übertragen auf die Handarbeit müßte es heißen: Touchiere niemals ein willig und richtig tretendes Pferd. Im Hinblick auf eine tadellose Piaffe unter dem Reiter ist es unter allen Umständen anzustreben, daß das Pferd seine Arbeit aus freien Stücken verrichtet, das heißt aus sich heraus weiterpiaffiert, wenn es zu dieser Lektion aufgefordert wird.

Der Tupfer hat nur in Erscheinung zu treten, sobald das Pferd in seinem Eifer nachläßt oder aufhört, aber niemals während einer regelmäßigen, fleißigen Piaffe, da er diese, wenn sie gut im Fluß ist, höchstens stören könnte.

Zusammenfassend: Aus dem Halten zum Piaffieren auffordern, »ansetzen« und dann treten lassen, Tritte beobachten und erst eingreifen, wenn nötig.

Die Einwirkungen haben sich ganz dem Benehmen und der Empfindlichkeit des Pferdes anzupassen; das ist Sache des Fühlens und Erkennens, es lassen sich keine Normen angeben, auch nicht für die Dauer der einzelnen Reprisen. Das eine Pferd reagiert schon auf bloßes Verhalten mit der Führhand und setzt zu einer Serie regelmäßiger Tritte an, ein anderes braucht energische Aufforderungen, neigt dazu, sich eher zu verhalten, muß immer wieder mit der linken Hand vorgezogen, mit der rechten nachgetrieben werden usw.

Jede Lektion, die wir dem Pferd beibringen, hat bekanntlich drei Phasen:

a) die Belehrung,
b die Übung und
c) die Vervollkommnung.

Waren wir anfangs mit einigen piaffeartigen Tritten zufrieden und haben wir diese durch fortschreitende Übung geregelt, so geht es nun darum, diese so schöne Bewegung der hohen Schule zu kultivieren.

Wir vergewissern uns, daß sich das Pferd energisch genug vom Boden abstößt und infolge des vermehrten Beugens aller Gelenke der Hinterhand, vornehmlich der Hanken hinten tiefer wird, das heißt sich auch in der Piaffe an der Hand genügend »setzt«. Dabei verläuft die Rückenlinie zur Kruppe etwas abwärts, das Pferd erscheint im Widerrist merklich höher; die linke Hand fühlt immer noch einen leichten Vorwärtsdrang. Wenn nicht (manche Pferde beginnen bei der leisesten Annäherung sofort zu treten, ohne die eigentliche Zusammenstellung abzuwarten), dann tritt es zu viel auf der Stelle und die Hinterbeine sind wahrscheinlich noch zu weit vom Schwerpunkt entfernt.

Damit verbunden zeigt sich meist als zweiter Fehler, daß die Hinterbeine zwar tüchtig arbeiten (wenn auch nicht nahe genug am Hüftlot), das heißt regelmäßig und energisch abstoßen, die Vorderbeine aber am Boden kleben und das Pferd die ganze Bewegung mit hoher Kruppe und vorderlastig ausführt. Über die Abhilfe (mit dem Führzügel mehr aufrichten und die Hinterbeine besser untertreiben) wurde bereits gesprochen. Bei der Piaffe unter dem Sattel kann das gut verteilte Gewicht des Reiters viel helfen. An der Hand soll ein sachgemäßes Touchieren der Vorderbeine, aber nur zu dem Zweck, dem Pferd die zu starke Stütze momentweise zu nehmen, als verbessernde Hilfe nicht gänzlich ausgeschlossen werden, doch gehört hierzu sehr viel Erfahrung und Geschicklichkeit im Treffen der günstigsten Stelle und des richtigen Momentes. Angeregt zum neuerlichen Abfußen wird das Bein knapp nach dem Aufsetzen, während die Berührung des erhobenen Beines eine Verlängerung des Aushaltens bewirkt.

In Sonderfällen und zur Verfeinerung kann man auch mit Tupfer und Gerte gleichzeitig arbeiten, wenn ein Helfer das Pferd führt. Es erfordert schnellen Blick und einiges Tempogefühl, an der geeigneten Stelle auch das diagonale Vorderbein zum Abfußen anzuhalten. Man mache sich jedoch darauf gefaßt, daß manche Pferde, ihrer gewohnten Stütze plötzlich beraubt, höchst unwillig durch Schlagen mit den Vorderbeinen oder Fallenlassen auf die Vorderfußwurzelgelenke reagieren können, so daß man durch dieses Vorgehen unter Umständen erhebliche Unruhe stiften und das Pferd völlig durcheinanderbringen kann. Deshalb bleibe diese »Synchronarbeit« lieber ausgesprochenen Spezialisten vorbehalten.

Auch der entgegengesetzte Fehler kommt vor: Zu starkes Unterlaufen oder Unterkriechen der Hinterbeine, und wird durch Gebäudefehler (säbelbeinig) begünstigt. Im übrigen gehen wir aber von der Annahme aus, daß wir es mit normal gebauten Pferden zu tun haben, um auf die Schwierigkeiten, die sich aus Gebäudefehlern ergeben können, nicht auch noch eingehen zu müssen. Dieses Unterkriechen, bei dem sich die Hinterbeine den Vorderbeinen bis zu einer gemsbockartigen Stellung nähern können, ist möglichst rechtzeitig zu verhindern, weil daraus ein kraftvolles Abfedern unmöglich ist. Die Hinterbeine laden sich zu viel Gewicht auf, das sie nun im Abschwung nicht bewältigen können und daher am Boden haften.

In diesem Fall darf man zunächst die Vorhand nicht zu viel verhalten; das Pferd soll bei jedem Tritt vorn und hinten etwas mehr Raum nehmen und an der Vorderseite der Hinterbeine touchiert werden, um diese nicht ganz an den Schwerpunkt heranzulassen.

Als nächstes kann uns die Neigung zur Schiefe Schwierigkeiten bereiten, indem das Pferd mit der Kruppe nach innen oder nach außen ausfällt. Bevor man irgendwelche Korrekturmaßnahmen erwägt, ist zunächst die Länge der Ausbinder und die Anlehnung am Führzügel zu überprüfen, denn wenn das Pferd vorn zu stark eingezwängt und von hinten nachgetrieben wird, entsteht zwangsläufig der Effekt des sich krümmenden Nagels. Es kann aber auch die natürliche Schiefe des Pferdes noch nicht restlos beseitigt sein und nun bei gesteigerten Anforderungen wieder zum Vorschein kommen. Ausgiebiges Vorlassen durch leichtere Führung bildet meist die wirksamste Abhilfe. Läßt sich das Pferd durch Ausweichen der Kruppe nach innen nur schwer auf der Linie halten, dann empfiehlt sich nebst einer schulterhereinartigen Richtung ein Handwechsel, bei dem die Bande das Ausweichen der Kruppe verhindern wird.

Es gilt als Regel, mit der Handarbeit auf der linken Hand zu beginnen, weil der Reiter zu Fuß dem Pferd auf der linken Seite gewohnter ist. Auch entwickelt man meist bei der Führung des Pferdes mit der linken und der Anwendung des Tupfers mit der rechten Hand mehr Geschicklichkeit als umgekehrt. Erst wenn die Übungen auf der linken Hand einige Fortschritte ergeben haben und das Pferd einen sicheren Eindruck macht, ist es auch rechts herum in der Piaffe an der Hand zu schulen.

Als weitere Unarten können uns das Stehenbleiben beziehungsweise Rückwärtstreten und das Wegbrechen von der Wand begegnen. Dazu tendieren hauptsächlich Pferde, die zu wenig im versammelten Trab an der Hand und den anschließenden halben Tritten vorbereitet wurden.

Wer aus Bequemlichkeit die Handarbeit gleich auf der Stelle beginnen will, allenfalls sich zu ein paar Tritten im versammelten Schritt entschließt und daraus durch kräftiges Touchieren sofort zum Erfolg kommen will (seine eine Zeitlang neben dem Pferde herlaufenden Kollegen dabei mitleidig belächelnd), muß entweder ein ganz besonders veranlagtes Pferd besitzen oder sich auf einiges gefaßt machen; dann aber lächeln die anderen, die jetzt ihre in halben Tritten sicher geschulten Pferde auch in der Vorwärtspiaffe an der Hand vorstellen und eine lange Seite der Bahn fast ohne abzusetzen entlangpiaffieren, während die weniger Strapazfreudigen von ihren unwilligen, oft beträchtliche Strecken rückwärtslaufenden Pferden mitgezerrt werden und dadurch gar nicht mehr hinter das Pferd kommen, um es wieder vortreiben zu können. Bequemlichkeit hat eben, wie immer, ihren Preis. Die Abhilfe ergibt sich aus dem bereits Gesagten.

Noch zwei Fehler, die gelegentlich vorkommen und schwer zu korrigieren sind:das hinten breite Treten (schaukeln, wiegen) und das vorne Schränken (Kreuzen der Vorderbeine).

Dem ersten läßt sich begegnen durch schulterhereinartige Stellung, äußerer Hinterfuß nahe an der Bande und Touchieren des inneren in Richtung des äußeren Hinterfußes; oder durch Verwendung zweier Pilarengerten, wenn ein Helfer das Pferd führt. Im übrigen haben wir die Pilarenarbeit nicht behandelt, weil sie fast nirgends mehr zu finden ist.

Die zweite Erscheinung, das Schränken oder Kreuzen der Vorderbeine, klassifiziert das FEI-Reglement im Art. 414 als schweren Fehler, ganz im Sinne der klassischen Reitkunst. Tritt das Schränken aber als Folge verstellter Vorderbeine auf (bodeneng), ist es nur wenig verbesserungsfähig. Mit einer Erhöhung der Aufrichtung und energischerem Vorrücken sind die Möglichkeiten ziemlich erschöpft.

Die alten Meister hatten jedenfalls das Treten genau auf der Stelle als gefährliche Fehlerquelle erkannt und deshalb das wenn auch nur zentimeterweise Vorrücken zur Regel gemacht. Ein altes englisches Sprichwort könnte ebenfalls für diesen Zweck erdacht worden sein: »Not to go forward means to fall back.«

Ist das Pferd nicht imstande, aus der Piaffe sofort in den versammelten Trab überzugehen, so ist das ein sicheres Zeichen dafür, daß mit der Piaffe etwas nicht in Ordnung war; deshalb läßt dieser Übergang, der in der Intermédiaire II gleich zweimal vorkommt, sehr genaue Rückschlüsse zu.

Piaffe unter dem Reiter

Gehen wir von der Annahme aus, daß das Pferd in der Piaffe an der Hand einige Sicherheit erlangt hat, das heißt in der Lage ist, eine Serie von circa 10–12 Tritten ohne viele Mühe zu leisten. Man wird nun die Übung unter einem möglichst geschickten Reiter ausführen lassen und ihn vor allem anweisen, sein Gewicht richtig zu bringen, eine leichte Anlehnung zu nehmen (um die Tritte nicht schon im Entstehen abzuwürgen), den Schenkelschluß nicht zu übertreiben und sich anfänglich eher passiv zu verhalten, weil die ersten Reprisen noch wie gewohnt mit Tupfer und Führzügel unterstützt werden. Nach und nach sollen die Einwirkungen des Reiters alle Hilfsmittel ablösen. Der Ausbilder bleibt in der Nähe, verhält sich beobachtend-abwartend und greift nur ein, wenn die Reiterhilfen nicht oder zuwenig durchkommen beziehungsweise das Pferd in seiner Energie nachläßt.

Der Reiter muß sich ein sicheres Gefühl dafür erwerben, wie die Gewichts- und Schenkelhilfen im Einklang mit der regulierenden Hand das Pferd zum Piaffieren bringen, wobei Gerte und Sporen sich auf gelegentlichen Nachdruck beschränken sollten. Man denke immer daran, daß es Sache des Pferdes und nicht des Reiters ist, die Bewegung auszuführen, sonst entstehen die bekannten Bilder, die ein Meister einmal mit den Worten charakterisierte: »Alles bewegt sich, nur die Beine des Pferdes nicht!«

Die Gewohnheit, jeden Tritt mit Zangenschenkeln herauspressen oder mit den Sporen heraushacken zu wollen, stumpft jedes Pferd in kurzer Zeit ab, und sehr bald wird die ganze Kraft des Reiters nicht ausreichen, das Pferd auch nur zu einem Tritt zu veranlassen. Es muß wissen und verstehen, was es zu tun hat, und ihm dies begreiflich zu machen, stellt die eigentliche Schwierigkeit dar.

Im Idealfall und im Prinzip ist es wie bei der Trabarbeit: Das Pferd wird durch entsprechende Hilfen des Reiters angetrabt, danach aber durch sein schwingendes Kreuz und die leicht angelegten, »mitatmenden« Schenkel im Trab erhalten, und es wäre nicht auszudenken, müßte man vom Antraben weg jeden weiteren Tritt mit größter Kraftanstrengung herausquetschen.

Selbstverständlich wird man zur Erleichterung für Pferd und Reiter die ersten Übungen an der Bande vornehmen, weil dies das Pferd gewohnt und für das Geradehalten günstig ist. Die Hinterhand darf durch das Gewicht des Reiters nicht überlastet werden; eine leichte Senkung der Kruppe ist zunächst völlig ausreichend, ebenso wie eine mäßige Aufrichtung, durch die die Rückentätigkeit nicht behindert wird. Dies ist viel wichtiger als ein womöglich senkrecht erhobener Hals mit festgehaltenem oder gar weggedrücktem Rücken, denn nur der leicht konvexe oder wenigstens gerade Rücken macht eine gute Piaffe, weil bei verkrampfter Rückenmuskulatur die Hinterbeine nicht weit genug untertreten, sondern nach hinten hinausarbeiten.

Das wohlvorbereitete Pferd wird unter dem Reiter, wenn er es nicht stört, wahrscheinlich von selbst die richtige Form annehmen, in der man es belassen soll.

Überhaupt ist zu sagen, daß bei der nun wahrscheinlich gesteigerten Empfindlichkeit des Pferdes die gegebenenfalls nötigen, korrigierenden Hilfen mit viel Gefühl anzuwenden sind, wenn der Bewegungsablauf hinsichtlich Regelmäßigkeit, Fleiß usw. verbessert werden soll, denn nur allzuleicht bringt man das Pferd aus dem Rhythmus, den es nicht sogleich wiederfinden wird.

Das Ansetzen zur Piaffe kann je nach Veranlagung des Pferdes aus dem versammelten Trab, Schritt oder aus dem Halten erfolgen und sollte bei genügender Sicherheit auch im Inneren der Bahn verlangt werden, um zu prüfen, ob das Pferd nicht nur an den gewohnten Stellen, sondern genau auf die Hilfen des Reiters piaffiert.

In Einzelfällen kann auch das Anpiaffieren durch Vortreiben aus dem stark versammelnden Rückwärtstreten nützlich sein, wodurch die Hinterbeine stärker als durch andere Vorbereitungen gebogen werden; sogar eine gut gesetzte Schrittparade aus dem versammelten Galopp, die besonders die Hankengelenke beugt, kann wertvolle »Entwicklungshilfe« bieten.

Als eine scheinbare Spielerei, die aber keine ist, erscheint die Kurzkehrtwendung in der Piaffe. Man sollte sie erst versuchen, wenn dem Pferd die Piaffe wirklich leicht fällt und es eine längere Serie gleichmäßiger Tritte mühelos leisten kann. Dann aber wird das Wenden in der Piaffe diese verfeinern, die Balancierfähigkeit des Pferdes erhöhen und die Versammlung verbessern, weil die Hinterbeine etwas bestimmter herangeholt werden müssen. Eine Hauptgefahr für das Mißlingen dieser Übung kann (wie bei der Kurzkehrtwendung oder der Galopp-Pirouette) in der falschen Vorstellung des Reiters liegen, das Wenden sei das Wichtigste, er deshalb die Wendehilfen stark übertreibt und das Pferd dadurch aus der Balance wirft, wodurch die Piaffebewegung sofort abreißt.

Man beginne mit einigen lockeren Piaffetritten in mäßiger Versammlung; wird diese gleich anfangs zu stark gefordert, erschwert man dem Pferd das Herumtreten und hat außerdem keine Steigerungsmöglichkeit mehr, wenn eine solche (meist in der zweiten Hälfte der Wendung) benötigt wird.

In diese einleitenden Piaffetritte läßt man nun bei leichter Innenstellung des Pferdes durch etwas verstärkte Einwirkung des äußeren Schenkels ohne viel Zügelhilfen einen scheinbar unabsichtlichen, kleinen Wendetritt einfließen, piaffiert danach ganz selbstverständlich, als wäre nichts geschehen, weiter, fügt wieder einen Wendetritt ein, und läßt es bei den ersten Versuchen mit einem Viertelkreis »bewenden«. Das Pferd soll gar nicht merken, daß hier etwas Besonderes vorgeht, sondern wie zufällig, spielerisch von der Richtung abkommen und vor allem fleißig weiterpiaffieren. Damit ist für das Belehrungsstadium der Lektion genug erreicht. Im zweiten Stadium (Übung) kommen auf zwei bis drei Piaffetritte schon je ein Wendetritt, und durch fortschreitende Übung wird es im dritten Stadium (Vervollkommnung) eine regelmäßige Kurzkehrtwendung in der Piaffe ausführen, die, wenn auch in Dressurprüfungen nicht verlangt, als verbessernde Maßnahme großen Wert und vor allem als Kür-Übung einigen Reiz besitzt.

Die Passage

Diese verlangt als eine der ästhetischesten Lektionen der Hohen Schule eine entsprechende Disposition des Pferdes. Etwas Leistungswille, Nerv und frommes Feuer müssen schon vorhanden sein, wenn der Reiter bei der Schwungentfaltung nicht »verhungern« will. Ein nicht zu weicher Rücken, verbunden mit halbhoher Aktion begünstigen die Entwicklung. Pferde mit schlaffen Muskeltonus oder wenig Vorwärtsdrang werden, wenn überhaupt, nur sehr schwer zu passageartigen Tritten zu bringen sein und diese wahrscheinlich sofort einstellen, sobald die nachdrückliche Forderung vom Boden aus wegfällt.

Es ist sehr hilfreich, die ersten Passageansätze als Ausbilder zu Fuß zu unterstützen oder unterstützen zu lassen, wenn man das Pferd selbst reitet; man muß aber dabei stets im Auge behalten, daß die Forderung vom Reiter ausgehen, das Pferd daher hauptsächlich und zuletzt ausschließlich auf dessen Hilfen zu reagieren hat. Läßt man dies außer acht, verschwinden mit der Bahnpeitsche oder dem Tupfer auch die erhabenen Tritte, weil das Pferd nun nicht mehr weiß (oder wissen will), was es tun soll.

Methoden und Vorgangsweisen zum Erlernen der Passage gibt es mehrere, und der gebildete Reiter wird sehr bald herausfinden, welche bei seinem Pferd am sichersten zum Ziel führt. Die klassische, nicht unbedingt leichteste und selbstverständlichste besteht darin, das regelmäßig piaffierende Pferd aus der Piaffe allmählich ein wenig vorzutreiben beziehungsweise vorzulassen, wenn der Schwung ausreicht, damit einen Teil der Tragkraft in Schubkraft umzuwandeln und das Vorrücken durch treibende und verhaltende Hilfen so genau zu kontrollieren, daß dadurch zunächst passageartige Tritte und durch Wiederholung beziehungsweise Steigerung der Einwirkungen die Passage entsteht. Aus dieser hätte man durch Verkürzen und gleichzeitiges, schwungerhaltendes Treiben das Pferd über halbe und zuletzt Vierteltritte wieder in die Piaffe zu führen und dadurch gleichzeitig auch die Übergänge geübt, die ja noch ein Kapitel für sich darstellen.

Dieses Verfahren, so logisch und einleuchtend es klingt, läßt sich in der Praxis schon deshalb nicht immer anwenden, weil es eine heute selten gewordene, annähernd gleich gute Veranlagung des Pferdes zu Piaffe und Passage voraussetzt. In der überwiegenden Zahl der Fälle wird es nötig sein, zuerst die Piaffe, dann die Passage (gegebenenfalls auch umgekehrt) zu erarbeiten, zu festigen und dann die Übergänge zum Gegenstand spezieller Übungen zu machen.

Es ist bekannt, daß sich die Passage sowohl aus dem versammelten Schritt als auch aus dem Trab herausarbeiten läßt – aus ersterem aber nur bei viel Gehlust und Energie. Meist wird der schwungvolle Trab schon wegen seiner Verwandtschaft mit der Passage die besseren Entwicklungsmöglichkeiten bieten. Läßt sich der versammelte Trab zu erhabenen Tritten in guter Kadenz formen, dann besteht Aussicht, daß das Pferd bei Aktivierung der versammelnden Einwirkungen (am besten nach abwechselnden Biegungen des jeweiligen inneren Hinterbeines, zum Beispiel durch Reiten von Schlangenlinien, Acht, Zickzack-Traversalen usw.) passageartige Tritte anbieten wird. Fehlt es ein wenig an Schwung (fehlt viel, kann man sich die Mühe meist sparen), wird das Reiten von rasch aufeinanderfolgenden Tempounterschieden mit betontem Aufnehmen in immer kürzeren Abständen den notwendigen Antrieb und die Durchlässigkeit verbessern; wird nun das Pferd zum kraftvollen Verstärken aufgefordert, fast gleichzeitig aber mit Sitz und Hand weich aufgefangen, lassen sich dadurch passageartige Tritte erzielen.

Jedenfalls gilt bei allen Wegen als Grundsatz, daß man sich fürs erste mit einigen guten Tritten zufriedengibt und die Anforderungen wie immer langsam steigert, weil das Pferd mit dem kräftigen Abstoßen, der Balance usw. in dieser ihm neuen Gangart erst vertraut werden muß und, solange es noch ungeübt ist, leicht aus dem kadenzierten Schweben gerät.

Als recht hilfreich mag sich ferner die gebogene Linie (Zirkel, große Volte) beziehungsweise das Ansetzen vor der kurzen Seite der Bahn erweisen, weil der innere Schenkel vermehrt einwirken kann, und dieser spielt bei der Passage aus bekannten Gründen eine wichtigere Rolle als der äußere (deshalb hört, wenn diese vorgreifende Bemerkung erlaubt ist, beim Seitengang in der Passage, der Traversale, das Schweben sofort auf, wenn der äußere Schenkel im Verhältnis zum inneren zu stark wirkt und dieser nicht bei jedem Tritt den inneren Hinterfuß genügend vortreibt).

Auf der gebogenen Linie kommt es allerdings leichter als auf der geraden zu ungleichen Tritten, weil die Hinterbeine unterschiedlich belastet sind, und deshalb ist die regelmäßig gerittene Acht in der Passage mit sauberem Biegungswechsel immer ein Beweis für ein in der Passage auf beiden Händen gründlich durchgearbeitetes Pferd.

Je nach Pferdetyp werden auch in der Passage die einen zum Verhalten und Schleppen, die anderen zum eiligen Treten neigen. Bei den ersteren wird man mehr an den Trab als an die Passage denken müssen, weil man sonst leicht in ein zu starkes Parieren verfällt, wodurch die Bewegung allmählich erstickt. Sobald man ein deutliches Nachlassen in der Energie des Abschwunges fühlt, empfiehlt es sich, zur Anregung und Belebung der Schubkraft einige Tritte entschlossen vorwärtszutraben und sobald wieder Kraft und Dynamik in die Trabbewegung gekommen ist, wieder zur Passage zurückzukehren, dabei aber mit Sitz und Schenkel immer mehr vorzuschieben, als man mit der Hand gegenhält.

Der Tendenz zur Eile wird sich nur durch rechtzeitige halbe Paraden, die unter Umständen taktmäßig bei jedem Tritt anzuwenden sind, begegnen lassen. Dabei ist jedoch nicht nur auf die Regulierung des Tempos, sondern vor allem auf die gute Entlastung der Vorhand zu achten, da sich das Pferd, wenn es aus dem Gleichgewicht gerät, unmöglich im Schweben halten kann.

Lehrmethoden mit speziellen Geräten (Ziehlongen etc.) sollen hier nicht besprochen werden, weil sie über den Bereich des turniermäßigen Dressurreitens hinausgehen. Ihre Anwendung erfordert nebst sorgfältigem Studium, zu dem nur die wenigsten Zeit und Gelegenheit finden werden, ein in langer, gemeinsamer Arbeit völlig aufeinander eingespieltes Team, wenn der Schaden nicht größer sein soll als der Nutzen.

Hingegen kann eine wohlverstandene Schulung über Cavaletti die Entwicklung der Passage sehr vorteilhaft unterstützen und ergänzen. Es ist dabei jedoch einige Vorsicht geboten, der Abstand dem individuellen versammelten Trab anzupassen, besonders die Höhe nach der Fähigkeit des Pferdes zu erhabenen Tritten einzustellen und nur ganz langsam zu steigern.

Durch Regulierung der Abstände und der Höhe kann unter einem gefühlvoll und bestimmt einwirkenden Reiter aus dem versammelten Trab eine Verbesserung des Abschwunges, der Kadenz sowie ein höheres Treten erreicht und zur Erlernung der Passage ausgenützt werden. Näheres darüber, wie Cavaletti zur Unterstützung der Dressurarbeit sinnvoll einzusetzen sind, enthält das hervorragende Lehrbuch »Cavaletti« (siehe Literaturverzeichnis).

Auch die Cavaletti sollen jedoch, wie alle Hilfsmittel, mehr gelegentlich als ständig und selbst dann nur für wenige Minuten zum Einsatz kommen. Alle Hilfsgeräte haben ihren Zweck erfüllt, wenn man sie nicht mehr benötigt.

Ein Wort noch zur Losgelassenheit in der Passage: »Wozu«, fragte erst kürzlich ein ziemlich bekannter Dressurreiter, »soll ich meine Pferde lösen, wenn ich nachher die Spannung in der Passage wieder brauche?« Hier sehen Sie den Zweck der Losgelassenheit und der Passage gründlich verkannt. Die Losgelassenheit besteht durchaus nicht in einer Erschlaffung aller Muskeln, sondern in deren richtigem Gebrauch, das heißt im wiederholten An- und Abspannen, ohne dem eine körperliche Leistung nicht möglich ist.

In der vollendeten Passage tritt dieses rhythmische Muskelspiel ganz deutlich zutage. Je erregter hingegen das Pferd, je verkrampfter seine Muskulatur, desto effektvoller die

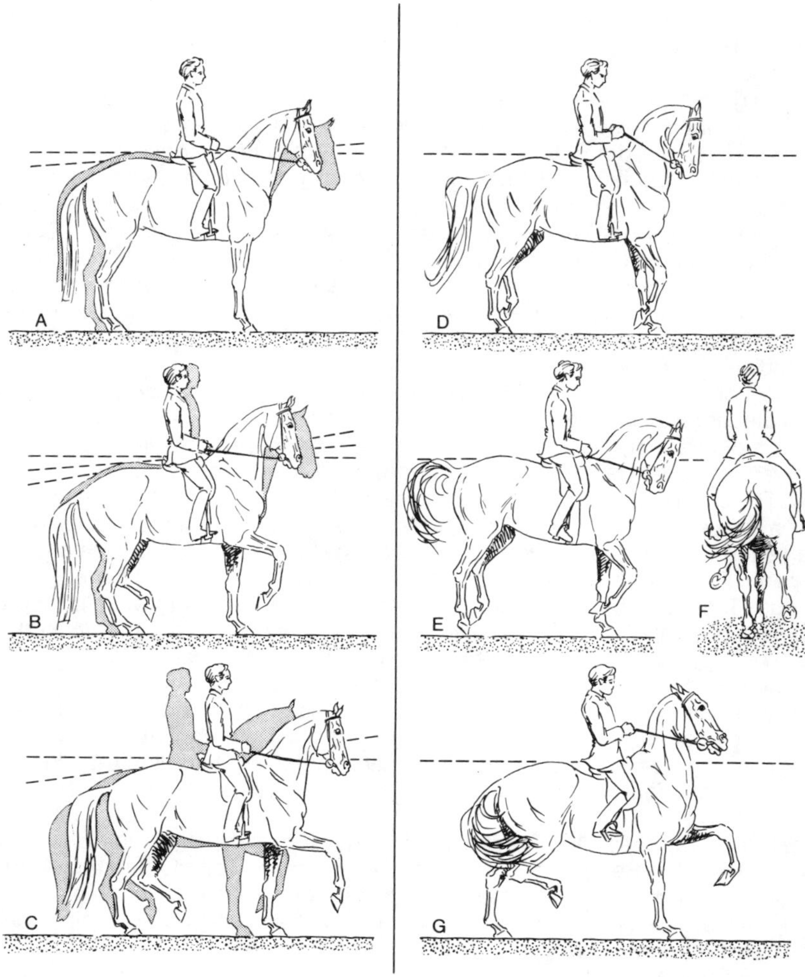

Abb. 64: Piaffe und Passage. *A* = Halten in Versammlung; *B* = Piaffetritte mit gesenkter Kruppe; *C* = Übergang zur Passage. Fehlerhafte Ausführungen: *D* = festgehalten, am Boden klebend; *E* = auf der Vorhand; *F* = Hinterbeine schwankend (weichen der Belastung aus), Vorderbeine fuchteln; *G* = Passage in starker Spannung, Rücken weggedrückt, über dem Zügel, Genick festgehalten, strampelnde Beine

Passage – aber auch um so falscher. – Wer Gelegenheit hat, viele im klassischen Sinn passagierende Pferde zu beobachten, wird den Lehrsatz bestätigt finden: »Höchste Versammlung muß zugleich höchste Losgelassenheit bedeuten« *(Abb. 64)*.

Das Ziel ist ein Pferd, das nicht nur auf normale Hilfen sogleich piaffiert und passagiert, sondern eine derartige Abstufung der Trittlänge beherrscht, daß man einmal mit mehr Bodengewinn, dann wieder fast auf der Stelle piaffieren, die Passage nach Belieben etwas gestreckter beziehungsweise versammelter ausführen kann. Sollte diese Feinheit der Reaktion erreicht sein, dann werden die »Zwischentöne«, das heißt die Übergänge ebenfalls gelingen, bei denen das Pferd sozusagen aus der Piaffe heraus- und in diese hineinpassagiert.

Es sei aber nochmals betont, daß sich diese Perfektion bei allem Können nur mit einem Pferdetyp erreichen läßt, der für beide Schulen eine gleich gute Prädisposition mitbringt, was aber bei den heute am Dressurviereck bevorzugten »Gangleistungsmaschinen«, bei denen vor allem in den unteren Prüfungen das Hauptgewicht auf maximalen Raumgriff gelegt wird, durchaus nicht immer der Fall sein wird.

Zeigt das Pferd für eine der beiden Schulen eine ganz spezielle, auffallende Begabung, dann ist überhaupt Vorsicht geboten, weil es wahrscheinlich (aus den bereits besprochenen Gründen) für die andere weit weniger Veranlagung mitbringen wird. Das ist weder ungewöhnlich noch neu. Zu allen Zeiten hat es Pferde gegeben, denen trotz gründlichsten Kunstverständnisses ihrer Ausbilder, deren reicher Erfahrung, Einwirkung und geduldigsten Fleißes die eine oder andere Lektion der Hohen Schule einfach nicht zu vermitteln oder abzufordern war. Wer lange genug in unserem Fach tätig ist, weiß das und sieht deshalb dort keinen persönlichen Mißerfolg, wo die Natur sehr deutliche Grenzen gezogen hat. Ganz zu Recht hieß es schon im alten Rom:

Omnia praeclara rara sunt = Alles Vortreffliche ist selten!

Das Dressurpferd

Diese Bezeichnung verdient im engeren Sinne nur ein Pferd, das seine dressurmäßige Eignung und Ausbildung in den einzelnen Klassen nachgewiesen hat, das heißt in Dressurprüfungen bereits erfolgreich war. Solange dieser Nachweis fehlt, kann man bestenfalls von einem »dressurmäßig veranlagten Pferd« sprechen – es sei denn, man hält sich an die Faustregel mancher Pferdeverkäufer: Pferde, die nicht springen = Dressurpferde, Pferde mit wenig Gang = Springpferde, kleine Pferde = Kinderpferde, leichte Pferde = Vielseitigkeitspferde usw. So einfach ist das.

Gegenstand unserer Betrachtung bildet das junge, etwa vierjährige, dressurmäßig veranlagte Pferd. Darunter verstehen wir ein solches, das aufgrund seiner körperlichen, charakterlichen und temperamentsmäßigen Anlagen nicht nur für den Einsatz, sondern auch für Plazierungen in allen, besonders aber den hohen Dressurprüfungen in Betracht kommt.

Wie soll nun ein dafür geeignetes Pferd beschaffen sein, welche inneren und äußeren Merkmale müssen wir als Dressurreiter oder Ausbilder verlangen, wenn wir diese Erfolge erzielen wollen?

Beginnen wir – ausnahmsweise – einmal nicht mit dem äußeren Erscheinungsbild, sondern mit den inneren Eigenschaften, um deren oftmals ausschlaggebende Bedeutung einmal nachhaltig zu betonen. Einige Reitlehren enthalten den sehr deutlichen Hinweis: »Temperamentsfehler sind schwieriger zu korrigieren als Gebäudefehler«. Dieser Satz ließe sich sogar dahingehend umkehren, daß innere Werte manche Gebäudefehler mehr als kompensieren können. Trotzdem werden angehende Dressurpferde in vielen Fällen immer noch ausschließlich »mit dem Auge« gekauft. Entweder sind sie noch gar nicht angeritten, so daß man sie nicht probereiten kann oder die verfügbare Zeit und das pferdekundliche Wissen reichen nicht aus, um alle wesentlichen Eigenheiten des Pferdes feststellen zu können. Das dauert immerhin eine Weile und will auch gelernt sein. Auf die Angaben des Verkäufers allein sollte man sich dabei nicht immer verlassen. Schöne Linien, außergewöhnliche Gangleistungen usw. sieht jeder Laie. Aber eine verborgene Temperaments- oder Charakterschwäche frühzeitig zu erkennen, erfordert schon sehr viel Erfahrung im Umgang mit Dressurpferden (von den heutigen Möglichkeiten, auf diesem Gebiet während der Dauer der Besichtigung »regulierend« einzugreifen, ganz abgesehen).

Mit Recht sagen die Araber: »Willst Du ein Pferd kaufen, verbinde Dir die Augen und reite es.« Wie häufig werden bei großer Auswahl die unauffälligen, aber ehrlichen, losgelassenen, elastischen und daher rittigen, leistungsbereiten Pferde stehengelassen, nur weil deren natürliche Bewegungen nicht jedem sogleich ins Auge sprangen und die Blender, Strampler und harten Preller als vermeintliche »Superkracher« vorgezogen. Aber »sie krachten nur einen Sommer«, heißt es manchmal, dann spielten sie einfach nicht mehr mit. »Weil sie nicht in die richtigen Hände kamen«, meinen die Verkäufer. Mag sein, daß dies gelegentlich zutrifft. Dressurpferde ausbilden ist wirklich kein Sonntagsspaß für halbwüchsige Schulmädchen, sondern eine schwierige und verantwortungsvolle Aufgabe für einen bewährten Fachmann. Es gibt aber genügend Beispiele dafür, daß Pferde, die mit dem Auge sorgfältig selektiert wurden, zu sehr erfahrenen und anerkannten Ausbildern kamen, die nach einiger Zeit feststellen mußten, daß die Pferde trotz aller aufgewendeten Sorgfalt und Mühe infolge ihrer Charakter- bzw. Temperamentsmängel für eine erfolgreiche Dressurlaufbahn nicht in Frage kommen.

Das »geborene« Dressurpferd ist aufmerksam, sensibel, deshalb aber nicht überempfindlich, intelligent, gelehrig, gehfreudig und nervenstark; es besitzt Energie (nicht zu verwechseln mit heftigem Temperament), das sogenannte »fromme Feuer«, verbunden mit innerer Ruhe und Gelassenheit.

»Leistungsbereit« heißt somit die Hauptforderung, die einen im ganzen noblen Charakter voraussetzt (man denke in diesem Zusammenhang immer daran, daß sich aus dem Exterieur nur das Leistungsvermögen, die Leistungsbereitschaft hingegen erst im Laufe der Ausbildung erkennen läßt).

Solche Pferde zu züchten, ist ungemein schwierig, sie – bei entsprechender körperlicher Veranlagung – auszubilden, eine reizvolle Aufgabe, die einem allerdings nur selten zuteil wird.

Vor Besprechung der Exterieur-Hauptpunkte sei nochmals auf die Gefahr hingewiesen, die in der Überschätzung einzelner, äußerer Merkmale positiver und negativer Art liegt. Da das Idealpferd nur in unserer Vorstellung existiert, werden wir in der Praxis immer wieder Abweichungen davon begegnen, die wir in ihrer Auswirkung richtig einzuschätzen haben. Deshalb: Fehler kennen, heißt noch lange nicht, Pferde kennen. Zuerst sind die Vorzüge zu konstatieren, die wie gesagt einzelne Fehler vollständig auszugleichen vermögen. Man unterscheidet ferner Zucht-, Gebrauchs- und Schönheitsfehler und die Erfahrung lehrt, daß die letztgenannten die Leistungsfähigkeit in vielen Fällen nicht im geringsten beeinträchtigen. Der Wunsch nach einem äußerlich fehlerlosen Pferd ist ein schlechter Begleiter auf dem Weg zur Leistung. Wir brauchen für die heutigen Anforderungen ein Qualitätspferd und dieses ist dadurch gekennzeichnet, daß seine inneren und äußeren Vorzüge eventuell vorhandene, unbedeutende Gebäudefehler bei weitem überwiegen.

In dem Buch »Beurteilung und Auswahl von Reitpferden« (Verlag Paul Parey, 4. Auflage 1988) sind die körperlichen Anlagen des für Dressurzwecke geeigneten Pferdes wie folgt zusammengefaßt:

Dressurpferde
werden die Anforderungen der höheren Stufen wahrscheinlich nicht erreichen, wenn sie in den wesentlichen Teilen nicht genügend korrekt gebaut sind. Dabei ist Harmonie in allen Teilen wichtiger als einzelne, hervorstechende Partien. Eine gewisse Ausstrahlung, Charme und Glanz werden Pferde, die »bei den Richtern ankommen« sollen, ebenfalls mitbringen müssen. Sie brauchen deshalb keine Blender zu sein. Die Begriffe »schön« und »edel« sind übrigens nicht synonym. Edle Pferde müssen nicht schön, schöne nicht edel sein. Als Beispiel für erstere können manche Vollblüter, für letztere einige russische Pferdetypen dienen.

Wichtige Points für Dressurpferde: edler, am Hals leicht angesetzter Kopf mit genügend Ganaschenfreiheit, biegsames Genick, Hals mit schönem Aufsatz, am Kammrand stärker als am Kehlrand bemuskelt, schräge Schulter, nicht zu langer, leicht geschwungener Rücken, genügend Rippenwölbung, bestens gehebelte und gewinkelte Hinterhand, regelmäßig gestellte Gliedmaßen, von Natur aus geschlossen; elastischer, leichtfüßiger Gang.

Vom angehenden Dressurpferd verlangen wir mit Recht reine und auch ergiebige Grundgangarten, deren Bewegungsablauf sich bei aller Dynamik in voller Natürlichkeit vollzieht. In einer Disziplin, in der während der Leistungsprüfungen beinahe jeder Tritt bzw. Sprung des Pferdes bewertet wird, kommt der Qualität der Grundgangarten fundamentale Bedeutung zu. Was heißt nun in diesem Zusammenhang »von Natur aus geschlossen«? Dieser Punkt wird meist überhaupt nicht oder zu wenig beachtet. Er besagt, daß die Hinterbeine den Pferdekörper nicht nur vorwärtsbewegen (Schubkraft), sondern von Natur aus auch weit genug vortreten sollen, um einen entsprechenden Teil des Köper- und Reitergewichtes zu übernehmen (Tragkraft). Dies wird hauptsächlich durch passende Länge des Rumpfes und der Hintergliedmaßen sowie deren zweckmäßige Winkelung erreicht. Von dieser Voraussetzung hängt die später zu erzielende Versammlung größtenteils ab; es ist dazu aber auch der Arbeitswille des Pferdes nötig, das den Hinterbeinen zugewiesene Mehrgewicht mit diesen zu übernehmen und trotz erhöhter Belastung mit gleichem Fleiß weiterzubefördern.

Dieser Hinweis mag die Beschreibung des dressurmäßig veranlagten Pferdes, soweit sie uns hier zu beschäftigen hat, abrunden. Ein solches Pferd benötigt – abgesehen von der Periode des Longierens – im Laufe seiner weiteren Ausbildung keinerlei Hilfszügel. Im Gegenteil: Diese wären sogar schädlich, weil sie viele Reiter dazu verleiten, daß Pferd zu früh in eine Haltung zu zwingen, die eine Folge und das Ergebnis der entwickelten Schubkraft und des von hinten kommenden Schwunges sein soll. Der freie und energische Vortritt der

Hinterbeine wird insbesonders durch Verwendung des Schlaufzügels gehemmt und damit gegen einen Elementargrundsatz der Dressurausbildung verstoßen, der besagt, daß die Haltung niemals auf Kosten des Ganges erzwungen werden darf.

Wird ein Pferd mit Hilfe des Schlaufzügels zu Lektionen forciert, die es ohne diesen noch nicht ausführen könnte, weil ihm einfach die dafür nötige Ausbildungszeit und Reife fehlt, so drückt es gegen die Zügel und spannt dabei genau diejenigen Muskeln an, die es eigentlich loslassen sollte. Dadurch wird die teilweise oder gänzliche Spannung zum Dauerzustand.

Die Auswirkungen dieser Methoden sind zur Genüge bekannt, bleiben weder dem erfahrenen Dressurrichter noch dem fachkundigen Reiter oder Zuschauer verborgen und führen letztlich dazu, daß die »Schnelldresseure« für ihre Produkte im Laufe der Zeit immer weniger Bewunderer und auch Abnehmer finden.

In den Händen des gelernten und tüchtigen Bereiters mag der Schlaufzügel bei der Bearbeitung bzw. Korrektur außergewöhnlich schwieriger Pferde vorübergehend eine gewisse Unterstützung bieten. Es stellt sich vorher allerdings die Frage, ob das Pferd die Arbeit überhaupt lohnt und ob der Reiter, für den es gedacht ist, je in der Lage sein wird, es mit normaler Zäumung richtig an die Zügel zu stellen.

Für alle normal veranlagten Pferde kennt die Reitkunst genügend Möglichkeiten und Methoden, im Laufe einer ehrlichen und gekonnten Ausbildungsarbeit das Nachgeben im Genick, ein tätiges Maul und dadurch eine weiche, gleichmäßige Anlehnung zu erzielen. Wer über die dafür nötige Zeit, Gründlichkeit und Einwirkung verfügt, wird als Ergebnis ein vertrauensvolles, durchgymnastiziertes und deshalb angenehm zu reitendes Pferd erzielen, das übrigens von jedem Reiter mit entsprechender Schulung auch leicht nachgeritten werden kann.

Mit ganz wenigen Ausnahmen aus den vorerwähnten Kreisen signalisiert der Schlaufzügelreiter entweder: »Anders kann ich mein Pferd nicht durchs Genick reiten und durchgehend in dieser Form behalten« bzw. »ich will mich nicht plagen« oder »erwarten Sie von mir keine reelle Ausbildung«.

In jedem der drei Fälle sagt das genug.

Für Dressurzwecke sollte nur dann ein junges Pferd angeschafft werden, wenn dessen kontinuierliche, fachlich einwandfreie Ausbildung gewährleistet ist. Das Pferd wird sich die zahlreichen Möglichkeiten, mit Hilfe derer es sich den eigentlichen Anforderungen – vom wenig erfahrenen Reiter unbemerkt – entziehen kann, nicht entgehen lassen und sie gewohnheitsmäßig beizubehalten bzw. hartnäckig zu verteidigen suchen. Sie sind daher später nur unter großen Schwierigkeiten zu beseitigen und stehen dem Fortschritt oft lange Zeit hemmend entgegen.

Auf die Frage, warum man sich eigentlich für ein junges Pferd entschieden habe, obwohl bekannt war, daß für den betreffenden Reiter ein älteres, dressurmäßig gefördertes Pferd das einzig Richtige gewesen wäre (und ein solches sogar in der ursprünglichen Absicht lag), erhält man die sonderbarsten Antworten und Begründungen. Hier eine kleine Auswahl:

- »Den Dreijährigen habe ich für meinen vierzehnjährigen Sohn gekauft; der hat vor kurzem bereits die Reiterpaß-Prüfung bestanden.«
- »Ach, die Beiden (gemeint ist ein junges Mädchen mit einem jungen Pferd) sollen zusammen aufwachsen und sich dabei aneinander gewöhnen.«
- »Ich kaufe doch keinen, den ein anderer schon verdorben hat!«
- »Meine Tochter reitet schließlich schon sechs Jahre und darf in ihrem Stall jedes Vereinspferd reiten; da wird sie doch mit diesem Jungen wohl auch zurechtkommen.«
- »Wenn schon ein eigenes Pferd, dann lieber gleich einen Jungen, der ist wenigstens gesund!«

Es dürfte sich erübrigen, auf diese meist im Brustton der Überzeugung vorgebrachten Äußerungen einzugehen. Der fachkundige Leser wird sich selbst sein Urteil bilden.

Manchmal sind jedoch ganz andere als die angeführten Gründe für eine solche Wahl maßgebend. Gut gerittene Pferde im gewünschten Ausbildungsstand und für einen bestimmten Reiter hinsichtlich Rittigkeit, Temperament und Größe passend, sind durchaus nicht leicht zu finden und wenn, dann nicht immer sogleich verkäuflich; sie haben auch ihren Preis, speziell dann, wenn sie Erfolge nachweisen können.

Das Angebot an jungen, preisgünstigen Pferden hingegen ist riesengroß, kaum überschaubar und vor allem stets präsent. Schon mancher, der auszog, um ein Grand-Prix-Pferd zu kaufen, kehrte mit einer Remonte heim – im Ohr noch die Abschiedsworte des Verkäufers; »Bei der Abstammung und Veranlagung und bei dem reiterlichen Können Ihrer Tochter ist der in spätestens drei Jahren S-fertig!«

Oder auch nicht.

Die Fragen, die sich im Zusammenhang mit der gesundheitlichen Verfassung des Dressurpferdes ergeben, hier zu behandeln, überstiege nicht nur die Thematik dieses Buches, sie fallen auch eindeutig in die Kompetenz des auf Pferde spezialisierten Tierarztes. Daß die Gleichung: jung = gesund schon längst nicht mehr stimmen muß, ist eine ebenso deprimierende wie bekannte Tatsache, die in den einschlägigen Fachzeitschriften immer wieder erörtert wird. Die mit unserer heutigen Lebensweise verbundenen Umwelteinflüsse gehen auch an unseren Pferden leider nicht spurlos vorüber. Es empfiehlt sich daher in jedem Fall, auch beim Kauf junger Pferde (fast könnte man sagen: gerade bei diesen), einen Pferdefacharzt zu konsultieren und mit einer gründlichen Ankaufsuntersuchung zu beauftragen.

Longieren

Das Longieren soll nicht erschöpfend behandelt werden (etwa in Form einer genauen Anleitung für den Anfänger), sondern nur ein Ergänzungskapitel für den fortgeschrittenen Reiter bilden.

»Viele tun es, wenige können es« gilt ganz besonders für das Longieren. Was so simpel aussieht, muß es nicht unbedingt sein. Es besteht jedenfalls die Neigung, diese Arbeit sowohl hinsichtlich ihrer Bedeutung als auch Ausführung zu unterschätzen. In welchem Reitbetrieb lernt der Reiter heute noch richtig longieren? Meistens macht er es einfach – mehr schlecht als recht – nach (»Das werde ich doch auch können«), hat aber vom Wesen der Longeausbildung keinen rechten Begriff.

Es ist im allgemeinen die Tendenz feststellbar, möglichst bald ein eigenes Pferd anzuschaffen, woran man früher erst dachte, nachdem man einige Jahre Unterricht auf Schulpferden hinter sich hatte. Für den Hang zum eigenen Pferd gibt es mehrere Gründe.

Einer davon ist mit Sicherheit der, mit einem eigenen Pferd machen zu können, was man will, ohne sich ständig die unerwünschten Anweisungen eines immer alles besser wissenden Reitlehrers anhören zu müssen (»Bei meiner Intelligenz und Tüchtigkeit werde ich das wohl allein schaffen«), und es gibt leider mehr als genug Reitbetriebe, in denen ein solcher Unfug geduldet wird. Näher darauf einzugehen erübrigt sich; einige dieser Fälle reichen immerhin bereits in die Kompetenz des Tierschutzes.

Als Zeiterscheinung sehen wir Stall-Hilfsarbeiter die Longe an einem Strickhalfter befestigen und nun unter lautem Peitschengeknalle das Pferd im Kreis herumjagen (von Sattel, Zaumzeug, Kappzaum, Ausbinder, Longiergurt, Bandagen etc. selbstverständlich keine Rede) und »Reiter«, die diesen Unsinn sogleich nachmachen. Dabei sind sie nicht einmal in der Lage, Longe und Peitsche ordentlich in der Hand zu halten, und geraten in Gefahr, sich beim Handwechsel, wenn sie sich auf dieses Abenteuer überhaupt einlassen, mit der Longe zu strangulieren. Damit die Peitsche nicht hindert, wird sie vorsichtshalber beizeiten auf den Boden geworfen und erst wieder aufgenommen, nachdem das Pferd einige Male draufgetreten hat.

Sie sagen, das gibt es nicht? Schauen Sie sich einmal um; dann werden Sie noch ganz andere Auswüchse entdecken, so daß einem, der die Sache gelernt hat und ernst nimmt, manchmal übel werden könnte.

Solange sich jeder Ahnungslose ein Pferd kaufen, in einen eigenen Stall oder in eine Mietbox sperren und damit nach Gutdünken verfahren darf, wird sich daran nicht viel ändern, denn die reiterliche Einstellung und Erziehung bekommt man nicht mitgeliefert. Nicht einmal Reitbetriebe bieten derzeit eine Gewähr für fachgerechten Umgang mit Pferden, weil zumindest ein Teil dieser Betriebe und Vereine schlecht geführt ist und nur beschränkte Kontrollmöglichkeiten bestehen, die in den seltensten Fällen wahrgenommen werden.

In diesem Bereich wird wohl (wie in einzelnen Sportzweigen) eines Tages der gesetzliche Konsumentenschutz wirksam werden müssen, so wie auch ein eigenes Tiergesetz nötig war, denn Tiere galten bis vor kurzem rechtlich noch als Sachen.

In einer Zeit der »Breitenentwicklung« des Reitens mit allen Nachteilen einer solchen und der zahlenmäßig ständigen Zunahme an Reitlehrkräften aller Art, mit der die persönliche und fachliche Qualifikation nicht immer Schritt hält, kann man eigentlich nichts anderes erwarten und muß eben sehr genau überlegen, wem man sich und sein Pferd anvertrauen soll.

Zu welchen Zwecken wird ein Pferd longiert?

1. Longieren des ungerittenen Pferdes (Beginn der Remonteausbildung);
2. Longieren des gerittenen Pferdes (Lösen, Bewegen rekonvaleszenter Pferde, Ausbildung von Anfängern usw.);

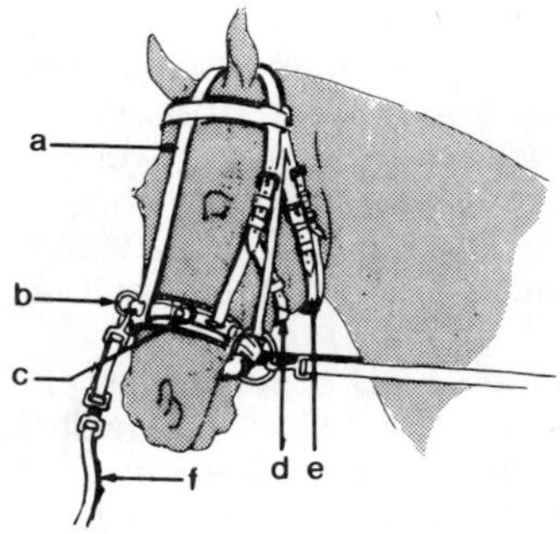

Abb. 65: Der Kappzaum. *a* = Balanceriemen; *b* = mittlerer Ring, drehbar; *c* = seitliche Ringe, feststehend (zum Einschnallen der Ausbindezügel beim Longieren ohne Trensenzaum); *d* = Ganaschenriemen; *o* = Kehlriemen; *f* = Longe

3. Korrekturfälle (zum Nacharbeiten des reinen Ganges, Lockerung bestimmter Körperteile, Verbesserung der Längsbiegung, Wiederherstellung und Festigung des elementaren Gehorsams usw.)

Zu 1. Über die Notwendigkeit einer gründlichen und gediegenen Vorbereitung an der Longe vor dem ersten Anreiten eines jungen Pferdes dürfte in Fachkreisen wohl kein Zweifel bestehen.

Bevor diese beginnt, sollte man sich über Gebäude und Temperament des betreffenden Pferdes ein vorläufiges Urteil gebildet haben, denn von diesen Faktoren hängt der einzuschlagende Weg zum Großteil ab.

Es ist eine vollkommen irrige Anschauung, daß »das bißchen Laufenlassen an der Longe« nur zur Gewöhnung diene, daher von jedem besseren Stallarbeiter ausgeführt werden kann und individuelle Unterschiede in dieser Periode noch nicht zu berücksichtigen seien. Das Gegenteil ist richtig.

Es gibt mehr als genug Beispiele dafür, daß die Ursachen von später auftretenden Schwierigkeiten in Fehlern und Versäumnissen liegen, die während der ersten Longearbeit begangen wurden. Schon in dieser Zeit kann man Pferde sehr zu ihrem Vorteil, aber auch Nachteil verändern.

Das Bekanntmachen des Pferdes mit der Longierausrüstung, die Wahl des geeigneten Platzes, Einsatz der Hilfspersonen, Dauer der einzelnen Reprisen, der Handwechsel usw. bedürfen sachgemäßer Vorgangsweise. Zu kontrollieren sind von allem Anfang an die Tätigkeit der Hinterbeine und des Rückens, Form und Aufsatz des Halses mit Kopfansatz und die Maultätigkeit des Pferdes, denn danach richten sich die Länge der Ausbindezügel und die Höhe des Einschnallens, die Art der Zäumung (Kappzaum und/oder Trense) und des Gebisses *(Abb. 65)*.

Beim Hantieren mit der Longepeitsche ist entsprechende Behutsamkeit geboten, um das junge Pferd nicht zu erschrecken. Es hat dieses Gerät zu akzeptieren, seine Bedeutung zu kennen und zu respektieren, darf es aber niemals fürchten. Ungeübte oder forsche Peitschenschwinger richten in dieser Beziehung oft sehr viel Schaden an. Es stellt dem Longeausbilder ein vernichtendes Zeugnis aus, wenn sein Pferd schon beim bloßen Anblick der Peitsche in Panik davonspringt.

Für die ersten Longestunden empfehlen sich zwei oder auch drei Hilfspersonen, damit in kritischen Situationen, mit denen anfangs immer zu rechnen ist, genügend Helfer zur Hand sind und gewisse Unarten des Pferdes gar nicht entstehen lassen. Sehr wichtig sind ferner Ruhe, Konzentration und ein ständiger Augenkontakt des Longenführers mit seinem Pferd. Jede Ablenkung ist zu vermeiden, denn es ist eine erwiesene Tatsache, daß gerade junge Pferde zum Stehenbleiben beziehungsweise Umdrehen neigen, sobald sie der Longenführer nur einen Moment aus den Augen läßt.

Eine gewisse Vorsicht empfiehlt sich bei Pferden mit empfindlichem Maul, deren Genick aber von Natur aus wenig biegsam ist. In einem solchen Fall müßte über das Gebiß ein erheblicher Druck auf Zunge und Lade ausgeübt werden, um das Genick zu lockern. Was wäre die Folge? Ganz richtig: Der schwächere beziehungsweise empfindlichere Teil gäbe früher nach und dadurch entstünden bereits die ersten Anlehnungsfehler, wie zum Beispiel Aufsperren des Maules (wobei der Unterkiefer dem zu starken Druck ausweicht), Herausstrecken oder Hochziehen der Zunge, Kopfschlagen usw. Dies alles begegnet uns in der Praxis oft genug.

Zur Vermeidung dieser besonders für Dressurpferde sehr bedenklichen Fehler, die, einmal eingewurzelt, nur schwer zu beseitigen sind, empfiehlt sich die Anwendung des Kappzaumes ohne Trensenzaumzeug. Die Ausbindezügel werden dabei in die seitlichen Ringe des Kappzaumes eingeschnallt, in einer Länge, die das Pferd zur zwanglosen Hergabe des Genicks veranlaßt, ohne daß dadurch eine Behinderung der Schubkraft eintritt. Durch allmähliches Verkürzen der Ausbinder wird die volle Nachgiebigkeit des Genicks erreicht, ohne das heikle Maul zu strapazieren. Das Pferdemaul wird sich trotzdem in lebhafter Tätigkeit befinden, weil bei beginnender Genickbiegung die hinteren Ganaschenränder für ein entsprechendes Engagement der Ohrspeicheldrüse sorgen.

Der Kappzaum muß dem Pferd allerdings genau passen, sorgfältig verschnallt sein und im übrigen den im Kapitel »Arbeit an der Hand« beschriebenen Anforderungen entsprechen. Ausbinder mit Gummringen sollten in diesen Fällen nicht verwendet werden. Sie haben den Nachteil, daß sie Pferde mit widerstrebendem Genick zum Dagegendrücken und Hineinhängen direkt verleiten, wovon diese dann natürlich ausgiebig Gebrauch machen. Gerade solche Pferde müssen wissen, daß sie das Genick loszulassen und sich am Gebiß abzustoßen haben, und das lernen sie nur, wenn die Ausbinder nicht dehnbar sind *(Abb. 66)*.

Zu 2. Außer bei Anfängerunterricht oder Rekonvaleszenz sollte jede Longestunde des gerittenen Pferdes dazu benützt werden, die Grundgangarten ohne Gewichtsbelastung weiter zu kultivieren, die Haltung, Stellung oder Längsbiegung zu verbessern. Gedankenloses Herumjagen oder das Pferd sich selbst überlassen kann diesen Zielen nur abträglich sein. Es gibt fast kein Pferd, bei dem in der angegebenen Richtung nicht noch Fortschritte erzielbar

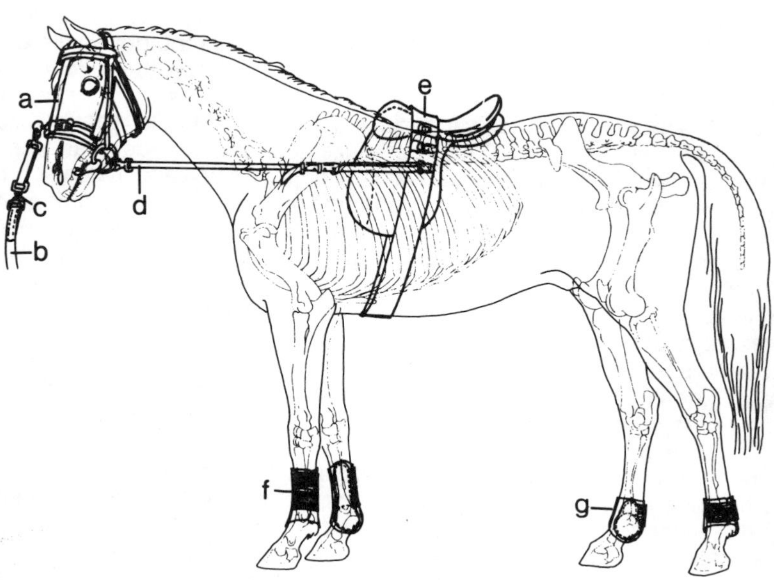

Abb. 66: Ausrüstung des Longepferdes. *a* = Kappzaum; *b* = Longe; *c* = Wirbel; *d* = Ausbindezügel; *e* = Longiergurt; *f* und *g* = Gamaschen

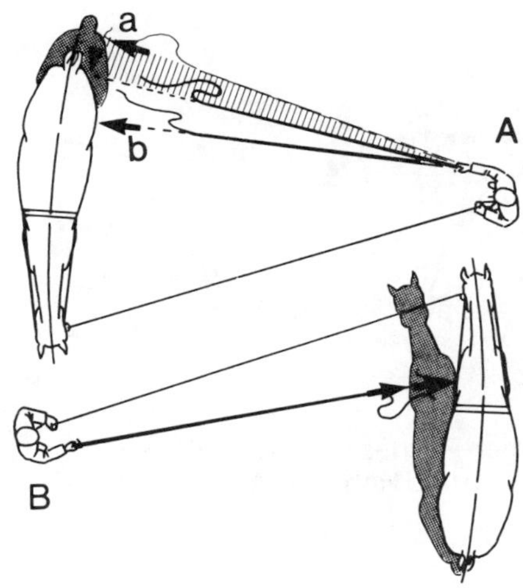

Abb. 67: Wirkung der Longierpeitsche. *A* = vortreibend in Richtung Hinterhand bei zu langsamen Tempo; *B* = in Richtung Schulter, um ein nach innen drängendes Pferd auf die ursprüngliche Kreislinie hinauszutreiben. *a* = von hinten in Richtung des Sitzbeinhöckers; *b* = gerade zur Hinterhand in Richtung des Hüftknochens

wären. Einmal kann vielleicht das Tempo des Trabes, ein andermal die Repetition im Rechts- oder Linksgalopp eine kleine »Politur« vertragen, ein vorübergehend etwas unklar gewordener Schritt wird durch Longieren über Bodenricks im passenden Abstand sehr an Reinheit, Regelmäßigkeit und Raumgriff gewinnen, und so gibt es immer wieder Möglichkeiten oder sogar die Notwendigkeit einer Verfeinerung. Dies um so mehr, als einem durch die Gepflogenheit, die Pferde circa. eine Stunde täglich zu arbeiten, die Zeit ohnehin manchmal knapp wird.

Zu 3. Jede Unart, die sich das Pferd im Laufe der Zeit unter dem Sattel angewöhnt, beginnt mit einer ganz kleinen Abweichung vom richtigen Gehen (meist so geringfügig, daß sie von Reitern, die sich nicht durchwegs auf ihr Pferd konzentrieren, gar nicht bemerkt wird) und kann sich vom einfachen Stehenbleiben oder Verlassen der Linie bis zur gröbsten Widersetzlichkeit, zum Beispiel Kehrtmachen, Rückwärtslaufen, Steigen mit Überschlagen usw. steigern *(Abb. 71)*.

Für alle diese »Sonderfälle« bildet die Longe das geeignetste Korrekturmittel, weil sie dem Pferd unmißverständlich klarmacht, daß seine Hauptarbeit im regelmäßigen, fleißigen Vorwärtsgehen besteht, die es ohne Belastung (manchmal sollte man besser sagen: Störung) durch das Gewicht des Reiters leichter und lieber leisten wird.

Es ist hierfür allerdings ein erfahrener Longenführer erforderlich, der Übung im Umgang mit schwierigen Pferden besitzt und vor allem die für diese Arbeit nötigen, persönlichen Eigenschaften mitbringt, nämlich innere Ruhe und Festigkeit, Konzentration, Geduld und unbedingte Konsequenz *(Abb. 70)*.

Ein »Plauderstündchen« mit umherstehenden Bekannten, damit einem nicht langweilig wird, während das Pferd im Kreis läuft, ist bei dieser Tätigkeit nicht drin! Vom ersten bis zum letzten Moment hat sich das Pferd, notfalls unter Mitwirkung einer zweiten Person, an allen Hilfen zu befinden: Anstehende Longe, stets mitgehende Peitsche, Stimme, Augenkontakt, wenn ein Erfolg eintreten soll, der unter Umständen längere Zeit auf sich warten lassen wird *(Abb. 67, 68, 69)*. Das hängt davon ab, auf welcher Ebene der Dressur der Fehler liegt (vielleicht auf der untersten) und wie hartnäckig er haftet.

Als ganz hervorragende Maßnahme hat sich bei gewohnheitsmäßigen Kehrtmachern die Doppellonge erwiesen, die sich auch zur Verbesserung der Längsbiegung vorzüglich eignet.

Abb. 68: Longieren des jungen Pferdes auf Trense. Richtige Führung der Longe und der Longierpeitsche, passende Länge und Höhe der Ausbindezügel

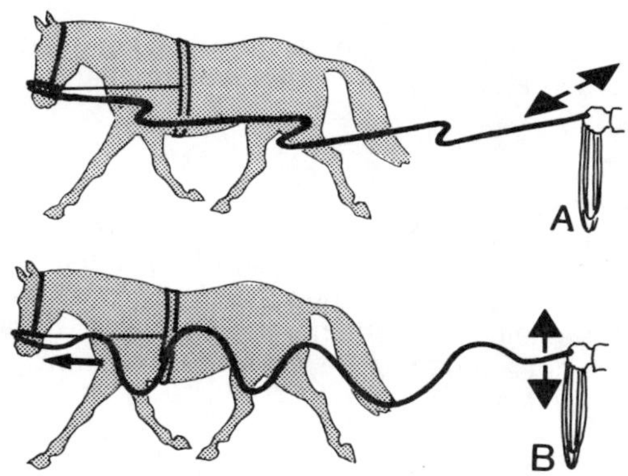

Abb. 69: Einwirkungsmöglichkeiten mit der Longe. A = seitliches Schütteln zur Mäßigung des Tempos; B = Wellenbewegung, um das Pferd auf die Kreislinie hinauszuweisen

Abb. 70: Richtige Haltung der Longierpeitsche beim Hantieren am Pferd

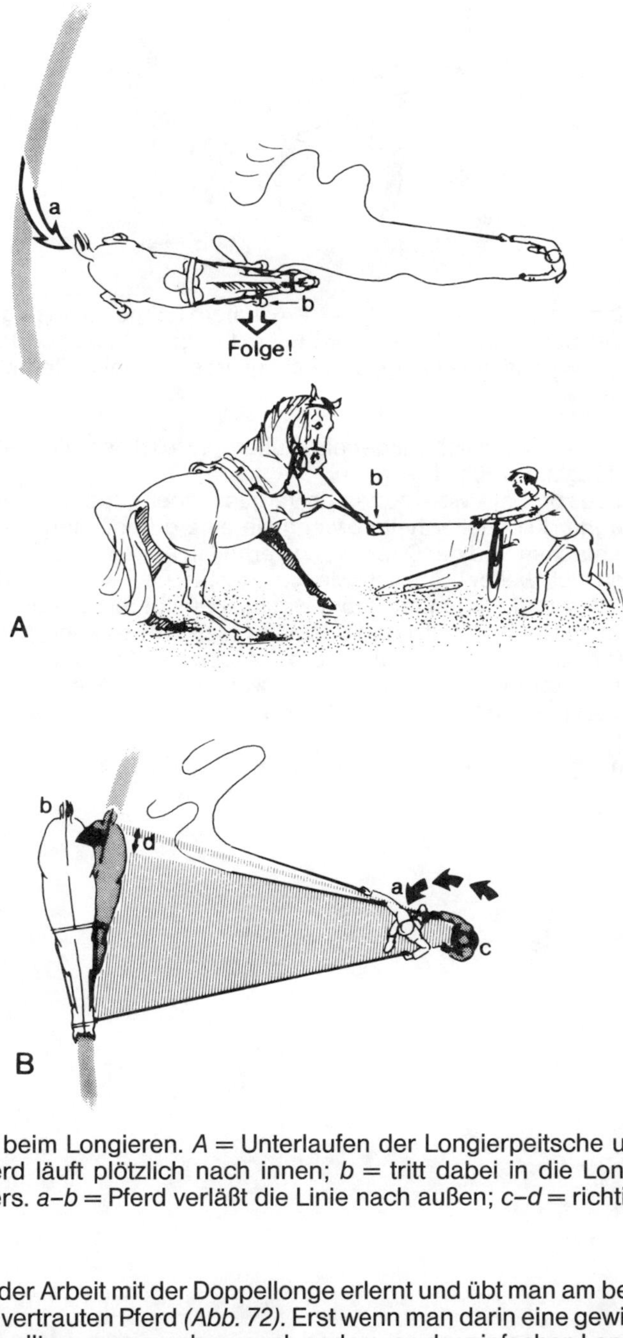

Abb. 71: Fehler beim Longieren. *A* = Unterlaufen der Longierpeitsche und Verlassen des Zirkels. *a* = Pferd läuft plötzlich nach innen; *b* = tritt dabei in die Longe. *B* = Mitlaufen des Longeführers. *a–b* = Pferd verläßt die Linie nach außen; *c–d* = richtiges Einhalten der Zirkellinie

Die Technik der Arbeit mit der Doppellonge erlernt und übt man am besten an einem mit diesem System vertrauten Pferd *(Abb. 72)*. Erst wenn man darin eine gewisse Geschicklichkeit erlangt hat, sollte man versuchen, auch andere, an der einfachen Longe problemlos gehende Pferde mit der Doppellonge bekanntzumachen und danach zu wirklich schwierigen Pferden übergehen.

Gleich bei den ersten Versuchen wird sich herausstellen, daß die Sache nicht ganz so einfach ist, wie man beim Zuschauen glauben könnte.

Den kleinen Mehraufwand an Vorbereitung bringt man durch die Vereinfachung des Handwechsels, der sich ohne Umschnallen der Ausbinder und ohne Wenden auf der Stelle

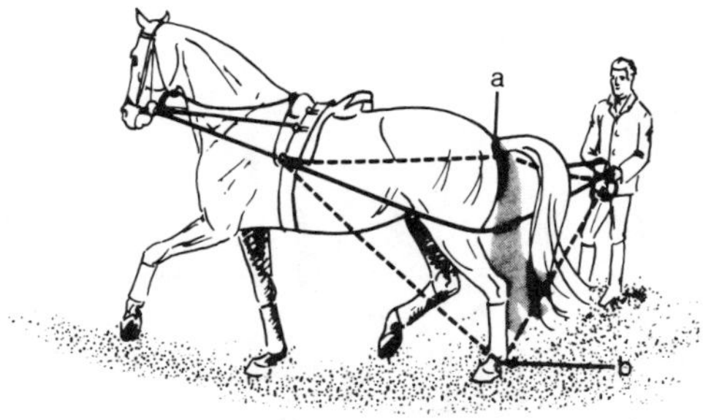

Abb. 72: Die Arbeit mit der Doppellonge. – – – *a* = äußere Longe zu hoch geführt (scheuert an der Unterseite der Schweifrübe); – – – *b* = äußere Longe zu locker und zu tief (rutscht in die Fesselbeuge); —— = passende Länge und richtige Position der äußeren Longe

in der Bewegung vollzieht, reichlich wieder ein. Außerdem wird der mit Bestimmtheit eintretende Erfolg die anfängliche Mühe belohnen.

Schade, daß dieses probate Mittel nahezu in Vergessenheit geraten ist. Viele Reiter könnten sich und ihrem Pferd schneller helfen, wenn sie eine gründliche Unterweisung in der Handhabung der einfachen und der Doppellonge erhalten hätten.

An dieser lassen sich weiter – ähnlich wie am langen Zügel – Seitengänge, Kurzkehrtwendungen, Pirouetten und fliegende Galoppwechsel ausführen, ebenso Piaffe und Passage, wenn man einige Übung besitzt und das Pferd diese Arbeit kennt. Sie stellt somit ein hervorragendes Ergänzungsmittel für die höhere Dressurausbildung dar und kann jederzeit mit Vorteil auch zur Lockerung verwendet werden, wenn sich das Pferd (zum Beispiel durch zu intensive beziehungsweise zu lang anhaltende Versammlungshilfen) unter dem Reiter festgemacht haben sollte.

Aber das kommt in der Praxis natürlich niemals vor – und wenn, dann höchstens bei den anderen ...

Das Schulpferd

Ein Buch über Ausbildung und Dressurreiten wäre unvollständig, würde man den Begriffen Schulpferd und Schule reiten, die gegenwärtig kaum mehr vorkommen, nicht ein Kapitel widmen. In diesem Zusammenhang gilt es außerdem, wertvolles, reiterliches Gedankengut der Vergangenheit zu bewahren, das uns auch heute gute Dienste leisten kann.

Was ist ein »Schulpferd«? Worin ist es besonders »geschult«? Was versteht man unter »Hohe Schule«?

Drei Fragen, auf die man in Fachkreisen recht unterschiedliche Antworten bekommt. Am schnellsten gewinnen wir Klarheft, wenn wir die letzte Frage zuerst untersuchen. Die sogenannte Hohe Schule bezweckt und erfordert den höchsten Grad der Hankenbeugung. Diese bringt das Pferd zur Gänze unter die Kontrolle des Reiters und befähigt es zu außergewöhnlichen Leistungen.

Vollendete Durchlässigkeit, Versammlung und Reaktionsbereitschaft versetzen es in die Lage, die schwierigsten Übungen im Sinne der klassischen Reitkunst, das heißt auf fast unsichtbare, zeichenartige Hilfen mit Leichtigkeit und Geschmeidigkeit auszuführen.

Das liest sich sehr schön und selbstverständlich; wer aber den Versuch, ein Pferd bis zu dieser Reife zu fördern, nicht selbst unternahm, besitzt kaum eine Vorstellung, wie interessant, aber auch wie mühevoll diese Arbeit sein kann und wie lange sie dauert. Das gilt selbst für hochveranlagte Pferde, und mit »minderbemittelten« sollte man erst gar nicht beginnen.

Das werdende Schulpferd muß eine weit über den Durchschnitt hinausreichende Versammlungsfähigkeit, verbunden mit viel Schwung mitbringen, wenn sich der Aufwand lohnen soll.

Als nächstes ergibt sich die durchaus nicht überflüssige Frage: Was sind eigentlich die Hanken? Versuchen Sie einmal, in Ihrem reiterlichen Bekanntenkreis darauf eine eindeutige Antwort zu erhalten. Für die einen sind die Hanken einfach die Hinterbeine, ein anderer nennt die Sprunggelenke Hanken, ein Dritter versteht darunter alle Gelenke der Hinterhand; auch die Ansicht, Knie-, Sprung- und Fesselgelenke bilden die Hanken, ist vertreten.

Alle diese Auffassungen treffen nicht zu. Als Hanken bezeichnet die klassische Reitlehre seit jeher ausschließlich die beiden obersten und stärksten Gelenke der Hintergliedmaßen, nämlich das Hüft- und Kniegelenk. Daraus erklärt sich die gelegentlich zu beobachtende Erscheinung, daß bei starker Beugefähigkeit dieser mächtigen Gelenke auch Pferde mit ziemlich geraden Hinterbeinen, genauer gesagt etwas offenem, gestreckterem Sprunggelenkswinkel als Dressurpferde bedeutende Leistungen vollbringen.

An dieser Stelle soll auch auf die gegen das Dressurreiten manchmal geäußerte Ansicht, die Hohe Schule greife die Sprunggelenke stark an, kurz eingegangen werden. Die restlose Entkräftung dieser Behauptung muß wohl dem Pferde-Tierarzt vorbehalten bleiben, aber eine Bemerkung dazu mag gestattet sein: Stützt man diese Hypothese darauf, daß an älteren Dressurpferden fallweise Erkrankungen des Sprunggelenkes festzustellen sind, so müßte erst einmal untersucht werden, ob als Ursache der krankhaften Veränderungen das starke Beugen oder eher das sehr häufige und nachhaltige Strecken des Sprunggelenkes in Betracht kommt. Jedenfalls kommen die Schäden auch bei Pferden vor, die nie in ihrem Leben versammelt wurden. Ferner läßt sich kaum bestreiten, daß die heute in allen Dressurprüfungen verlangten und beinahe exzessiv ausgeführten (weil oft überbewerteten) Trab- und Galoppverstärkungen besonders für die Sprunggelenke enorme Strapazen darstellen.

Jedenfalls tritt zum Beispiel der Spat bei Pferden, die nicht zu früh angeritten und danach mit Verständnis und allmählich an stärkere Belastungen gewöhnt wurden, wie es etwa bei den Schulhengsten der Spanischen Reitschule der Fall ist (die manchmal noch im Alter von

25 bis 30 Jahren schulmäßig geritten werden), im Verhältnis viel seltener auf als bei Turnierpferden, und damit ist eigentlich schon einiges zu diesem Punkt gesagt.

Einer der Berufensten, GUSTAV STEINBRECHT, nimmt in seinem »Gymnasium des Pferdes« zur Hankenbeugung wie folgt Stellung:

»In den Hanken liegen die Hauptkräfte zur Stütze und Fortbewegung des ganzen Körpers, und es ist die vornehmlichste Aufgabe des rationellen Bereiters, diese Kräfte zu entwickeln und sie untertänig zu machen. Es gibt viele Bereiter und sehr viele Reiter, die wohl über Hankenbiegung zu sprechen wissen und sich auch einbilden, die Hanke ihrer Pferde zu bearbeiten, ohne je eine richtige Hankenbiegung gefühlt zu haben. Ja es gibt deren genug, die das Sprunggelenk für die Hanke halten und kaum eine Ahnung davon haben, daß sich oberhalb desselben noch stärkere und wichtigere Gelenke befinden. Alle diese Reiter kommen mit ihrer Arbeit nicht über die Biegung des Schenkels vom Sprunggelenk abwärts hinaus und erreichen daher nur sehr mittelmäßige Resultate in der Richtung ihrer Pferde. Hunderte von Pferden mit kräftiger Hanke werden vor der Zeit verbraucht, weil die schönen Kräfte dieses Teiles unbenutzt ruhen, während sie zur Erleichterung der Vorderschenkel und zur Schonung der unteren Gelenke des Hinterschenkels bei der Belastung hätten verwendet werden müssen.

Eine kräftige Hanke zu biegen ist freilich keine leichte Aufgabe, denn ihren natürlichen Kräften entsprechend wird sie auch der verlangten Biegung Widerstand entgegensetzen können. Man glaube ja nicht, diesen Widerstand durch physische Kraft überwinden zu können, denn der Reiter kann wohl durch rohe Gewaltmittel den Rücken des Pferdes durchbiegen, auch wohl die Sprung- und Fesselgelenke zerbrechen, aber nicht die Hankengelenke biegen. Es ist dies das Privilegium des wissenschaftlichen gebildeten und erfahrenen Reiters allein, der sich durch stufenweise Bearbeitung der Wirbelsäule einen sicheren Hebel zu schaffen und diesen durch sein feines Gefühl stets den Kräften des Pferdes entsprechend zu gebrauchen weiß. Die Biegsammachung der Hanke bildet daher stets die Grenze für den handwerksmäßigen Reiter, die er nicht überschreiten kann, ohne entweder sein Pferd zu ruinieren oder von ihm bemeistert zu werden.

Die alten Meister verstanden es, die Hanke gründlich zu bearbeiten, und sind uns und den fernsten Zeiten dadurch ein bleibendes Vorbild geworden. Ihre außerordentlichen Leistungen, die von der Jetztzeit wie halbe Wunder angestaunt werden, hatten sie nur dieser Arbeit zu verdanken, und wenn es uns ernst ist, die Reitkunst als schöne Kunst zu erhalten und nicht zur Philisterei und zum Puppenspiel herabsinken zu lassen, so gibt es nur den einen Weg, den alten Meistern nachzustreben.«

So geschrieben im Dezember 1844. Dem ist auch heute nichts hinzuzufügen.
Wie sieht nun der Ausbildungsweg des Schulpferdes aus? Wir unterscheiden hinsichtlich der Gewichtsverteilung folgende Stadien:

Auf der Vorhand – das rohe, ungerittene oder falsch gerittene Pferd; Vorhand stärker belastet als Hinterhand, Rückenlinie vorwärts-abwärts geneigt.

Im Gleichgewicht – das gute Gebrauchspferd, das Dressurpferd in den unteren Klassen; Vorhand und Hinterhand gleichmäßig belastet (Gewicht auf alle vier Beine gleich verteilt), Rückenlinie horizontal.

Versammelt – das Dressurpferd in den mittleren und oberen Klassen; Hinterhand etwas stärker belastet als Vorhand, Hanken mäßig gebeugt, Rückenlinie leicht rückwärts-abwärts geneigt.

Mit starker Hankenbeugung – das fertig ausgebildete Dressurpferd, das Schulpferd; Hinterhand wesentlich stärker belastet als Vorhand, Rückenlinie deutlich nach hinten gesenkt.

Ein Pferd »schulen« heißt demnach, ihm durch stufenweise gesteigerte Anforderungen die stärkstmögliche Hankenbeugung zu geben. Diese Stufenleiter unterliegt zwar individuellen Abweichungen, kann aber allgemeingültig etwa folgendermaßen skizziert werden:

Ist der Arbeitstrab gleichmäßig, schwungvoll und das Pferd dadurch im Gleichgewicht, der Genickwiderstand beseitigt, die Muskulatur des Halses geordnet, das Pferd geradegerichtet und auf beiden Händen gleichmäßig gebogen, dann kann man es als nächstes mäßig versammeln. Durch engere (das heißt vor allem genauere) Wendungen, stärker gebogene Linien (6-m-Volten) und Seitengänge wird es an die *vermehrte Belastung des einzelnen Hinterbeines gewöhnt.*

Hat es darin genügend Übung und Sicherheit, so folgt die höhere Versammlung, das heißt die *gleichzeitige Mehrbelastung beider Hinterbeine,* und zwar durch

- »vermehrtes Herantreten beziehungsweise Herantreiben der Hinterbeine an die gefühlvoll aushaltende Hand bei gleichem Fleiß, bis sich als Folge der stärkeren Hankenbeugung die entsprechende Aufrichtung bildet;
- stärkere Mitwirkung des äußeren Zügels, wodurch die Biegung vermindert, die Versammlung und Aufrichtung jedoch erhöht wird;
- versammelnde Übungen (versammlungsfördernde Obergänge, halbe und ganze Paraden, Reiten in Stellung und Außenstellung, Kontergalopp, Seitengänge, Schrittpirouetten, Rückwärtstreten, Schaukel);
- einmalige und mehrmalige fliegende Galoppwechsel nach bestimmter Sprungzahl, wenn auch nicht versammlungsfördernd im eigentlichen Sinn, gehören der Reihenfolge nach hier eingeordnet;
- Galopp-Pirouetten als stärkste Versammlungsmöglichkeit des Pferdes im Galopp;
- versammelnde Arbeit an der Hand.

Nach der früheren Einteilung schlossen sich daran die Lektionen der damals so genannten »niederen Schule«, die zunächst einmal aufgezählt und nachstehend kurz beschrieben werden sollen, nämlich

Die Schulparade – Die Schulstellung – Das Rückwärtstreten – Die Schulgänge –
und als letztes folgen
Die Lektionen der Hohen Schule, nämlich *Piaffe und Passage* (wenn wir von den im turniermäßigen Dressurreiten nicht gebräuchlichen Schulen über der Erde absehen wollen).

Die Auffassungen, welche Lektionen nun wirklich zur Hohen Schule gehören, gehen immer noch beträchtlich auseinander. Einige Experten und Autoren zählen alle Schulgänge und die Pirouetten dazu, nicht jedoch die ein- oder mehrmaligen fliegenden Galoppwechsel (WÄTJEN). Die Altmeister hingegen ließen als Hohe Schule auf der Erde nur Piaffe und Passage sowie die Schulen über der Erde gehen. Das Hippologische Lexikon (A. M. BODEN und J. WIMMER) unterscheidet die Hohe Schule auf und über der Erde; es rechnet zur ersten Piaffe, Passage und die fliegenden Galoppwechsel bis zu einem Tempo, nicht jedoch die Schulgänge und die Pirouetten.

Ohne uns bei diesem Zuordnungsproblem länger aufhalten zu wollen, wäre doch zu erwähnen, daß fliegende Galoppwechsel bis zu einem Tempo auch ohne viel Versammlung, ja in der Horizontalen meist noch leichter ausführbar sind, wovon sich jeder fachkundige Zuschauer bei Dressurprüfungen überzeugen kann, eine Pirouette hingegen nur nach den Regeln der Reitkunst, das heißt gesetzt und trotzdem flüssig, mit starker Versammlung und Hankenbeugung denkbar ist.

Nun zu den bisher nicht behandelten, schulmäßigen Übungen:

Die Schulparade

Sie *(Abb. 73)* kann in Perfektion erst vom fertig ausgebildeten Dressurpferd geleistet werden: Die Hinterbeine treten ohne seitliches Ausweichen so nahe als möglich an den Schwerpunkt heran (Hufspitzen unter dem Hüftlot) und übernehmen dadurch Teile des Gewichtes von der Vorhand. Das Pferd steht in vollkommener Aufrichtung und Genickbiegung bei weicher, gleichmäßiger Anlehnung am Zügel kauend unbeweglich auf allen vier Beinen. Die leichte Anlehnung ergibt sich aus der weiter zurückgerichteten Stellung des Halses, der auf den Schultern getragen wird und nicht mehr gegen die Hand drückt.

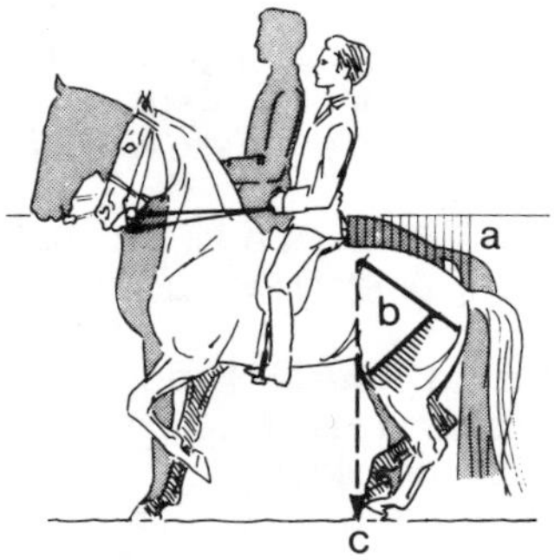

Abb. 73: Die Schulparade. *a* = Senken der Kruppe; *b* = Hankenbeugung; *c* = »Hüftlot« (vom Hüfthöcker abwärts, trifft auf Hinterhufspitze)

Werden in dieser vollen Versammlung der ganzen Parade die Zügel noch eine Zeitlang durchgehalten, müssen die Hinterbeine ihre Beugung beibehalten. Wirken die Zügel vermehrt (als wollte man zum Beispiel ein Rückwärtstreten einleiten), muß sich – bei gegebener Durchlässigkeit – die Beugung der Hanken verstärken. Die daraus sich ergebende Stellung wurde früher als Schulstellung bezeichnet.

Die Schulstellung

ist etwa mit einem Aushalten in der Kniebeuge beim Menschen vergleichbar *(Abb. 74)*. In ihr sind die Winkel der Hankengelenke verengt, das heißt sprungfederartig unter der Last zusammengedrückt, und warten nur darauf, sich kraftvoll öffnen zu dürfen. Es leuchtet ohne weiteres ein, daß ein leichtes Nachgeben der Hand, verbunden mit vortreibenden Hilfen, das Pferd aus dieser Stellung sogleich in Bewegung setzt. Daraus ergibt sich die dressurmäßige Bedeutung des Anreitens aus dem Haften oder aus dem Rückwärtstreten.

Das Rückwärtstreten

In allen höheren Prüfungen wird das Anreiten »daraus« und nicht »danach« verlangt. *(Abb. 75)*. Der Zweck dieser äußerst schwierigen Übung liegt darin, beim Rückwärtstreten in hoher

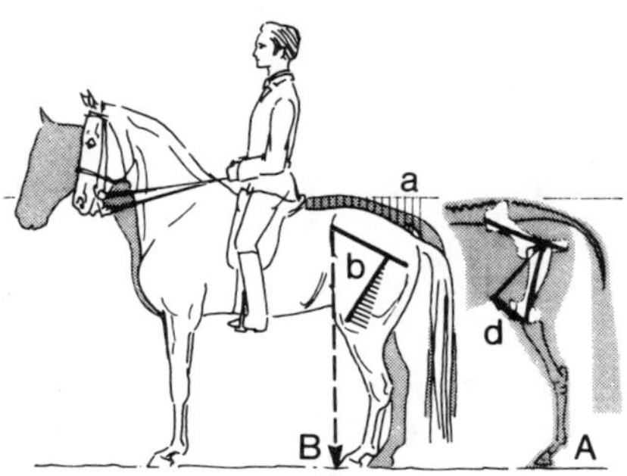

Abb. 74: Schulstellung. *A* = Normale Stellung der Hinterhand in der Haltparade; *d* = Hankenbeugung. *B* = Schulstellung; *a* = Senken der Kruppe; *b* = Hankenbeugung; *c* = Lot vom Hüfthöcker

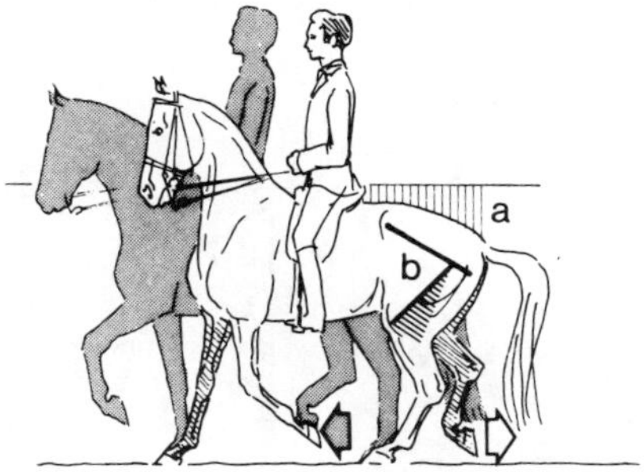

Abb. 75: Schulmäßiges Rückwärtstreten und daraus anreiten. *a* = Senken der Kruppe; *b* = Hankenbeugung

Versammlung, das heißt. mit gesenkter Kruppe auf gerader Linie, also ohne seitliches Ausweichen, die Gelenke der Hinterhand von Tritt zu Tritt stärker zusammenzudrücken (wodurch diese selbstverständlich immer kürzer werden), bis die Gelenkswinkel sich auf das Nachgeben der Hand und vortreibenden Hilfen im Moment federartig strecken und ohne die geringste Verzögerung in die von den Hilfen des Reiters bestimmte Gangart übergehen.

Eine solche Ausführung beobachten zu können, ist ein seltener Glücksfall.

Die Schulgänge

unterscheiden sich von den versammelten Gängen durch stärkere Hankenbeugung, wodurch die Tritte noch kürzer, dafür aber elastischer werden und mehr vom Boden loskommen. Der Schwung ist sozusagen mehr aufwärts als vorwärts gerichtet. Bis die volle Regelmäßigkeit in allen Schulgängen erreicht ist, bedarf es einiger Übung, denn das Pferd wird verständlicherweise versuchen, die stärkere und daher anstrengendere Beugung der Hinterbeine nach und nach oder (je nach Temperament) auch plötzlich aufzugeben. Es werden sich deshalb besonders anfangs nur kurze Reprisen empfehlen, die im Laufe der Zeit mit zunehmender Kraft, Geschicklichkeit und Gewöhnung des Pferdes ausgedehnt werden.

Sollten durch das Bestreben des Pferdes, die Hinterbeine wieder zu entlasten, Unregelmäßigkeiten in den Gang kommen, wird man je nach Lage der Dinge entweder eine Erholungspause einschalten oder die verlorengehende Versammlung durch ganze Paraden beziehungsweise Rückwärtstreten wieder herstellen, um danach mit einigen guten Tritten abzuschließen.

Bei dieser Arbeit wird zunächst der Schultrab die Hauptrolle spielen, der Schulschritt zwischendurch, nicht sehr andauernd, d. h. hauptsächlich als Übergang beziehungsweise zur Vorbereitung anderer Lektionen geritten werden, bis zuletzt der Schulgalopp die Hankenbeugung in den Schulgängen vervollkommnen wird.

Der Schultrab

ist gekennzeichnet durch Regelmäßigkeit, Fleiß und erhöhte Kadenz, eine Folge der stark gebeugten, federnden Hinterbeine *(Abb. 76)*. Zu langsame, schleppende, gespannte oder schwebende Tritte sind falsch. Sie entstehen bei festgehaltenem Rücken, und deshalb sollte die Aufrichtung nicht übertrieben werden (Nase nicht höher als Hüftknochen), weil darunter die schwingende Rückentätigkeit sehr leicht leiden kann. Aus allen diesen Gründen empfiehlt es sich, von Zeit zu Zeit die Schubkraft anzuregen, um den gebeugten Gelenken der Nachhand wieder Gelegenheit zu einer erholsamen Streckung zu verschaffen und

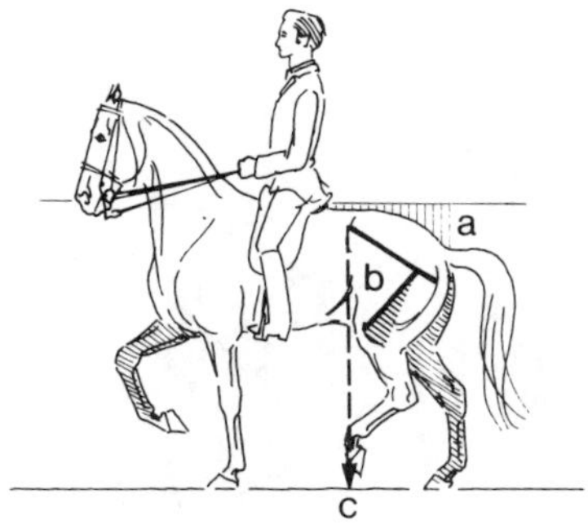

Abb. 76: Der Schultrab. *a* = Senken der Kruppe; *b* = Hankenbeugung; *c* = Lot vom Hüfthöcker

aus dem schwungvollen Mitteltrab über den versammelten Trab zu den noch ausgeprägteren Tritten des Schultrabes zurückzukehren.

Wirken dabei die Zügelhilfen zu stark, das heißt verhält die Hand zuviel und vor allem zu lange, so schiebt sie der Hinterhand zuviel Gewicht zu und erstickt dadurch den Schwung, weil die Hinterbeine unter der zu starken Belastung nicht mehr energisch abfedern können. Durch das Mißverhältnis zwischen Schubkraft und Tragkraft bei zu hoher Aufrichtung mit nahezu senkrechtem Kopf-Hals-Armbeinmuskel ergibt sich eine fehlerhafte Trabbewegung, bei der die Vorderbeine eine stechende bis schleudernde Aktion zeigen, während die Hinterbeine matt und bloß schreitend folgen.

Der Schulschritt

ist keine Gebrauchsgangart, soll deshalb wie bereits erwähnt weder zu oft noch zu lang und nur als Mittel zum Zweck geritten werden *(Abb. 77)*. Man verlangt ihn erst, wenn sich das Pferd im Schritt leicht versammeln läßt, um die Folgsamkeit auf die stärker versammelnden Hilfen zu verfeinern. Der versammelte Schritt wird durch sehr vorsichtige, halbe Paraden noch ein wenig verkürzt und danach (nicht gleichzeitig) regen die Schenkel das Pferd zum lebhaften Vortreten an. Treibt man genau in dem Moment, in dem die Hand eine stärkere Hankenbeugung einleitet, mit Sitz und Schenkel vor, so weiß das Pferd nicht, was es machen soll und wird, statt die Hinterhand zu senken, davonlaufen.

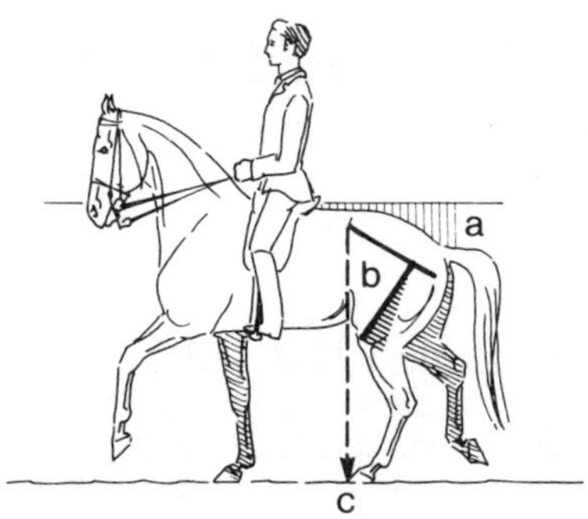

Abb. 77: Der Schulschritt. *a* = Senken der Kruppe; *b* = Hankenbeugung; *c* = Lot vom Hüfthöcker

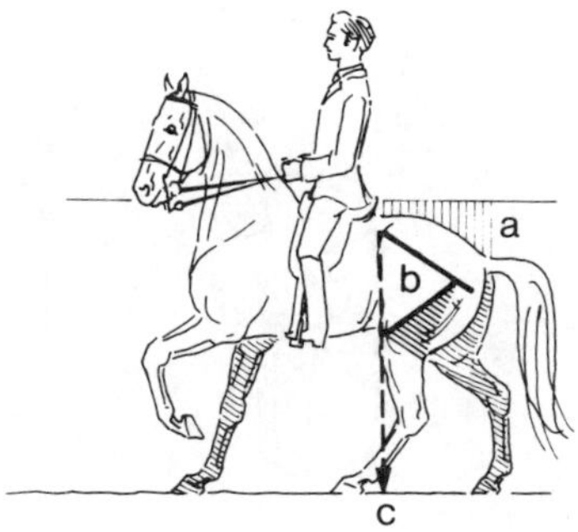

Abb. 78: Der Schulgalopp. *a* = Senken der Kruppe; *b* = Hankenbeugung; *c* = Lot vom Hüfthöcker

Der Schulschritt in absoluter Reinheit, das heißt mit lebhaften, ausdrucksvollen Tritten in guter Aufrichtung und klarer, regelmäßiger Fußfolge ist der komplizierteste Schulgang, erfordert die sorgfältigste Übereinstimmung aller Einwirkungen und sollte deshalb nur von gebildeten und sehr erfahrenen Dressurreitern geübt werden, sonst ist der Schaden weit größer als der Nutzen.

Alles bisher über die Schulgänge Gesagte gilt sinngemäß ebenso für den

Schulgalopp

Auch in diesem lauert stets die Gefahr, durch zu starkes Verhalten und Verkürzen das Sprunghafte der Bewegung zu unterdrücken, wodurch jeder Galopp und im besonderen der Schulgalopp gänzlich entwertet wird *(Abb. 78)*. Die Kunst liegt eben darin, trotz der kürzeren Sprünge deren Lebhaftigkeit zu erhalten beziehungsweise sogar noch zu steigern. Der Schulgalopp, in dem das Pferd schon durch die Gangart bedingt die Hinterbeine stärker beugen muß als beispielsweise im Schultrab, wird demnach der Hankenbeugung in den Schulgängen den letzten Schliff verleihen. Als schönstes Ergebnis des kultivierten Schulgalopps ist die regelmäßige, mühelos gesprungene, dabei stark gesetzte Pirouette anzusehen, die im normalen, versammelten Galopp wegen der Länge der einzelnen Sprünge bekanntlich nicht reitbar ist.

Die Reinheit des Ganges bleibt auch bei den Schulgängen oberstes Gebot, ist aber in diesen weit schwieriger als in der Gebrauchs- oder Dressurreiterei der leichten bis mittleren Klassen zu erhalten und deshalb um so höher zu bewerten.

Piaffe und Passage

bilden den Schluß des Ausbildungsweges und wurden in den vorangegangenen Kapiteln bereits ausführlich besprochen *(Abb. 79, 80)*.

Noch ein Wort über das Zusammenwirken der Hilfen. Nehmen wir als Beispiel die ganze Parade. Es gibt drei Möglichkeiten: Die treibenden Hilfen wirken zuerst, die verhaltenden danach; oder umgekehrt; oder gleichzeitig. Das hängt von der Gewichtsverteilung im Pferdekörper vor der Parade ab.

Befindet sich das Pferd im Gleichgewicht, dann setzen die treibenden und verhaltenden Hilfen etwa gleichzeitig ein.

Geht das Pferd vor der Parade auf der Vorhand, so müssen die Schenkelhilfen erst die Hinterbeine heranholen, bevor sie die in der Parade vermehrte Last aufnehmen können. Es wirken somit zuerst die treibenden und danach erst die verhaltenden Hilfen.

Ist das Pferd bereits versammelt, aufgerichtet und treten die Hinterbeine daher schon an

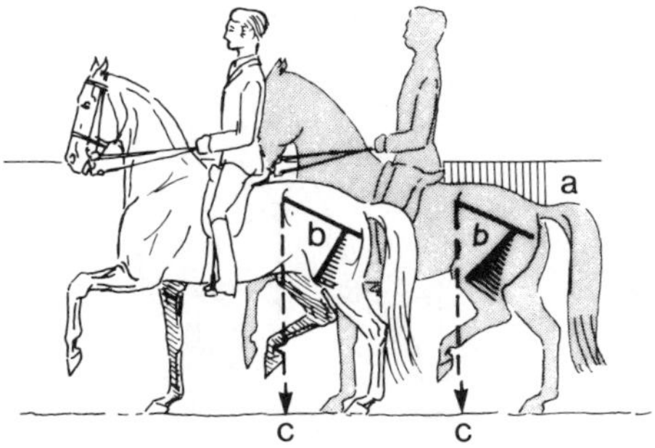

Abb. 79: Die schulmäßige Piaffe. *a* = Senken der Kruppe; *b* = Hankenbeugung; *c* = Lot vom Hüfthöcker

den Schwerpunkt heran, ist es nicht mehr nötig, diese noch weiter unterzutreiben. Ein gefühlvolles Annehmen der Zügel wird das durchlässige Pferd zum Halten bringen, und die weich anliegenden Schenkel haben lediglich ein eventuelles Ausweichen der Hinterbeine zu verhindern.

Das gleiche Prinzip ist anzuwenden, um die höhere Versammlung in der Bewegung, insbesondere in den Schulgängen zu erhalten.

Die Aufrichtung darf nicht einfach mit der Hand herbeigeführt werden, sondern muß durch vermehrtes Herantreten der Hinterbeine an die ordnende Hand entstehen und findet ihre Grenze in der Möglichkeit, das Genick locker zu behalten.

Eine gesicherte Aufrichtung auf tragenden Hinterbeinen bei gleichbleibender Genickbiegung ist das Resultat der vollendeten Dressur.

Durch die Richtung des Halses läßt sich nun die Hinterhand mehr oder weniger belasten und dadurch das Verhältnis Schubkraft-Tragkraft beliebig variieren.

Wann der Zeitpunkt zum Beginn der schulmäßigen Übungen gekommen ist, zeigt uns am sichersten die Parade aus allen Gangarten (auch aus verstärkten Tempi). Läßt sich das Pferd bequem in der richtigen Stellung halten, ohne daß die Hinterhand seitlich oder nach oben ausweicht, ist es für die höhere Versammlung reif.

Das Schulpferd war ein Produkt der hochentwickelten Reitkultur vergangener Zeiten und sollte demonstrieren, was ein Pferd bei richtiger Anwendung der allgemeinen Grundsätze und stufenweiser Steigerung der Anforderungen unter einem Meister zu leisten vermochte.

Unter dieser speziellen Schulung durfte jedoch die praktische Verwendbarkeit des Pferdes nicht leiden. Im Gegenteil; nach Luis Seeger zum Beispiel mußte das gerichtete Schul-

Abb. 80: Die schulmäßige Passage. *a* = Senken der Kruppe; *b* = Hankenbeugung; *c* = Lot vom Hüfthöcker

pferd auch das vollkommenste Campagnepferd sein. In seinen eigenen Worten: »Das durch die Schuldressur vollkommen ausgebildete Pferd wird allen gerechten Anforderungen des Reiters entsprechen; es wird in eben dem Grade, als es sich durch Gewandtheit und Ausdauer in verkürzten Schulbewegungen auszeichnet, auch in schnellen Gängen zu benutzen sein.«

Nun ein Beispiel aus neuerer Zeit (CHRISTIAN V. LÖSCH, »Die Jagd in Rot«): »Zum Kaiserpreisritt (ein alljährlicher Dauerritt von mindestens 152 km) des Jahres 1906 ritt der hervorragende Dressurreiter Leutnant Walzer ein Pferd aus dem Schulstall Hannover, welches vorher sechs Jahre ausschließlich in der Bahn gearbeitet worden war. Obschon das Pferd somit für die Dauerritte überhaupt nicht trainiert war, kam Leutnant Walzer als einer der Besten an. Die Hohe Schule hatte die Muskeln des Pferdes so entwickelt und harmonisch durchgebildet, daß das Pferd eines besonderen Trainings nicht bedurfte.«

Dies auch an die Adresse gewisser Ignoranten, die meinen, ohne Umherjagen im Gelände ginge es nicht und ein Dressurpferd sei zu sonst nichts zu gebrauchen.

Auch wir Heutigen vertreten die Auffassung, daß das fertig ausgebildete Dressurpferd nicht nur ein Kunst- oder Schauobjekt verkörpern, sondern ein voll einsatzfähiges Reitpferd bleiben soll.

In den schweren und schwersten Klassen bis Grand Prix Spécial spielt die maximale Ergiebigkeit aller Grundgangarten (Schritt, Trab und Galopp) sowie der Schwung eine wesentliche Rolle. Wir haben den starken Schritt mit einem Koeffizienten versehen, nicht jedoch (wie früher einmal) die Piaffe und Passage; allerdings auch die Pirouette – aus Gründen, die im betreffenden Kapitel ausführlich erörtert wurden.

Es fehlt die Karriere, weil die Entwicklung höchster Schnelligkeit, früher für militärische Zwecke von ausschlaggebender Bedeutung, heute außer auf der Rennbahn keinen Beurteilungsfaktor darstellt. Der Begriff ist uns aber, wenn auch in übertragenem Sinne, erhalten geblieben.

Eine Feinheit liegt für Sprachkenner ferner darin, daß »die Alten« (die wir bei allem Respekt einmal so bezeichnen dürfen) ihre Pferde stets »gesammelt« nannten, während die heutige Bezeichnung »versammelt« lautet und in dieser Form leider häufig zutrifft.

Die Schulgänge und Lektionen mit extremer Hankenbeugung, zum Beispiel die Schulen über der Erde, nur mehr in ganz wenigen Ländern gepflegt, sind deshalb in den Dressurprüfungen nicht enthalten. Dafür haben wir aus den heutigen Reitpferderassen Gangleistungen herausgezüchtet, die vor einiger Zeit kaum vorstellbar waren.

Ein gültiger Vergleich mit der Reitkunst früherer Epochen läßt sich nicht recht anstellen. Die damaligen Pferde waren andere Typen mit zum Teil anderen Aufgaben, es galten andere Wertmaßstäbe und Beurteilungssysteme. Trotzdem stellt sich bei näherer Betrachtung heraus, daß die Ziele der Reitkunst und die Wege, sie zu erreichen, vom Altertum bis in die Neuzeit in den Prinzipien einander ziemlich gleichen.

XENOPHON (450 v. Chr.), ein Schüler des Sokrates und Begründer der Hippologie, hinterließ uns die ältesten bekannten Anweisungen über die Reitkunst, deren Lehrsätze bis heute gültig geblieben sind und einem Vergleich mit der jetzigen FEI-Definition des Zieles und der allgemeinen Grundsätze der Dressur durchaus standhalten. Aus seiner folgenden Beschreibung, mit der er wohl die Passage gemeint hat, spricht jedenfalls ein außergewöhnliches Gefühl für die Qualität der Bewegung: »Wenn du das Pferd lehrst, am leichten Zügel den Nacken hoch zu tragen und Kopf und Hals schön zu biegen, so bekommt es eine stolze, selbstgefällige Haftung, so wie sie ein Hengst annimmt, wenn er anderen Pferden, vornehmlich Stuten, begegnet. Dann hebt er sein Genick hoch empor, zäumt den feueratmenden Kopf herbei, bewegt die Schenkel in erhabenen Tritten und trägt seinen Schweif hoch. Wenn ein Pferd so geht, so zeigt es seine ganze Schönheit, und man sieht es seiner prächtigen, feurigen und aufsehenerregenden Haltung an, daß ihm das Gerittenwerden Freude macht.«

Mit Stolz dürfen wir daher feststellen, daß es gelungen ist, die klassische Reitkunst in ihren wesentlichen Zügen bis in die heutige Zeit zu erhalten und gelegentliche Verirrungen (zum Beispiel Galopp auf drei Beinen, Rückwärtsgalopp etc.) rechtzeitig loszuwerden.

Wer heute sein Pferd bis zu allen Anforderungen des Grand Prix de Dréssage (der olympischen Dressuraufgabe) ausgebildet hat, ist ein würdiger Vertreter und Interpret der klassischen Reitkunst.

Dank den Bestrebungen der FEI und der immer stärkeren, internationalen Verflechtungen haben sich die Ansichten und Maßstäbe der Ausbilder, Reiter und Richter über Dressurreiten bereits weitgehend konsolidiert.

Den consensus omnium sapientium (= die Einmütigkeit aller Weisen) gibt es, nebenbei bemerkt, in keiner einzigen Kunstrichtung oder Wissenschaft, und er wird daher in einer so diffizilen Sparte wie der unseren ebenfalls vergeblich gesucht werden. Eine Übereinstimmung in den allgemeinen Grundsätzen und deren folgerichtigen Ableitungen darf man jedoch innerhalb der richtungsweisenden Experten sehr wohl voraussetzen und erwarten, schon wegen des maßgeblichen Einflusses dieser auf die Reitausbildung und Pferdezucht.

In den hochentwickelten Zuchtgebieten werden heute Reitpferde von bisher nie gekannter Qualität angeboten: Adel und formvollendete Harmonie, für alle Reitzwecke hervorragend veranlagt, nobler Charakter, angenehmes Temperament und äußerste Leistungsbereitschaft. Reiterherz, was willst du mehr? Pferde, denen (um es ein wenig spitz zu formulieren) »zur Vollkommenheit eigentlich nur ein Mangel fehlt«.

Diese Spitzenpferde fordern die Reitkunst selbstverständlich nicht mehr in dem Maß wie ihre oft ungemein schwierigen Vorfahren. Wenn uns dadurch auch die Verpflichtung, den heutigen Edelpferden reiterlich gerecht zu werden, etwas leichter fällt, so muß sie dennoch aus ethischen Gründen sehr ernst genommen werden.

Was der Dressurausbilder schafft, ist ein Produkt der Reitkunst, und wenn diese heute von manchen als unzeitgemäß angesehen wird, so liegt dies nicht an der Kunst, sondern am Betrachter oder an der Zeit, die die Beziehung zu Lebewesen anscheinend in dem Maß verliert, in dem der Hang zur Technisierung und Materialisierung zunimmt.

Wäre aus einem brennenden Haus ein Rembrandt oder die Katze zu retten, es entschieden sich viele, wenn nicht die meisten, für den Rembrandt; und doch kommt das Leben vor der Kunst (oder, theologisch, die Schöpfung Gottes vor der des Menschen).

Gelingt es uns, die Reitkunst in die Zeit nach dem Jahre Zweitausend hinüberzutragen, dann haben wir aus den Wirrnissen des zwanzigsten Jahrhunderts ein Stück Schöpfung und Kultur gerettet, denn das richtig ausgebildete Dressurpferd versinnbildlicht beides:

Ein lebendes Kunstwerk von zeitloser Schönheit.

Literaturverzeichnis

Bürkner, F., 1957: Ein Reiterleben. 2. Auflage. Verden: Kornett-Verlag.

Dreyhausen, G. v., 1951: Grundzüge der Reitkunst. 3. Auflage. Wien: Österreichische Campagnereiter-Gesellschaft.

Haugk, Oberst v., 1944: Die Bearbeitung junger Pferde mit der Trense. 3. Auflage. Wiesbaden: Kesselringsche Verlagsbuchhandlung.

Klimke, R., 1986: Cavaletti. Ausbildung von Reiter und Pferd über Bodenricks. 6. Auflage. Stuttgart: Franckh'sche.Verlagshandlung.

Monteton, O. D. v., 1879: Über die Reitkunst. Stendal: Franzen & Große.

Müseler, W., 1981: Reitlehre. 44. Auflage. Bearbeitet von K. A. V. ZIEGNER. Berlin, Hamburg: Paul Parey.*

Podhajski, A., 1980: Die klassische Reitkunst. Eine Reitlehre von den Anfängen bis zur Vollendung. Reinbek: Rowohlt.

Seeger, L., 1974: System der Reitkunst. Hildesheim, New York: Olms Presse.

Steinbrecht, G., 1901: Das Gymnasium des Pferdes. 3. Auflage. Berlin: Verlagsbuchhandlung Richard Schröder.

Wätjen, R., 1986: Dressurreiten. Ein Leitfaden für die Ausbildung von Reiter und Pferd. 9. Auflage. Bearbeitet von A. Knopfhart. Mit einem Beitrag von A. Stecken. Berlin, Hamburg: Paul Parey.*

Xenophon, 1984: Über die Reitkunst – Der Reiteroberst. Zwei hippologische Lehrbücher der Antike. 4. Auflage. Berlin, Hamburg: Paul Parey.*

*jetzt erhältlich bei der Müller Rüschlikon Verlags AG, CH-6330 Cham/Zug